Stephan Busch
Tom Wonneberger

GREEN FINANCE

Stephan Busch

Tom Wonneberger

GREEN FINANCE

Wie du den Planeten und deinen Geldbeutel rettest

Frankfurter Allgemeine Buch

Bibliografische Information der Deutschen Nationalbibliothek
Die Deutsche Nationalbibliothek verzeichnet diese Publikation in der Deutschen Nationalbibliografie; detaillierte bibliografische Daten sind im Internet über http://dnb.d-nb.de abrufbar.

Frankfurter Allgemeine Buch

Frankfurter Allgemeine Buch
Pariser Straße 1
60486 Frankfurt am Main
buch@fazbuch.de

Umschlaggestaltung: Nina Hegemann
Umschlagabbildung: Adobe Stock/Digital Artistry Den
Satz: Jan Walter Hofmann
Grafiken: Jana Zschäpe und Stephan Busch
Druck: CPI books GmbH, Leck
Printed in Germany

1. Auflage
Frankfurt am Main 2025
ISBN 978-3-96251-225-5

Frankfurter Allgemeine Buch hat sich zu einer nachhaltigen Buchproduktion verpflichtet und erwirbt gemeinsam mit den Lieferanten Emissionsminderungszertifikate zur Kompensation des CO_2-Ausstoßes.

Inhalt

GELEITWÖRTER

Prof. Dr. Christian Klein
Professor für Sustainable Finance, Universität Kassel

Bei Nachhaltigkeit und Finanzen geht es nicht ums Bienchenretten. Es geht um knallharte finanzielle Risiken – um Entwicklungen, die Investitionen bedrohen, Renditen mindern und Risiken erhöhen. Wer heute Geld anlegt, sollte sich fragen: Welche Auswirkungen haben Klimawandel oder der Verlust der Biodiversität auf mein Investment? Wer diese Fragen nicht berücksichtigt, macht es sich zu einfach.

Dabei lohnt es sich, zu unterscheiden: Will ich mit meinem Geld eine positive Wirkung erzielen (Impact)? Dann wird es sehr schnell spannend – aber auch unglaublich komplex. Und die Diskussion, ob eine solche Wirkung die finanzielle Performance verbessert oder verschlechtert, erspare ich uns an dieser Stelle (sie ist nämlich ebenfalls spannend und komplex). Oder will ich schlicht kein Geld verlieren? Dann führt kein Weg daran vorbei, Klimarisiken und den Verlust von Biodiversität in die Analyse einzubeziehen.

Investitionen sind immer auch eine Wette – auf neue Technologien, auf die Entwicklung der Weltwirtschaft, auf die Zukunft ganzer Branchen. Bei nachhaltigen Investitionen wetten wir auf eine gute, enkeltaugliche Zukunft. Und wenn diese Wette aufgeht, gewinnen wir doppelt: finanziell und als Gesellschaft.

Dieses Buch hilft Ihnen dabei, genau solche Entscheidungen fundiert zu treffen. Es erklärt, warum nachhaltige Finanzen kein moralischer Luxus sind, sondern ein wesentlicher Bestandteil moderner Geldanlage. Es zeigt, wie man zwischen unterschiedlichen Nachhaltigkeitsstrategien unterscheidet, Greenwashing erkennt, regulatorische Anforderungen versteht und Anlageentscheidungen trifft, die sowohl Renditepotenzial als auch Nachhaltigkeitswirkung berücksichtigen.

Mein Dank gilt den Autoren, die mit diesem Werk nicht nur Orientierung geben, sondern auch selbst einen Beitrag zu einer besseren Zukunft leisten.

Dr. Antje von Dewitz
Geschäftsführerin VAUDE Sport GmbH & Co. KG

Nachhaltigkeit ist für mich kein Trend und keine Zusatzoption, sondern die Grundlage zukunftsfähigen Wirtschaftens: Es bedeutet, aktiv Verantwortung zu übernehmen. Bei VAUDE haben wir diesen Weg konsequent eingeschlagen, lange bevor es Mainstream war. Wir wissen: Ja, das bedeutet mehr Aufwand. Und ja, es ist oft anstrengend. Aber es lohnt sich sowohl wirtschaftlich, ökologisch als auch gesellschaftlich.

Echte Nachhaltigkeit ist für uns eine Übung in Demokratie. Sie bedeutet, verschiedene Perspektiven einzubeziehen – von Mitarbeitenden, Kund:innen, Lieferanten, der Gesellschaft und im Hinblick auf unseren Planeten. Anstatt nur aus einer verengten Finanzbrille zu bewerten und zu handeln, ringen wir um die beste Lösung. Das schützt nicht nur vor einseitigen Fehlentscheidungen, sondern auch vor der Gefahr, dass wirtschaftliche Interessen die demokratische Kultur verdrängen.

Dieser Weg schafft Sinn und Perspektive für unsere Mitarbeitenden – ein klarer Vorteil als Arbeitgeber. Er bietet zudem echten Mehrwert für unsere Kund:innen, weil unsere Produkte glaubwürdig und verantwortungsvoll entstehen. Und er stärkt unsere wirtschaftliche Resilienz: Wir investieren in Qualität, Innovation und Beziehungen, die langfristig tragen.

Gerade im Bereich Green Finance ist diese Haltung entscheidend. Kapital hat Macht – und die Frage ist, ob wir sie nutzen, um bestehende Krisen zu verschärfen oder um Lösungen zu fördern. Nachhaltigkeit in der Finanz- und Wirtschaftswelt ernst zu nehmen, heißt, bereit zu sein, Zeit, Energie und auch Geld in Veränderungen zu investieren, die ökologischen, sozialen und ökonomischen Erfolg verbinden.

Jeder Schritt in diese Richtung zählt. Und wenn wir ihn gemeinsam gehen, gewinnen wir nicht nur wirtschaftlich, sondern gestalten eine lebenswerte Zukunft – für uns und für kommende Generationen.

Die Kraft des Kapitals kann dabei zum Motor für den Wandel werden. Jede Investition und jede Entscheidung kann heute den Unterschied machen. Warten wir nicht länger auf perfekte Bedingungen – der beste Moment, mutig zu handeln, ist jetzt.

Hannes Jaenicke
Schauspieler

Wer glaubt, dass Nachhaltigkeit nur ein Trend ist, hat die Zeichen der Zeit nicht verstanden. Die Klimakrise, die Zerstörung von Ökosystemen, die Ausbeutung von Menschen und Ressourcen – all das hängt unmittelbar damit zusammen, wohin wir unser Geld lenken. Denn Geld steuert Märkte. Und Märkte entscheiden über unsere Zukunft.

Noch immer hält sich hartnäckig der Mythos, nachhaltige Geldanlagen seien weniger rentabel. Das Gegenteil ist der Fall: Zahlreiche Studien beweisen, dass ökologisch und sozial verträgliche Investitionen langfristig mindestens genauso, oft sogar besser performen als traditionelle Anlagen. Die Frage ist also nicht mehr, ob wir uns nachhaltigen Kapitalanlagen zuwenden sollten – sondern, ob wir es uns leisten können, es nicht zu tun.

Dabei tragen wir alle Verantwortung. Jeder Euro auf einem Tagesgeldkonto, in einem Fonds oder in einer Direktinvestition wirkt im globalen Finanzmarkt. Jede und jeder von uns entscheidet dadurch mit, ob Geld in fossile Industrien, in Kinderarbeit und Umweltzerstörung fließt – oder in Zukunftstechnologien, erneuerbare Energien und faire Arbeitsbedingungen. Es braucht die gesamte Kraft der Finanzen: von privaten Anlegerinnen und Anlegern über Banken bis hin zu Pensionsfonds. Nur so können wir die Transformation hin zu einer nachhaltigen Wirtschaft stemmen.

Ein ebenso wichtiges Thema ist die Gleichstellung der Geschlechter. Weltweit sind Frauen noch immer systematisch benachteiligt. Laut Global Gender Gap Report 2024 liegt der geschlechtsspezifische Unterschied in Einkommen, Vermögen und Chancen nach wie vor bei rund einem Drittel. Das betrifft nicht nur den Gender-Pay-Gap, sondern ebenso den Gender-Care-Gap, den Gender-Lifetime-Earnings-Gap, den Gender-Pension-Gap und den Gender-Wealth-Gap. Diese Lücken sind Realität – und sie verschärfen soziale Ungerechtigkeiten über Generationen hinweg.

Wenn wir über nachhaltige Finanzen sprechen, müssen wir also auch die Gendergerechtigkeit einbeziehen. Frauen müssen denselben Zugang zu Einkommen, Wissen und Vermögensaufbau haben wie Männer. Nur so können wir die globalen Ungleichheiten wirksam angehen und die Sustainable Development Goals der Vereinten Nationen erreichen.

Dieses Buch leistet einen wichtigen Beitrag dazu, Mythen aufzubrechen, Verantwortung zu verdeutlichen und Lösungswege aufzuzeigen. Nutzen Sie es als praktischen Ratgeber, um Ihr Geld zukunftsorientiert, fair und wirksam anzulegen. Nachhaltige Finanzen sind kein „Nice-to-have". Sie sind ein Muss – für unseren Planeten, für unsere Kinder und für eine gerechtere Welt.

VORWORT

© Oliver Hadji

Gastbeitrag von

Katharina Beck

Katharina Beck ist seit 2021 Bundestagsabgeordnete für Hamburg und Sprecherin für Finanzpolitik der Fraktion Bündnis 90/Die Grünen. Zudem kontrolliert sie als Verwaltungsrätin die KfW.

Sie ist Co-Autorin des Buches „Green Ferry – das Ticket ins konsequent nachhaltige Wirtschaften", das 2022 erschien. Vor ihrem Einzug in den Bundestag hat sie als Unternehmensberaterin für Nachhaltigkeit mit Großunternehmen und als Aufsichtsrätin in einem Bildungs-Fin-Tech gearbeitet, ein Unternehmen gegründet und zwei internationale Organisationen geleitet.

Neben ihrer parlamentarischen Arbeit engagiert sich Katharina Beck im Kuratorium der Stiftung Verantwortungseigentum für eine neue Rechtsform mit 100%-iger Vermögensbindung und in der IDI – Initiative deutsche Infrastruktur e.V. für eine gute Finanzierung der Infrastruktur.

Der Begriff Nachhaltigkeit ist wunderbar wohlklingend – und gleichzeitig auch so vage, dass wohl die meisten Menschen eine leicht andere Definition und Interpretation davon haben. Für mich bringt es das Konzept von Kate Raworth auf den Punkt, die den „safe and just space for humanity“ anhand von zwei Leitplanken beschreibt: ökologisch sicher durch Einhaltung der planetaren Grenzen und sozial gerecht durch Wahrung der Sustainable Development Goals und der Charta der Menschenrechte. Wichtig dabei ist mir: Innerhalb dieses „safe and just space“ ist profitables Wirtschaften und Wachstum wunderbar möglich.

Sprechen wir über den Weg dahin – also den Wandel hin zu einer klima- und ressourcenfreundlichen und gerechten Gesellschaft. Man denkt womöglich an Solarflächen und darunter weidende Schafe, Windräder, klimafreundliche Mobilität oder Passivhäuser, um die herum glücklich Kinder spielen. Oder man denkt an Schwierigkeiten, heute wirklich nachhaltig zu leben, sei es beim Reisen, bei der Kleidung oder dem Essen. Doch was oft übersehen wird: Ohne das nötige Geld fließt keine Kilowattstunde grüner Strom, fährt kein emissionsfreier Zug, wird kein klimafreundliches Gebäude gebaut und kein T-Shirt unter humanen Bedingungen genäht. Der Finanzsektor ist das Rückgrat der Transformation. Beziehungsweise er kann es zumindest sein – wenn wir die richtigen Rahmenbedingungen schaffen.

Es ist längst klar: Wenn wir die Pariser Klimaziele ernst nehmen und gleichzeitig unsere wirtschaftliche Wettbewerbsfähigkeit erhalten wollen, brauchen wir eine wirkliche Transformation unserer Wirtschaft. Dafür sind enorme Investitionen notwendig: Schätzungen der Europäischen Investitionsbank zufolge allein in der EU über 700 Milliarden Euro pro Jahr zusätzlich bis 2030.[1]

Privates Kapital ist gefragt für die Zukunftsfähigkeit

Dieses Geld kann nicht nur aus öffentlichen Haushalten kommen. Wir brauchen die gesamte Kraft der Finanzen – von privaten Investoren über Banken bis hin zu Pensionsfonds. Dadurch kommt es indirekt auch auf alle privaten Geldanlegerinnen und Geldanleger an, die ihre Finanzen über Tagesgelder, Fonds oder Direktinvestments in den globalen Kapitalmarkt einbringen. Nachhaltige Finanzen, also Finanzströme, die gezielt in umwelt- und sozialverträgliche Projekte gelenkt werden, sind deshalb kein Nice-to-have, sondern ein Muss. Denn Geld steuert Märkte und Märkte entscheiden über unsere Zukunft.

Was bedeutet das konkret? Wenn Banken bei der Kreditvergabe gezielt auf ökologische und soziale Kriterien achten, entstehen wirtschaftliche Anreize für Unternehmen, nachhaltiger zu wirtschaften. Wenn Investoren klimafreundliche Projekte bevorzugen, steigen die Chancen dieser Projekte auf Realisierung. Und wenn wir es schaffen, Risiken wie Klimawandel, Biodiversitätsverlust oder soziale Instabilität als reale finanzielle Risiken zu begreifen – und entsprechend zu bepreisen –, lenken wir Kapitalströme automatisch in die richtige Richtung.

Sinn ergibt das allemal, gerade für den risikoorientierten Finanzsektor, sind doch alljährlich die größten Risiken für die Weltwirtschaft laut World Economic Forum (WEF) die Klima- und die Biodiversitätsveränderungen.[2] Der Finanzsektor ist nicht nur Beobachter, sondern zentraler Akteur der Transformation. Er kann im Endeffekt entscheiden, ob fossile Geschäftsmodelle weiter überleben – oder ob Innovationen, Klimaschutz und soziale Gerechtigkeit sich durchsetzen und damit die Lebensqualität aller Menschen entscheidend verbessern.

Nachhaltigkeit als Chance und für besseres Risikomanagement

Auch wenn es eigentlich um ein lebenswertes Leben und Wirtschaften für alle geht: Nachhaltigkeit wird leider oft negativ assoziiert, mit höheren Kosten oder mittlerweile auch mit zu viel Regulierung. Doch dieses Bild ist fehlerhaft. So muss es nicht sein. Konsequent nachhaltiges Wirtschaften ist grundsätzlich keine Gefahr für Unternehmen, sondern eine

Chance für eine kluge und weitsichtige Ausrichtung, um die „Licence to operate and to grow" zu sichern.

Machen wir uns nichts vor – schon heute erodieren Lieferketten, schon heute müssen Menschen aufgrund von Dürren ihre Lebensräume verlassen. Wir können diese Veränderungen abmildern und perspektivisch hoffentlich einiges umdrehen. Doch klar ist: Sich für die Veränderungen fit zu machen und unternehmerische Lösungen zu entwickeln, die ein Wirtschaften innerhalb der planetaren Grenzen und der sich verändernden Welt ermöglichen – da liegen die Geschäftschancen.

Unternehmen mit Nachhaltigkeit im Kerngeschäft sind widerstands- und zukunftsfähiger. Denn sie beharren nicht auf Geschäftsmodellen, die keine Zukunft haben. Bei Gründungen, meist ein guter Indikator, was zukunftsfähig und innovativ ist, sieht man sehr klar: Fast jedes zweite Start-up in Deutschland ordnet sich der Green Economy zu.[3] Die Zukunftsmacherinnen und -macher finden also auch: Die besten Chancen liegen in klimaneutralen und umweltfreundlichen Technologien und Geschäftsmodellen.

Neben der Identifizierung neuer Geschäftschancen hilft Nachhaltigkeit auch, mit den Risiken gut umzugehen. Der Klimawandel dominiert die Debatten und er wirkt schon heute, sichtbar an niedrigen Pegelständen oder Überflutungen, die teils verheerende menschliche, aber eben auch wirtschaftliche Folgen haben. Etwa 55 Prozent der globalen Wirtschaftsleistung ist von der Biodiversität abhängig und durch Naturverlust bedroht.[4] Und auch dieser Risikofaktor ist längst beim Finanzsektor angekommen: Drei Viertel aller Bankkredite im Euroraum werden an Unternehmen vergeben, die in hohem Maße von mindestens einer Ökosystemleistung abhängig sind. Das bedeutet, dass die Kreditportfolios der Banken risikoreicher und die Unternehmen stark getroffen werden, wenn die Naturzerstörung ungebremst weitergeht.[5] Ökologische Risiken sind auch finanzielle Risiken.

Daher gilt: Unternehmen und Banken, die Nachhaltigkeit in der Risikoanalyse und Geschäftsentwicklung konsequent berücksichtigen, stärken nicht nur ihre gesellschaftliche und ökologische Wirkung, sondern stellen sich auch finanziell erfolgreicher für die Zukunft auf. Das zeigt sich auch in der Performance von nachhaltigen Fonds, die ihre konventionellen Pendants in den letzten fünf Jahren bis Mitte 2024 um 4,7 Prozent übertroffen haben.[6]

Doch so ermutigend diese Entwicklung ist: Sie reicht nicht aus. Und sowieso gibt es zu diesen Performance-Vergleichen auch immer unterschiedliche Perspektiven. Was aber eindeutig ist: Noch immer fließt viel zu viel Kapital in nicht-nachhaltige Geschäftsmodelle. Andersherum gibt es auch Greenwashing, intransparente Produkte und unklare Standards. Um den Business Case von Nachhaltigkeit voll zur Entfaltung zu bringen, braucht es klare Impact-Kennzahlen und gute Rahmenbedingungen.

Rosenschere statt Kettensäge: für einfachere, aber wirkungsvolle Regulierung

Viele Finanzakteure haben die Chancen nachhaltiger Investitionen erkannt. Doch der Markt allein wird die Transformation nicht in der nötigen Geschwindigkeit und Tiefe stemmen. Dafür ist die Trägheit des Systems zu groß, der kurzfristige Renditedruck zu hoch und derzeit das Wachstum bei Rüstung zu profitabel. Außerdem legt eine Anti-ESG-Bewegung gerade harte Bandagen im Kampf gegen Nachhaltigkeit an.

Deshalb braucht es politische Leitplanken, die den „safe and just space for humanity" abstecken. Klare Regeln, die Orientierung geben. Standards, die Vertrauen, Vergleichbarkeit und Planungssicherheit schaffen.

Und vor allem braucht es monetäre Anreize, die Investitionen in die richtige Richtung lenken.

Als Ursula von der Leyen 2019 zur Präsidentin der Europäischen Kommission gewählt wurde, lag das Thema Nachhaltigkeit voll im Trend. So wurde mit dem EU Green Deal ein umfassendes Rahmenwerk zur Weiterentwicklung der Nachhaltigkeitsregulierung vorgelegt und in der Folge mit Gesetzen wie der Taxonomie, der Corporate Sustainability Reporting Directive (CSRD), der EU-Offenlegungsverordnung (SFDR) und der EU-Lieferkettenrichtlinie (CSDDD) eine Vielzahl an Veränderungen für die Real- und Finanzwirtschaft beschlossen.

Heute sollen viele dieser Gesetze in ihrem Umfang und Anwendungsbereich stark reduziert werden. So stark, dass ihr eigentliches Ziel nicht mehr erreicht wird. Sind die initial vorgesehenen Maßnahmen in der Tat etwas über das Ziel hinausgeschossen, so sind die jetzt im sogenannten Omnibus-Verfahren vorgesehenen Kürzungen ebenfalls nicht angemessen. Wie so oft schwingt das Pendel über die Mitte hinaus in die andere Richtung. Beide Extreme sind nicht hilfreich. In vielen Kreisen wird gefordert, die Regularien müssten rabiat zurückgeschnitten werden. Statt der viel beschworenen Kettensäge bräuchte es eher eine klug eingesetzte Rosenschere: klar definierte Verbesserungen, um die Rahmenbedingungen passend zurechtzuschneiden, und so dann der Nachhaltigkeit zum Blühen zu verhelfen. Ich hoffe, dass eine gute Lösung kommt und sich die Regulierung bei einem angemessenen Mittelmaß aus Pragmatismus und Wirkungsorientierung einpendeln wird.

Dieser Prozess war vor allem eins: ein großes Hin und Her. Es ging viel Planungssicherheit und Vertrauen verloren, auch in demokratische Strukturen als solche. Von der großen Akzeptanz und dem Enthusiasmus, eine nachhaltige Wirtschaft voranzutreiben, ist nur noch wenig zu spüren. Doch Regulierung ist kein Selbstzweck. Es geht nicht darum,

Unternehmen mit Bürokratie zu nerven oder Kapitalströme zu zentralisieren. Es geht darum, klare Spielregeln für einen fairen Wettbewerb zu schaffen – innerhalb des „safe and just space for humanity". So können Unternehmen die Risiken und Chancen des nachhaltigen Wirtschaftens abwägen bzw. gewinnbringend nutzen. Und der Finanzsektor kann sein Geld einfacher in eine zukunftsfähige Richtung lenken.

Mit Geld nachhaltigem Wirtschaften (wieder) zur Blüte verhelfen

Geld ist ein entscheidender Schlüssel zur Lösung der großen Herausforderungen unserer Zeit – und zugleich ein Motor für wirtschaftlichen Erfolg. Wenn wir Kapital richtig nutzen, können wir Innovationen fördern, soziale Gerechtigkeit stärken und die Lebensgrundlagen kommender Generationen sichern. Nachhaltige Finanzen sind dabei keine Utopie, kein Nischenthema und kein Luxusproblem.

Wir brauchen eine Finanzwelt, die Rendite und Wirkung zusammendenken kann. Es ist Zeit für ein neues Finanzverständnis, eines, das nicht nur unseren Geldbeutel schützt, sondern unseren Planeten und unsere Lebensqualität gleich mit. Mit guten und klaren Rahmenbedingungen kann Geld einer zukunftsfähigen Wirtschaft zur neuen Blüte verhelfen. Und damit auch der Finanzbranche selbst.

EINLEITUNG

Nimm dir, bevor wir starten, ein bisschen Zeit und beantworte ehrlich folgende Frage:

Warum willst du dieses Buch lesen?

a) Ich suche Impulse, wie ich meinen Geldbeutel retten und mehr aus meinen Finanzen machen kann. Nachhaltigkeit spielt an sich für mich keine große Rolle.
b) Ich will verstehen, was Nachhaltigkeit bei Finanzen und Versicherungen bedeutet, um zu entscheiden, ob ich nachhaltiger mit meinem Geld umgehen möchte.
c) Ich brauche Unterstützung, meine Finanzen im Sinne der Nachhaltigkeit umzustellen. Ich versuche schon, in meinem Alltag möglichst nachhaltig zu leben.

Zu welcher der Antwortmöglichkeiten tendierst du?

Die gute Nachricht: Im Prinzip ist es egal, aus welchen der drei Gründe du dieses Buch gekauft hast und lesen möchtest. Du bekommst zu allen Punkten Ideen, Ansätze und Strategien.

Finanzen sind ein kompliziertes und emotionales Thema. Aus Tausenden Beratungsgesprächen wissen wir: Es ist egal, wie viel Geld du einnimmst. Entscheidend ist, wie du es ausgibst. Wer Finanzen versteht und sie in die eigenen Hände nimmt, lebt freier, gelassener und gesünder. Dafür braucht es kein Wirtschaftsstudium, sondern ein paar grundlegende Erkenntnisse und Strategien.

Nachhaltigkeit genau zu definieren, ist schwierig. Noch komplizierter ist das bei nachhaltigen Finanzen und Versicherungen. Gleichwohl gibt es einige Elemente, die nachhaltige Finanzen und Versicherungen kennzeichnen. Wer diese kennt, kann entscheiden, ob er oder sie seine oder ihre persönlichen Finanzen und Versicherungen nachhaltiger gestalten will.

Wer nachhaltig lebt, kommt irgendwann zu der Erkenntnis, dass auch die eigenen Finanzen nachhaltig organisiert werden müssen, wenn man wirklich konsequent sein möchte. Allerdings ist es gar nicht so leicht, die Werbeversprechen von Ökofonds und nachhaltigen Versicherungen zu entlarven. Wer seine Finanzen nachhaltig aufstellen möchte, braucht daher Strategien und konkrete Ansätze, wie das gelingt.

Das alles wirst du in diesem Buch finden. Es besteht aus drei Teilen:

Im ersten beschäftigen wir uns mit den theoretischen Grundlagen. Wir erläutern, was Nachhaltigkeit ist, und begründen, warum es in jedem Fall wichtig und richtig ist, sich damit zu beschäftigen.

Im zweiten Teil widmen wir uns den Strategien. Wir zeigen, wie du zu nachhaltigen Finanzen kommst.

Im dritten Teil geht es um die praktische Umsetzung. Hier zeigen wir konkrete Ansätze und Instrumente eingebettet in einen logischen Fahrplan, den du Stück für Stück abarbeiten kannst. Wir zeigen, woran du nachhaltige Beratung, Produkte und Anbieter erkennst.

Ganz am Ende findest du Checklisten.

Wir sind Versicherungsmakler. Wir haben unseren Betrieb auf Nachhaltigkeit umgestellt. Wir sprechen mit unseren Kund:innen über Nachhaltigkeit. Wir schreiben regelmäßig über Nachhaltigkeit. Wir halten

Vorträge und führen Workshops zum Thema Nachhaltigkeit durch. All diese Erfahrungen und Erkenntnisse fließen in dieses Buch ein.

Wir hoffen, es hilft dir, deinen Geldbeutel und den Planeten zu retten.

KAPITEL 1

WARUM? GRUNDLAGEN

In diesem Kapitel geht es um die Grundlagen. Die Theorie ist wichtig, damit wir ein gemeinsames Verständnis entwickeln. Die Theorie ist die Sprache, in der wir uns über ein Thema unterhalten. Ärzt:innen reden anders als Jurist:innen. Das ist normal, aber auch ein Problem. Denn so verstehen wir einander nicht und reden oft aneinander vorbei. Das möchten wir in diesem Buch vermeiden. Wir bemühen uns um maximale Verständlichkeit.

Wir beantworten folgende Fragen:

Was ist Nachhaltigkeit?

Was sind nachhaltige Finanzen und Versicherungen?

Warum ist Nachhaltigkeit relevant?

1.1 Das ist Nachhaltigkeit allgemein

„In einem Wald sollten nur so viele Bäume abgeholzt werden, wie in absehbarer Zeit nachwachsen können. Ziel ist es, den Bestand des Waldes zu sichern!“

Dieser Gedanke geht auf Hans von Carlowitz zurück, der damit 1713 zum Begründer des Nachhaltigkeitsgedankens wurde. Er sorgte sich damals um den Bestand des königlichen Forsts. Eigentlich ist die Erkenntnis banal. Und doch leben wir seit Jahrzehnten weit jenseits der Grenzen unseres Planeten.

Ablesen kann man das unter anderem am Earth Overshoot Day, also dem Erdüberlastungstag. Dieser gibt an, wann wir in einem Jahr die Ressourcen und die Aufnahmefähigkeit des Planeten für Müll und Emissionen überschritten haben. In Deutschland war es 2024 der 1. August.[7] Ab da lebten wir also auf Kredit. Auf Kredit unserer Kinder und Kindeskinder. Denn die werden ihn zurückzahlen müssen. Doch dazu später mehr.

Wie lässt sich das Konzept aus dem sächsischen Forst nun auf die globale Ebene übertragen? Was ist eigentlich Nachhaltigkeit? Eine unumstrittene Definition gibt es nach wie vor nicht. Das ist ein Problem, aber auch eine Chance. Ein Problem deshalb, weil wir so nicht genau sagen können: Diese Handlung ist zu 80 Prozent nachhaltig und jene nur zu 42,5 Prozent. Wir lieben solche Eindeutigkeiten. Eine Chance ist es jedoch deshalb, weil wir so aus verschiedenen Perspektiven auf das Thema blicken können.

Nachhaltigkeit bedeutet für uns umweltverträglich, gesellschaftlich verantwortungsvoll und wirtschaftlich tragfähig als Unternehmen, Gesellschaft, Privatperson, Hausgemeinschaft, Familie usw. zu handeln. Wir sollten uns bewusst machen, dass jede unserer gegenwärtigen Handlungen in der Zukunft Wirkung zeigen wird – und das ist unsere (Eigen-) Verantwortung.

Die folgende Generation muss mit dem klarkommen, was die vorherigen hinterlassen haben. Nachhaltige Entwicklung gewährt, dass künftige Generationen nicht schlechter gestellt sind, ihre Bedürfnisse zu befriedigen als gegenwärtig lebende. Das ist im Kern auch die Definition des Bundesverfassungsgerichts. Dieses hat uns alle ins Hausaufgabenheft geschrieben, dass wir unsere Bemühungen um Nachhaltigkeit nicht einfach in die Zukunft schieben können, sondern bereits heute loslegen müssen, damit die Lasten fair verteilt werden.

Ganz allgemein gesprochen bedeutet Nachhaltigkeit, nur so viele Ressourcen zu entnehmen, wie natürlicherweise nachwachsen bzw. verstoffwechselt werden können. Es geht darum, die Lebensgrundlagen zukünftiger Generationen zu erhalten. Von echter Nachhaltigkeit sprechen wir, wenn drei Dimensionen erfüllt sind (siehe Abb. 1.1).

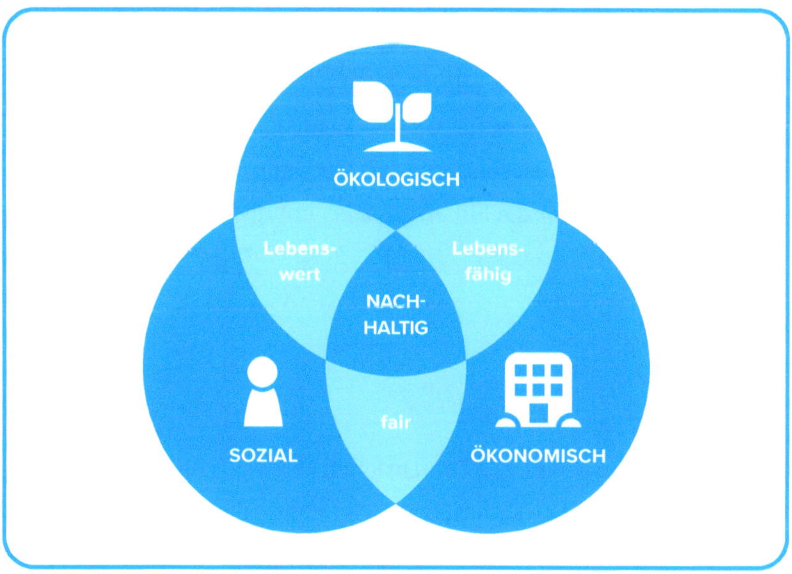

Abbildung 1.1 Dimensionen von Nachhaltigkeit

Wenn wir nur ökologisch und ökonomisch nachhaltig sind, könnte das zulasten der Menschen gehen, also nicht sozial sein. Haben wir ein ökonomisch und sozial nachhaltiges System, könnte das zulasten der Natur gehen. Uns hilft aber auch kein System, das sozial und ökologisch nachhaltig ist, da es auf Dauer nicht tragfähig wäre.

Klar ist, dass es eine logische Rangfolge dieser Dimensionen gibt:

1. ökologisch
2. sozial
3. ökonomisch

Derzeit leben wir diese Rangfolge umgekehrt. Ökologische Nachhaltigkeit ist bestenfalls ein nettes Gimmick.

Diese eher allgemeine Definition konkretisierte die UN in ihren 17 Nachhaltigkeitszielen (SDG – Sustainable Development Goals) (siehe Abb. 1.2). Sie wurden 2012 aufgestellt und sollen bis 2030 erreicht werden. Wir haben also noch ein großes Stück Arbeit vor uns.

Sie gelten global. Da wir jedoch global sehr unterschiedliche Entwicklungsniveaus haben, gibt es für jedes einzelne Land eigene Ziele. Sie gelten nicht nur für Staaten, sondern auch für Unternehmen und für jede:n Einzelne:n. So auch für die Finanzbranche, um die wir uns im folgenden Kapitel kümmern.

1.2 Das sind nachhaltige Finanzen

Aus den drei oben genannten Dimensionen leiten sich die für den Finanzbereich relevanten ESG-Kriterien ab. ESG steht dabei für

- Environment, also Umwelt oder ökologisch,
- Social, also Gesellschaft oder sozial,
- Governance, also (Unternehmens-)Führung oder ökonomisch.

Abbildung 1.2 UN-Nachhaltigkeitsziele

Jede einzelne Dimension besteht wiederum aus vielfältigen Aspekten (siehe Abb. 1.3).

Nicht alle 17 SDGs sind für Finanzdienstleister:innen relevant. Außerdem haben die Akteure unterschiedlichen Einfluss auf die relevanten Ziele. Manche liegen eher in der Sphäre der Makler:innen, andere eher in der Sphäre der Versicherer.

Aber schon hier zeigt sich, dass Versicherungsvermittler:innen und Versicherer für mehr als die Hälfte der SDGs einen Beitrag leisten können.

In der Dreiecksbeziehung Kund:in – Berater:in – Anbieter:in (Bank, Versicherung, Fondsgesellschaft) haben wir vier Ebenen identifiziert (siehe

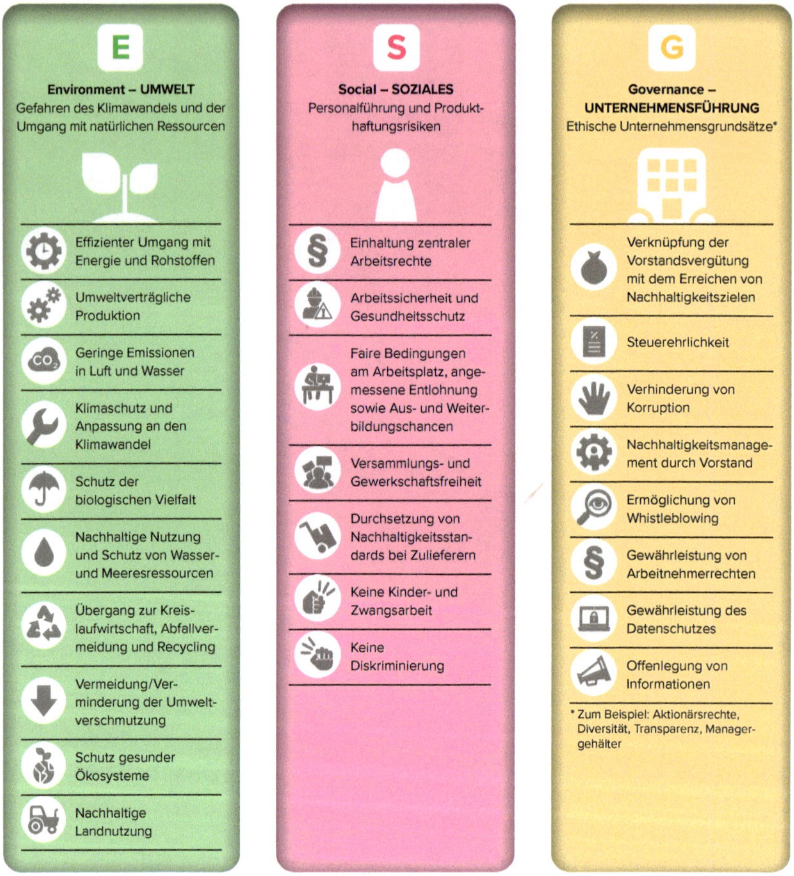

Abbildung 1.3 ESG-Kriterien und Beispiele *(Illustrationen: Freepik/www.flaticon.com)*

Abb. 1.5). Auf diesen vier Ebenen sind sowohl die Wirkung für Nachhaltigkeit als auch der Einfluss der Einzelperson unterschiedlich. Wirkung und Einfluss sind dabei gegenläufig. Das heißt, da, wo mein Einfluss am größten ist (bei mir als Einzelperson bzw. in meinem Haushalt oder meiner Firma), ist die Wirkung oder der Hebel am kleinsten. Hier kommt die Idee des Handabdrucks ins Spiel. Es geht darum, zu erfassen, wie viel

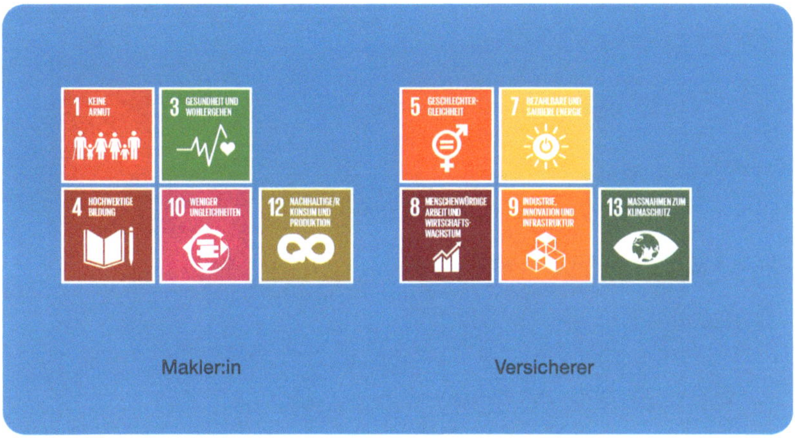

Abbildung 1.4 UN-Nachhaltigkeitsziele im Versicherungskontext

positiven Einfluss der/die Einzelne durch Verhalten, politisches Engagement oder auch durch berufliches Handeln in Entscheidungspositionen ausübt und dadurch CO_2 vermeidet. Anders als der CO_2-Fußabdruck zeigt der Handabdruck also den eigenen Fortschritt. Das ist eine positive Sichtweise, die motiviert.

Die größte nachhaltige Wirkung hat ein nachhaltiger Anbieter. So beträgt der Kapitalanlagebestand der deutschen Versicherer fast 1,6 Billionen Euro.[8] Das entspricht etwa der halben jährlichen Wirtschaftsleistung Deutschlands oder dem Dreifachen des Bundeshaushalts. Allein die Allianz Lebensversicherung kommt auf fast 270 Mrd. Euro.[9] Die 20 größten Verwalter von Vermögen weltweit verantworten Gelder von Kund:innen in Höhe von unglaublichen 53 Billionen US-Dollar.[10] Das ist mehr als die USA, China und die EU zusammen in einem Jahr erwirtschaften. Stell dir die unglaubliche Wirkung vor, wenn das gesamte Geld nur in Nachhaltigkeit investiert werden würde. Die allermeisten Anbieter

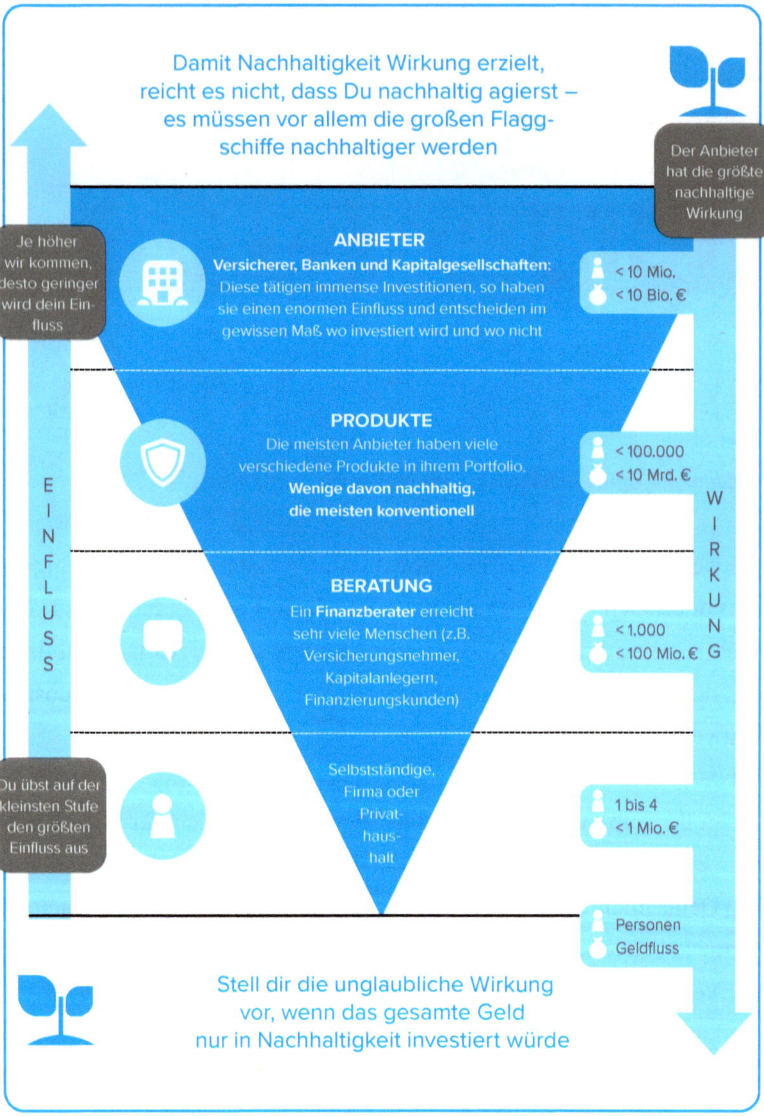

Abbildung 1.5 Wirkung und Einfluss von bzw. auf Nachhaltigkeit bei Finanzen und Versicherungen

haben viele verschiedene Produkte in ihrem Portfolio. Wenige davon sind nachhaltig, die meisten konventionell.

Die Produktebene hat den nächstniedrigeren Wirkungsgrad. Denn ein Produkt (z. B. Girokonto, Hausratversicherung, Aktienfonds, private Rentenversicherung) schließen viele Menschen ab und zahlen Geld ein. Ein nachhaltiges Produkt kann Wirkung in Millionen- oder geringer Milliardenhöhe entfalten.

Die Finanzberatung ist die nächste Stufe. Ein:e Finanzberater:in erreicht viele hundert bis tausend Menschen. Das können Versicherungsnehmer:innen, Kapitalanleger:innen, Finanzierungskund:innen usw. sein. Die Wirkung geht in den niedrigen Millionenbereich.

Die kleinste Einheit ist eine Firma bzw. ein:e Selbstständige:r und/ oder ein Privathaushalt. Die Wirkung kommt selten über einen sechsstelligen Bereich hinaus.

Damit Nachhaltigkeit Wirkung erzielt, reicht es nicht, wenn einzelne Menschen nachhaltig agieren. Es müssen vor allem die großen Flaggschiffe nachhaltiger werden.

Die Pyramide wirkt jedoch auch noch in die entgegengesetzte Richtung. So ist der Einfluss, den die einzelne Person ausübt, auf der kleinsten Stufe natürlich am größten. Jede:r hat es in der Hand, wie nachhaltig er oder sie unterwegs ist. Als Berater:in können Sie Kund:innen, aber auch die Versicherungen mit dem Thema konfrontieren und einen gewissen Nachfragedruck ausüben. Je höher wir kommen, desto geringer wird der Einfluss. Die Allianz wird kaum ihre 270 Milliarden plötzlich nachhaltig anlegen, weil eine einzelne Person es so will. Wenn jedoch Berater:innen nachhaltiger werden und nachhaltige Finanzprodukte (bei der Allianz) nachfragen, hat das größeres Gewicht. Damit hat jede:r mittelbaren Einfluss. Diese umgedrehte Pyramide wird dir in Kapitel 3 begegnen.

1.3 Das bewirken nachhaltige Finanzen & Versicherungen

Was geht dir durch den Kopf, wenn du an Geld, Finanzen und Versicherungen denkst?

Diese Frage stellen wir allen unseren Mandant:innen im Erstgespräch. Ungefähr 60 Prozent geben Antworten mit einem negativen Einschlag wie:

- „Provisionen"
- „Geldmacherei"
- „hohe Abschlusskosten"
- „Da habe ich keinen Bock drauf, ich denke, mir will jemand was andrehen."
- „alte Männer in schlechtsitzenden Anzügen, die mir irgendwas aufschwatzen wollen"
- „Die wollen dich nur übers Ohr hauen."
- „Hände hoch, Banküberfall"
- „Vertrauen fehlt, dass man die richtige Beratung bekommt"
- „Es wird zu viel mit der Angst gearbeitet."
- „super lästig und nervig"
- „Irrgarten/Dschungel"
- „Man wird weitergereicht von Berater zu Berater."
- „teuer"
- „unnötig"

Wenn du also bei dem Gedanken an Geld, Finanzen und Versicherungen in Jubel ausbrichst, bist du in bester Gesellschaft. Leider kommt niemand, wirklich niemand an dem Thema vorbei. Es ist daher absolut sinnvoll und wichtig, sich damit auseinanderzusetzen. Am besten wäre es doch, wenn du zukünftig beim Gedanken an Geld vielleicht nicht gleich vor Freude in die Luft springst, aber doch zumindest gelassen und entspannt bist.

Genau das und noch mehr leisten nachhaltige Finanzen und Versicherungen! Eigentlich sind nachhaltige Finanzen und Versicherungen wie die Werbeversprechen: zu gut, um wahr zu sein. Mit dem Unterschied, dass sie wahr sind.

Nachhaltige Finanzen bedeuten:

- weniger Kosten,
- weniger Risiken,
- Übersicht,
- mehr Ertrag,
- positiver Impact,
- eine gute Vorbereitung auf eine mögliche Zukunft.

Mit geringeren Kosten hast du weniger Stress, mehr Freiheiten, weniger schlechtes Gewissen und weniger „müssen" mehr „können".

Weniger Risiken bedeuten mehr Gelassenheit, Resilienz und dass du mehr Abenteuer wagen kannst.

Dank der gewonnenen Übersicht verstehst du deine Finanzen besser. Du machst weniger Fehler, behälst die Kontrolle über dein Geld, erfährst einen neuen Grad von Selbstbestimmtheit und Selbstwirksamkeit.

Durch mehr Ertrag gewinnst du Freiheit und Sicherheit. Damit erhöhst du dein Potenzial und kannst es wirklich nutzen.

Mit einem positiven Impact leistest du einen wichtigen Beitrag zur Nachhaltigkeit – und das mit dem größten Hebel, den die Menschheit erfunden hat: Geld.

And by the way: Es ist eine gute Vorbereitung auf eine mögliche Zukunft. Du lernst, weniger zu benötigen und erkennst Verzicht als Gewinn. Die Welt wird sich in den nächsten Jahrzehnten dramatisch verändern. Also werden auch die Gesellschaft und die Wirtschaft sich ändern. Die Frage ist, ob uns diese Transformation „by design" gelingt oder „by disaster". Wenn es dir gelingt, deine Finanzen heute nachhaltig aufzustellen, gelingt dir die Transformation zumindest in diesem Bereich „by design".

Das klingt jetzt ganz schön vollmundig, oder? Auf den folgenden Seiten wollen wir dir zeigen, wie das gelingen kann.

1.4 Darum sind nachhaltige Finanzen & Versicherungen notwendig

Wir – damit meinen wir den globalen Norden und Westen – haben eine historische Verantwortung. Wir stehen für den größten Teil der CO_2-Emissionen, die die Atmosphäre verändert haben und für die Klimaerwärmung sorgen. Gleichzeitig leiden Länder, die am wenigsten dazu beigetragen haben, am meisten unter den Folgen.

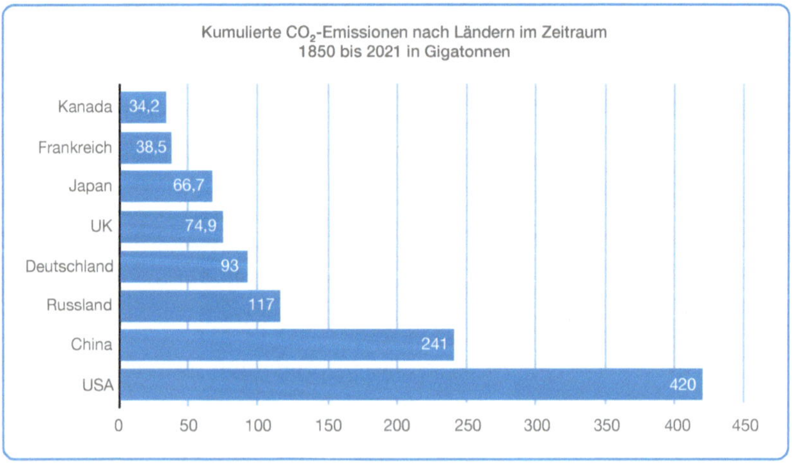

Abbildung 1.6 Kumulierte CO_2-Emissionen *(Quelle: Statista 2024b)*

Die acht in Abbildung 1.6 aufgeführten Länder machen fast die Hälfte aller CO_2-Emissionen durch Nutzung fossiler Brennstoffe und die Herstellung von Zement aus. Wer den Dreck macht, sollte ihn bitte auch wieder aufräumen. Übrigens: Wir Deutschen sind zwar mittlerweile „nur" noch für 2 Prozent der globalen CO_2-Emissionen verantwortlich (bei einem Anteil an der Weltbevölkerung von einem Prozent), aber historisch sind wir mit 4 Prozent an vierter Stelle.

Der Norden ist überproportional für die Klimaänderungen verantwortlich, während der globale Süden überproportional unter den Folgen leidet. Im Sinne des Verantwortungsprinzips wäre es also nur gerecht, wenn wir – der globale Norden – unseren Anteil leisten würden. Wir haben unseren Wohlstand hauptsächlich auf der Nutzung fossiler Brennstoffe wie Kohle, Öl und Gas aufgebaut. Eine Forschergruppe hat sogar errechnet, wie viel wir dem Süden „schulden": 170 Billionen US-Dollar bis zum Jahr 2050. Deutschland allein müsste dabei etwa 4200 US-Dollar pro Jahr und Kopf kompensieren, also 350 Milliarden pro Jahr.[11] Das wird nicht passieren. Aber mehr als die läppische „Entwicklungshilfe" sollte es schon sein.

Dazu kommt die soziale Komponente. „Reiche" verbrauchen mehr Ressourcen als „Arme". Das gilt global, aber auch national. Das oberste globale Prozent (also etwa 80 Millionen Menschen) hat einen Anteil an den CO_2-Emissionen von 15 Prozent. Die untere Hälfte nur zehn Prozent.[12] In Deutschland haben die obersten 10 Prozent einen CO_2-Fußabdruck von gut zehn Tonnen pro Jahr. Die untersten 10 Prozent mit 5,6 Tonnen nur etwa die Hälfte.[13]

Daneben spielt auch die Generationenfrage eine Rolle. Die Generation der Babyboomer (geboren zwischen 1946–1964) erlebte einen unglaublichen Anstieg des Wohlstands. Sie wird aber unter den gravierenden Auswirkungen der Klimaveränderungen und des Artensterbens nicht mehr leiden. Anders die Menschen, die ab 1980 geboren wurden. Sie bzw. wir werden die massiven Veränderungen erleben und mit den Herausforderungen irgendwie umgehen müssen. Deswegen hat uns das Bundesverfassungsgericht am 29. April 2021 mit einem wegweisenden Urteil aufgetragen, die Lasten der Klimaveränderungen und des Artensterbens zeitlich gerecht zu verteilen. Es geht nicht, ewig lang mit den Nachhaltigkeitsbemühungen zu warten und den zukünftigen Generationen so überproportionale Lasten aufzuerlegen. Wir müssen jetzt aktiv werden und uns transformieren.[14] Dabei zählt jedes Jahr.

Ein weiterer Punkt betrifft die Wirtschaft. Wohlstand wird ohne Nachhaltigkeit zukünftig schlicht nicht möglich sein. In einer Welt voller Wetterextreme wie Dürren, Überschwemmungen, Hitzewellen usw. wird eine stabile Landwirtschaft nur begrenzt möglich sein. Das bedeutet stark steigende Nahrungsmittelpreise und die Gefährdung der Lebensmittelversorgung. Wenn wir (wieder) einen Großteil unseres Einkommens für Lebensmittel ausgeben müssen, wer kauft dann die Waren und Dienstleistungen, die unseren aktuellen Wohlstand ausmachen? Fossile Ressourcen, die bis dato Fundament unseres Wohlstands waren, werden weniger und teurer. Wir benötigen nachhaltige Alternativen. Damit unsere Kinder und Kindeskinder eine Zukunft in Wohlstand und Sicherheit haben, braucht es Nachhaltigkeit.

Ein weiterer Grund, sich mit Nachhaltigkeit auseinanderzusetzen, ist die Regulierung. Die Richtung ist klar: Versicherungen, Banken, Kapitalanlagegesellschaften und alle Vertriebskanäle sollen irgendwann einheitlich reguliert werden.

Ausgangspunkt war das Pariser Klimaschutzabkommen. Das war die abstrakte Absichtserklärung und Verpflichtung der unterzeichnenden Staaten, die Klimaerwärmung mit geeigneten Maßnahmen möglichst auf 1,5°Celsius zu begrenzen. Innerhalb dieser Grenze sind die Folgen beherrschbar. Die EU hat daraus den „Green Deal" abgeleitet. Dessen Ziel ist es, im europäischen Wirtschaftsraum das Wirtschaftswachstum von den steigenden Klimaemissionen zu entkoppeln und ihn zum ersten klimaneutralen Wirtschaftsraum zu machen. Dafür braucht es ein einheitliches Messsystem und Transparenz.

Aus diesen Gründen hat die EU einen vielfältigen Kanon an Regulierungen veranlasst. Eine davon ist die sogenannte Taxonomie. Das ist das Messsystem. Die Taxonomie beschreibt, was (ökologisch) nachhaltig ist. Damit sollen (hauptsächlich institutionelle) Anleger:innen wissen, worin sie investieren können, wenn ihnen Nachhaltigkeit wichtig ist. Die EU hat erkannt, dass das private Kapital der Schlüssel für die Transformation ist. Das Ziel ist es, die privaten Kapitalströme in Nachhaltigkeit zu lenken, damit die Umstellung finanzierbar ist. Die Transparenz soll die Corporate Sustainability Reporting Directive (CSRD) gewährleisten. Sie gibt vor, wie Unternehmen über Nachhaltigkeit zu berichten haben. Auf der nächsten logischen Ebene folgt die Offenlegungspflicht. Das heißt, institutionelle Anleger:innen wie Versicherer oder Kapitalanlagegesellschaften werden verpflichtet, offenzulegen, wie sie ihr Kapital anlegen. Damit wiederum können private Anleger:innen entscheiden, ob das zu ihren Präferenzen passt. Der letzte Baustein ist dann die Präferenzabfrage. Sie zielt auf die Beratung und Vermittlung ab, also dich! Das Ziel ist es, das private Kapital der Kleinanleger:innen und Altersvorsorgesparer:innen zu aktivieren. Hierfür sollen sie über die Möglichkeiten aufgeklärt werden. So landet die große globale Politik über verschiedene Wege auf deinem Tisch.

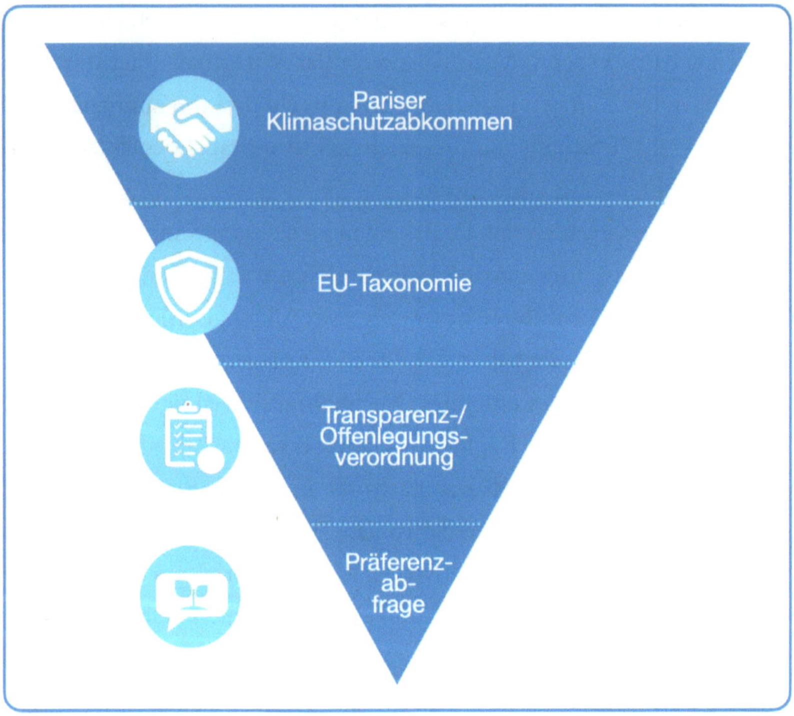

Abbildung 1.7 Hierarchie Regulatorik *(Illustrationen: Freepik/www.flaticon.com)*

1.5 Der Stand der Dinge

Gastbeitrag von

Philipp Krohn

Philipp Krohn bezeichnet sich als Hamburger, obwohl er nach seiner dortigen Geburt die ersten 20 Lebensjahre im Speckgürtel der Hansestadt verbrachte. Er hat in Heidelberg studiert und das Diplom in Volkswirtschaft und den Magister in Germanistik gemacht. Danach folgten freie Mitarbeiten für die „Rhein-Neckar-Zeitung" und die Deutsche Presse Agentur, sowie ein Volontariat beim Deutschlandradio. Die alte Liebe zum Print führte ihn Mitte 2008 in die Wirtschaftsredaktion der Frankfurter Allgemeinen Zeitung, wo er seither über wirtschafts- und sozialpolitische Themen schreibt und für die Reportageseite „Menschen und Wirtschaft" zuständig ist.

Dass zeitweise Geldanlagen mit ökologisch-sozialer und auf guter Unternehmensführung beruhender Ausrichtung sehr beliebt wurden, hat seinen Ursprung im Pariser Klimaabkommen von 2015. Schon im Vorfeld des Vertragsabschlusses hatte der französische Präsident François Hollande der Parti socialiste französische Finanzkonzerne auf das Ziel eingeschworen, nach Kräften dazu beizutragen, die Wirtschaft bis Mitte des Jahrhunderts klimaneutral zu machen. Bis heute haben sie einen Vorsprung im Nachhaltigkeitsthema. In der Zeit entstanden Regeln, die es französischen Finanzdienstleistern erleichtern sollten, die Realwirtschaft in ihrer Transformation zu unterstützen.

Bald nachdem die Staaten das Abkommen unterzeichneten, begannen Versicherer, Banken und Fondsgesellschaften überall in Europa darüber nachzudenken, welchen Beitrag sie leisten könnten. Einige trafen sich mit Nichtregierungsorganisationen und starteten einen Dialog, wie sie durch ein Divestment der Kohle-, Gas- und Ölindustrie der fossilen Energiewirtschaft die finanziellen Grundlagen entziehen könnten. Neben dem norwegischen Pensionsfonds zählten der französische Versicherer Axa und sein deutscher Wettbewerber Allianz zu den ersten Finanzkonzernen, die konkrete Ausstiegsquoten festlegten. Mit den Jahren verschärften sie diese.

Die Europäische Kommission gelangte unter ihrer Präsidentin Ursula von der Leyen zu der Auffassung, dass sie diesen Prozess durch eine gezielte Regulierung unterstützen sollte. Als sie im Jahr 2019 den europäischen Green Deal verabschiedete, kam der Finanzbranche eine Schlüsselrolle zu. Durch ihre maßgebliche Rolle als Finanzierer realwirtschaftlicher Investitionen und den finanziellen Schutz, den sie in Form von Versicherungsdeckungen bieten, traute Brüssel ihr eine steuernde Wirkung auf die beabsichtigte Transformation zu.

Dabei hat die Kommission ihre neue Finanzarchitektur eng verzahnt mit wesentlichen Elementen der Klimaschutzpolitik. Schon im Jahr 2005 hatten Kommission, Parlament und Mitgliedstaaten den EU-Emissionshandel (Emissions Trading System, ETS) eingeführt, mit dem sie die zuvor vor allem in den USA erfolgreiche Politik einer Emissionsreduzierung durch einen Cap-and-Trade-Ansatz etablierten. Dieser besteht heute für die Sektoren Energie, Industrie, Luftfahrt und Schifffahrt in einer Mengensteuerung durch eine Höchstmenge an Treibhausgasen, die Unternehmen ausscheiden dürfen.

Diese Menge wird ihnen als Recht zu emittieren in Form von handelbaren Zertifikaten zugeteilt. Jährlich wird die Menge an Zertifikaten reduziert, sodass wie beabsichtigt das Volumen zurückgeht. Auf diese Weise können Investitionen in den Klimaschutz dort getätigt werden, wo sie technisch machbar und finanziell günstig sind. Unternehmen, die nicht günstig Treibhausgase zurückfahren können, dürfen Zertifikate nachkaufen. Im Gegenzug können Unternehmen mit günstigen Reduktionsmöglichkeiten überschüssige Zertifikate an bedürftige Unternehmen am Markt veräußern.

Liberale Ökonomen halten dieses Instrument für das freiheitlichste und effektivste Mittel, um zur Nachhaltigkeit zu kommen, ohne die handelnden Parteien auf den Märkten in ihrem wirtschaftlichen Handeln unnötig einzuschränken. Sie sind deshalb kritisch gegenüber dem Ansinnen der EU, zusätzlich eine Regulierung aufzubauen, die den Finanzmärkten eine unterstützende Rolle in der Transformation zuweist. Im Zuge des Green Deal führte die EU drei neue Bausteine ein: eine Taxonomie, die mit technischen Spezifizierungen festlegt, welche Produkte als nachhaltig eingestuft werden können. Über eine Transparenzpflicht für Unternehmen von einer bestimmten Größe an setzte sie in der CSRD-Richtlinie (Corporate Sustainability Reporting Directive) feste Regeln dafür, welche Daten Unternehmen der kritischen Öffentlichkeit, Eigentümern und Kreditgebern bereitstellen müssen, um Fortschritte zu dokumentieren. Und eine Lieferkettensorgfaltspflichten-Richtlinie (CSDDD) sollte sicherstellen, dass Unternehmen ihren Zulieferern in der Lieferkette an europäischen Menschenrechts- und Ökologiestandards orientierte Vorgaben machen.

Diese Regulierung geriet in den Jahren nach dem russischen Angriff auf die Ukraine zunehmend in die Kritik. Durch den Krieg zeigte sich, wie abhängig die europäische Wirtschaft weiterhin von fossilen Energieimporten aus Russland war. Kapitalanleger in ESG-Investments, die auf Umwelt, Soziales und gute Unternehmensführung ausgelegt waren, verzeichneten zeitweise schlechtere Renditen als herkömmliche Geldanlagen. Aus diversen Gründen, zu denen die überstürzte deutsche

Gesetzgebung zur Wärmewende und das Wiedererstarken der US-amerikanischen Konservativen unter Donald Trump zählen, verloren die einstigen Verkaufsargumente ESG und Nachhaltigkeit an Schlagkraft. Die EU-Kommission fasste die Novellierung der Nachhaltigkeitsrichtlinien in einem Omnibus-Verfahren zusammen.

Was aber bleibt, ist die fein austarierte neue nachhaltige Finanzarchitektur. Aufsichtsbehörden wie die European Banking Authority, die Europäische Zentralbank und die deutsche BaFin haben längst per Rundschreiben an die von ihnen beaufsichtigten Institute klargestellt, wie diese agieren sollen, um Risiken zu minimieren, die aus einer Exponierung gegenüber der zunehmenden Erderwärmung und des Verlusts an Biodiversität erwachsen. Banken sollen von Unternehmen Transitionspläne einfordern, in denen Schritte zur Dekarbonisierung festgehalten sind. In Frankfurt ist das International Sustainability Standards Board (ISSB) angesiedelt, das international einheitliche Messverfahren und Prozeduren erarbeitet.

All dies geschieht im Rahmen der naturwissenschaftlichen Erkenntnis, dass der Mensch innerhalb planetarer Grenzen wirtschaften muss. Dieses Konzept hat der schwedische Resilienz- und Klimaforscher Johan Rockström eingeführt, der seit dem Jahr 2018 mit Ottmar Edenhofer das Potsdam Institut für Klimafolgenforschung führt. Seinem Ansatz nach sind der Ressourcenverbrauch und die Übernutzung natürlicher Schadstoffsenken inzwischen so hoch, dass sechs von neun Dimensionen der planetaren Grenzen schon überschritten sind (Klimawandel, neuartige Substanzen, Integrität der Biosphäre, Landnutzungsänderung, Süßwassersysteme, biogeochemische Kreisläufe). Nur im Hinblick auf den Ozonabbau, die Aerosolbelastung und die Ozeanversauerung waren die Grenzen im Jahr 2023 noch nicht überschritten.

Das Konzept der planetaren Grenzen ist ideengeschichtlich mit dem berühmten Bericht von MIT-Forschern an den Club of Rome „Die

Grenzen des Wachstums“ aus dem Jahr 1972 verwandt. Dieser diskutierte erstmals für ein breites Publikum, dass die Ressourcennutzung und Senkenübernutzung zu einer schwerwiegenden Umweltkrise führt, die mit der Expansion von Material und Energie in der Wirtschaft zu tun hat. Die Forscher wurden für ihre selbstbewusste Darstellung anhand komplexer Regelungskreisläufe und mathematischer Modelle angegriffen. Insbesondere bemängelten Kritiker, dass sie den technischen Fortschritt zu wenig einbezogen hätten.

In der ökonomischen Wissenschaft bildete sich die Unterdisziplin der Ökologischen Ökonomik, die unter Rückgriff auf den zweiten Hauptsatz der Thermodynamik versuchte nachzuweisen, wie durch stoffliche Umwandlungen im Rahmen wirtschaftlicher Prozesse thermodynamisch minderwertige Stoffe entstünden. Zudem zeigten sie in ihren Studien auf, wie irreversible Prozesse – etwa der Biodiversitätsverlust – zu gravierenden Einschränkungen des wirtschaftlichen Potenzials führen können. Und sie zeigten mit dem Konzept der Kuppelproduktion auf, wie Umweltkrisen frühzeitiger als durch das Konzept externer Effekte identifiziert werden können.

Von der Öffentlichkeit unbemerkt hat sich mithilfe dieser Vorarbeiten ein zentrales Ziel der ökologischen Intervention in Güter- und Finanzmärkte herauskristallisiert: die Entkopplung von Wohlstand und Umweltverbrauch. Dies solle geschehen durch einen sparsameren Einsatz von Rohstoffen, eine höhere Energie- und Materialeffizienz sowie Recycling von einmal verwendeten Stoffen. Investitionen zum Klima- und Naturschutz umfassen die Kreislaufwirtschaft, den Ausbau der erneuerbaren Energien ohne Kohlenstoffverbrennung und den Schutz vulnerabler Habitate.

Der britisch-amerikanische Ökonom Kenneth E. Boulding, der den seltenen Status eines vom Mainstream anerkannten Sonderlings genoss, brachte die Erfordernisse der Transformation im Jahr 1966 auf das anschauliche Schlagwort vom „Raumschiff Erde" (Spaceship Earth). Darin sollten alle Outputs der Produktion wieder Inputs einer anderen Produktion sein. Der Mensch dürfe nicht wie bislang nach neuen Grenzen suchen, wenn sich seine Hinterlassenschaften nicht mehr aufräumen ließen. Die fossile müsse vollständig durch eine solare Wirtschaftsform ersetzt werden. Im Jahr 1981 schrieb er vom Ende des expansiven Zeitalters, für das neue Institutionen und Regeln gefunden werden müssten.

Damit ist nicht gemeint, dass der Wohlstand gemessen am Bruttoinlandsprodukt fallen müsste. Aber wenn man Boulding, die ihm nahestehenden Ökologischen Ökonomen und Rockströms planetare Grenzen zusammendenkt, wird klar, dass Materialeinsatz und fossile Brennstoffe die Ursache der Übernutzung der Erde sind und dass diese schnell eingedämmt werden muss. Dafür bieten sich Cap-and-Trade-Systeme wie der Emissionshandel an, weil sie Emissionen über eine Mengensteuerung begrenzen, die sich auf wissenschaftliche Erkenntnisse stützen kann. Aus der zunehmenden Knappheit folgt eine CO_2-Bepreisung, nach der Unternehmen Investitionspläne steuern können.

Dieses Instrument ist besonders gut geeignet, um Nachhaltigkeitsziele zu erreichen, weil es einen Rahmen setzt, innerhalb dessen Unternehmen freiheitlich wirtschaften können. Das ist von zentraler Bedeutung für die Erfolgsaussichten, weil sich in der Vergangenheit immer wieder gezeigt hat, dass Widerstände aufkommen, wenn die Freiheit eingeschränkt wird. Der österreichische Ökonom Friedrich August von Hayek hat in mehreren Schriften nachgewiesen, wie hinderlich es für einen effizienten Innovationsprozess ist, wenn sich staatliche Behörden einmischen, statt Ingenieure mit Praxiserfahrung walten zu lassen. Er sprach von einer Anmaßung des Wissens, wenn die Verwaltung meine, Innovationspfade vorab erkennen zu können.

In Deutschland wurde seit der wachsenden Sichtbarkeit der Klimabewegung Fridays for Future nach 2019 und im Wahlkampf 2021 intensiv über Verbote und Anreize diskutiert. Dabei ist spürbar geworden, dass Bürger einer staatlichen Gängelung zu mehr Klimaschutz skeptisch gegenüberstehen. Als die Ampelregierung 2023 das Gebäudeenergiegesetz novellierte, nahm die Sorge vor einem Eingriff in den privaten Heizungskeller, der auch durch die Vorgängerregelung schon bestand, unter dem Einfluss der Boulevardmedien nahezu hysterische Züge an. Wenig ist allerdings durchgedrungen, dass feste Ausstiegsszenarien für veraltete Techniken wie den Verbrennungsmotor oder die Kohleverstromung viel Verwaltungsaufwand bedeuten, während der erwünschte Effekt auch durch das freiheitlichere Konzept des Emissionshandels eintreten würde.

Der Begriff der Technologieoffenheit, den politisch vor allem die 2025 aus dem Bundestag ausgeschiedene FDP für sich reklamiert hat, ist im öffentlichen Diskurs leider in Verruf geraten. Dabei drückt er aus, dass die kostengünstigste Art, nach klimaschonenden Innovationen zu suchen, durch ein Trial-and-Error-Verfahren in der Privatwirtschaft entsteht. Er muss nicht bedeuten, dass man technologieblind wird und allen Großprojekten wie der Kernfusion oder Minireaktoren zutraut, die Energiekrise ohne schädliche Kuppelprodukte zu lösen. Aber im ClimateTech-Sektor zeigt sich, dass Ideen schnell marktreif werden, die sich Behörden nicht ausdenken könnten.

Wenn ein sinnvoller Rahmen des Wirtschaftens gesetzt wird und dadurch planetare Grenzen respektiert werden, integrieren sich Ökologie und Marktwirtschaft ohne allzu tiefe Eingriffe in Geschäftsmodelle. Ein sukzessiv steigender CO_2-Preis beabsichtigt nicht, Bevölkerungsgruppen und Unternehmen zu gängeln und durch hohe Abgaben stetig wachsende Einnahmen zu erzielen. Stattdessen soll er nachhaltigere Alternativen im Vergleich erschwinglicher machen und dafür sorgen, dass die schädlichen externen Effekte der Kohlenstoffverbrennung über einen Preis abgebildet werden.

Die Diskussionen der späten Ampeljahre haben gezeigt, dass es an einem gemeinsamen Narrativ fehlt, um Nachhaltigkeitsziele zu erreichen. Im Hinblick auf den Klimawandel ist das zum Beispiel in Dänemark ganz anders. Die schon seit mehr als 40 Jahren betriebene kommunale Wärmeplanung, die erfolgreiche Verkehrswende von Kopenhagen und die Transformation des ehemals fossilen Ørsted-Konzerns sind exemplarische Ergebnisse eines schon in den 1970er-Jahren geschlossenen Konsenses, dass das Land vom Öl unabhängig werden muss.

In Deutschland dagegen verläuft die Debatte entlang ideologischer Gräben. Liberale und Konservative begreifen sich als Hüter der Freiheit und verkennen die Dimension der Ökokrisen. Sozialdemokraten verstecken sich hinter dem Schutz von Industriearbeitsplätzen und hinter dem Einsatz für soziale Belange. Und Grüne verkennen die Folgen für die Freiheit, wenn bürokratische Vorgaben zu kleinteilig werden. Ein ideologisches Abrüsten und eine Überwindung des Lagerdenkens wären wünschenswert.

Allen politischen Farben gemeinsam ist, dass sie das Individuum vor allzu großen Änderungen bewahren wollen. Dabei bietet ein freiwilliger Blick auf den persönlichen ökologischen Fußabdruck viel Potenzial. Er kann aufzeigen, dass eine gesunde Mischung von Verzicht und technischem Fortschritt die wahrscheinlich vielversprechendste Strategie ist, um bis Mitte des Jahrhunderts klimaneutral zu werden. Technische Lösungen wie eine Wärmepumpe und die Elektrifizierung des Autoverkehrs stehen neben Ansätzen von Suffizienz, einem gleichzeitig gesünderen und nachhaltigeren Ernährungsstil, einer Hinwendung zu kleineren und dennoch attraktiveren Wohneinheiten, einem bewussteren Umgang mit Flugreisen und kurzen Autofahrten über Distanzen, die sich auch mit dem Fahrrad überwinden lassen.

KAPITEL 2

WIE? STRATEGIEN

Im zweiten Teil geht es um die Strategie, die du brauchst, um deine Finanzen nachhaltiger zu machen. Es ist auch die Frage nach dem Wie: Wie geht man an ein Problem heran? Wie kommt man zum Ziel? Es geht also darum, die richtigen Instrumente zu finden. Die Strategie ist deine Roadmap. Wir müssen Ziele entwickeln, eigene Ressourcen richtig einschätzen und auf dieser Basis einen Weg finden, um die gesteckten Ziele zu erreichen.

Wir beantworten in diesem Teil folgende Fragen:

Wie kann ich allgemein nachhaltiger leben?

Welche Schritte sind nötig und sinnvoll, um meine Finanzen nachhaltiger aufzustellen?

2.1 Strategien für Nachhaltigkeit allgemein

Einzelne Maßnahmen zur Nachhaltigkeit sind gut und richtig, aber nicht ausreichend. Überall sieht man, wie Unternehmen z. B. für einen Vertrag einen Baum pflanzen oder mehr Führungspositionen mit Frauen besetzen möchten.

Solche Maßnahmen können nur Teil einer gesamtgesellschaftlichen Transformation sein. Außerdem besteht die Gefahr, dass Unternehmen Ziele und Maßnahmen falsch priorisieren, Stichwort: Wesentlichkeit. Letztlich birgt ein solch unstrukturiertes Vorgehen die Gefahr, mehr Greenwashing und PR denn echte Nachhaltigkeitsentwicklung zu betreiben. Aus diesem Grund sind auf Gesellschafts- und Unternehmensebene sowie auf Ebene der Privathaushalte Strategien für echte Nachhaltigkeit nötig.

Es gibt jedoch nicht die eine richtige Strategie. Außerdem sind wir nicht alle von jetzt auf gleich nachhaltig. Aber es gibt einige Heuristiken (Daumenregeln), mit denen wir alle etwas für echte Nachhaltigkeit tun können.

Unnötiges erkennen und vermeiden

Bei Nachhaltigkeit denken viele zunächst an Verzicht und damit Verlust. Dabei müssen wir uns im ersten Schritt gar nicht einschränken. Zunächst geht es darum, unnötige Verhaltensmuster zu erkennen und diese zu vermeiden oder zu reduzieren. Ein ganz einfaches Beispiel ist der Wasserkocher. Wenn du dir eine Tasse Tee machst, ist es unnötig, das Ding randvoll zu machen und das gesamte Wasser zu erwärmen. Denn das kostet Energie. Indem du zukünftig nur noch so viel Wasser in den Kocher machst, wie du wirklich brauchst, tust du bereits etwas für die Umwelt. Denn jede nicht verbrauchte Kilowattstunde Strom ist gut. Würdest du deswegen sagen, dass du auf etwas verzichten musst? Wohl kaum. Solche Beispiele gibt es Hunderte. Prüfe einfach ab sofort, was du den lieben langen Tag so machst und ob du unsinnig Energie oder Ressourcen verbrauchst.

Nötiges erkennen und tun

Der nächste Schritt ist, zu erkennen, was nötig ist, um nachhaltiger zu sein. Diese Maßnahmen solltest du zukünftig entweder ergreifen bzw. unterlassen. Hier musst du dich jedoch schon etwas bewegen und in der Regel Bequemlichkeiten aufgeben.

Es ist zum Beispiel nötig, dass wir unseren Fleischverzehr drastisch reduzieren. Wenn du zum Team „Fleisch ist mein Gemüse“ gehörst, solltest du weniger Fleisch essen, da der größte Teil unserer landwirtschaftlichen Fläche für das Futter unserer Nutztiere drauf geht. Außerdem ist die Tierhaltung einer der größten CO_2-Emittenten.[15]

Ein anderes Beispiel ist der tägliche Weg zur Arbeit. Sinnvoll wäre es, ihn entweder zu Fuß, mit dem Rad oder dem öffentlichen Personennahverkehr zurückzulegen und nicht mit dem eigenen Auto. Interessant ist, dass wir oftmals all diese Maßnahmen mit einem Verlust von Lebensqualität verbinden. Wenn wir genauer darüber nachdenken, ist es jedoch oft das Gegenteil. Verzicht kann ein Gewinn sein. Weniger Fleisch zu essen, bedeutet, gesünder zu bleiben.[16] Wünschen wir uns nicht alle Gesundheit? Mit dem Fahrrad zur Arbeit zu fahren, lässt einen fitter werden und man spart sehr viel Geld.

Erkennen, reduzieren, kompensieren

Eine weitere Strategie ist der Dreiklang aus

- Erkennen,
- Reduzieren,
- Kompensieren.

Als Erstes müssen wir erkennen, wo und wie wir die Umwelt schädigen. Da ist z. B. unsere Mobilität oder das Heizen der Wohnung. Als Nächstes prüfen wir, ob und wie wir die Schädigung (also z. B. den Ausstoß von CO_2) reduzieren können. Das wären Maßnahmen wie weniger mit dem Auto zu fahren, in den Urlaub an die Ostsee zu fahren, statt nach Bali zu fliegen oder die Raumtemperatur zu senken. Es gibt aber Emissionen, die wir nicht oder nur sehr schwer reduzieren oder vermeiden können. Diese kann man kompensieren. Das geht beispielsweise über einen sogenannten CO_2-Ausgleich. Ein solcher Ausgleich verhindert jedoch eben nicht den vorherigen Ausstoß von klimaschädlichen Treibhausgasen. Es ist also gerade nicht sinnvoll, jedes Jahr nach Bali zum Yoga-Retreat zu fliegen und den Flug kompensieren zu lassen.

Reduce, Reuse, Recycle

Ein weiterer Dreiklang ist:

- Reduce,
- Reuse,
- Recycle.

Nehmen wir dafür das Beispiel Kleidung. Das, was bei uns im Laden hängt oder im virtuellen Einkaufskorb landet, hat eine lange Reise hinter sich. Unsere Sachen werden in fernen Ländern unter fragwürdigen Bedingungen hergestellt. Dabei werden Umwelt und Menschen vor Ort geschädigt. Im Schnitt kaufen Europäer 60 Kleidungsstücke pro Jahr.[17] Ein großer Teil davon wird nie getragen.[18] Sinnvoll wäre es also, im ersten Schritt weniger zu kaufen und mehr zu tragen.

Was einem nicht mehr gefällt, kann man umnutzen. Entweder macht man aus einer langen Hose eine kurze für den Sommer oder gibt sie in den Second-Hand-Kreislauf.

Alles, was wirklich nicht mehr geht, weil es kaputt ist, sollten wir recyceln. Häufig genug läuft es aber genau andersrum. Wir kaufen wie die Irren, schmeißen weg, weil wir ja denken: Wird schon jemand recyceln. Das Ergebnis: Müllberge von Fast Fashion in der Atacama-Wüste.

Umnutzen vor neubauen und versiegeln

Deutschland soll jedes Jahr 400.000 neue Wohnungen bereitstellen. So stand es im Koalitionsvertrag von 2021. Bundesbauministerin Klara Geywitz sagte, der Neubau von Einfamilienhäusern ist ökonomisch und ökologisch unsinnig.[19] Ein riesiger Aufschrei zog durchs Land. Dabei hat sie vollkommen Recht. Ja, wir brauchen Wohnungen. Ja, Einfamilienhäuser lohnen sich meist nicht[20] und der Neubau ist ökologisch unsinnig.

Die Lösung ist, bestehende Flächen umzunutzen. Die Innenstädte veröden, Büro und Einkaufsflächen stehen leer. Es wäre für Umwelt und Gesellschaft also besser, würden wir etwas mit diesen Leerflächen anfangen, anstatt auf der „grünen Wiese“ ständig Neubaugebiete auszuweisen. Übrigens: Die Wohnfläche, die jede:r im Schnitt bewohnt, lag 2020 bei $47m^2$. 30 Jahre vorher lag sie bei $35m^2$.

Regionalitätsprinzip

Ein letzter Punkt, den wir alle beherzigen sollten, ist das Regionalitätsprinzip. Was vor Ort produziert werden kann, sollte vor Ort produziert und konsumiert werden. 20 Prozent der weltweiten CO_2-Emissionen gehen auf das Konto des Transports.[21] Allein der Schiffsverkehr, der den größten Teil der globalen Waren transportiert, ist für 2,5 Prozent oder 1 Mrd. Tonnen CO_2 verantwortlich.[22] Wenn wir alle mehr darauf achten würden, Produkte aus der Region zu kaufen, würde dieser Wert sinken. Außerdem würde die Wertschöpfung inkl. der Steuern und Sozialabgaben in der Region bleiben. Die Coronapandemie und der Krieg in der

Ukraine haben uns gezeigt, wie fragil die weltweiten Ströme sind. Wir würden also darüber hinaus resilienter. Achte z. B. beim nächsten Einkauf darauf, wo das Gemüse herkommt.

2.2 Strategien für Nachhaltigkeit bei Finanzen & Versicherungen

Stell dir vor, du sitzt in einem Flugzeug. Es kommt zu einem Notfall. Was tust du zuerst? Dich sichern oder anderen helfen? In jeder Sicherheitseinweisung hören wir: Zuerst sich selbst sichern, danach den anderen helfen. Nur wenn du überlebst, kannst du andere retten. Im Flugzeug bedeutet das: Setze zuerst dir die Sauerstoffmaske auf, danach den anderen.

Das gleiche gilt für nachhaltige Finanzen: Zuerst musst du deine eigenen Finanzen sichern. Danach kannst du Gutes tun. Viele denken bei nachhaltigen Finanzen aber zuerst daran, etwas Gutes mit dem Geld bewirken zu wollen. Das kann nicht funktionieren.

Damit du einen nachhaltigen Impact hast, ist es sinnvoll, strategisch heranzugehen. Dafür teilen wir die eigenen Finanzen in drei Teile: kurzfristige, mittelfristige und langfristige.

Bei den kurzfristigen Finanzen geht es darum, was und wie du Geld ausgibst. Bei den mittelfristigen Finanzen geht es darum, auf Risiken gut vorbereitet zu sein und Rücklagen aufzubauen. Mit langfristigen meinen wir Altersvorsorge und Vermögensaufbau.

Du kannst in den tollsten und nachhaltigsten Ökofonds investieren und damit einen Impact erzeugen. Wenn dich dann aber ein Schicksalsschlag unvorbereitet trifft oder du einfach mehr Geld ausgibst, als du einnimmst, wirst du nicht langfristig dabeibleiben können.

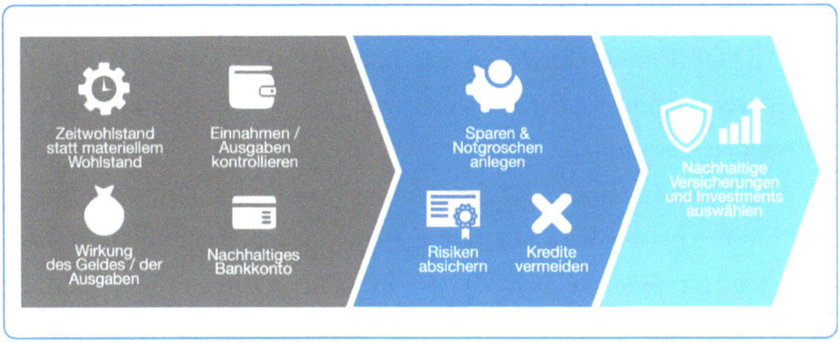

Abbildung 2.1 Strategie für nachhaltige Finanzen *(Illustrationen: Freepik/www.flaticon.com)*

2.2.1 Kurzfristig

Wohlstand neu definieren

Wir müssen darüber diskutieren, was wir mit Wohlstand meinen. Bislang haben wir Wohlstand hauptsächlich aus finanzieller Perspektive gesehen: Mehr Geld und Vermögen ist gleich mehr Wohlstand. Das hat zu einem Anhäufen von Geld- und Sachvermögen geführt. So besitzen die Deutschen allein 9.000.000.000.000 Euro an Geldvermögen.[23] Diesen Wohlstand – der sehr ungleich verteilt ist – haben wir durch Wirtschaftswachstum erzeugt. Wirtschaft messen wir mit dem BIP, dem Bruttoinlandsprodukt. Wenn es steigt, freuen wir uns. Wenn es sinkt oder stagniert, bekommen wir es mit der Angst zu tun. Wenn die Formel lautet: Wirtschaftswachstum = Wohlstand = Glück/Zufriedenheit, müssten wir ja immer glücklicher geworden sein. Dem ist aber nicht so.

Mit dem Wirtschaftswachstum stiegen unser Ressourcenverbrauch und der Eintrag von Gasen und Müll in die Umwelt. Unser Wohlstand basiert also zu einem großen Teil auf der Ausbeutung des Planeten. Dass das an natürliche Grenzen stößt, merken wir immer mehr: Klimawandel, Artensterben, Plastikflut etc.

Daneben steigt seit Jahrzehnten die Zahl an psychischen Erkrankungen.[24] Offensichtlich vertragen wir unser Wirtschaftssystem und die Arbeitsverdichtung immer weniger. Unser Wohlstand geht zulasten unserer eigenen Gesundheit.

Aus diesen Gründen brauchen wir eine andere Definition von Wohlstand. Wir schlagen daher vor, statt von materiellem Wohlstand von Zeitwohlstand zu sprechen: mehr Zeit für Beziehungen, mehr Zeit für Miteinander und Kooperation, mehr Zeit für Kunst und Kultur, mehr Zeit für sich. Dafür braucht es zuerst einmal Zeitsouveränität, also die Möglichkeit, über die eigene Zeit zu bestimmen. Damit einher geht auch eine deutliche Reduzierung der Erwerbstätigkeit.

Auf den folgenden Seiten wollen wir dazu Denkanstöße liefern.

Wirtschaft erfüllt nicht unsere Sehnsüchte, sie erzeugt sie.

Das Prinzip dahinter: Status. Wir nehmen uns über den Blick der anderen wahr. Was denkt der andere über unsere Wohnung? Unser Auto? Unsere Reiseziele? Das Problem: Status erlischt, wenn ihn jeder hat. Er ist exklusiv. Die Folge: eine wahnsinnige Materialschlacht auf Kosten der Gesundheit und der Ressourcen. Die Lösung: Löse dich vom Statusdenken und hinterfrage deine Bedürfnisse kritisch.

Das Lebensglück in Deutschland ist seit 40 Jahren nicht gestiegen.

Obwohl sich die Einkommen verdoppelt haben, ist unser Lebensglück nicht gestiegen.[25] Oder anders formuliert: Wir müssen uns heute doppelt so sehr anstrengen, um genauso glücklich zu sein wie vor 40 Jahren. Offenbar können Konsumismus und Hedonismus ihr Versprechen „Je mehr Waren wir kaufen können (und es tun), desto glücklicher sind wir“ nicht einlösen.

Der hohe Preis des Besitzes

Wir überbewerten, was wir besitzen. Das betrifft nicht nur materielle Dinge, sondern auch Ideen und Sichtweisen. Überall verspricht uns die Werbung, dass Produkte unser Leben besser machen. Doch sobald wir uns den neuen Besitz aneignen, fällt es uns schwer, unsere Ansprüche wieder zurückzuschrauben. Der Schritt zurück erscheint uns wie ein Verlust, den wir nicht hinnehmen können. Er verursacht psychischen und physischen Schmerz. Deswegen unternehmen wir alles Mögliche, um das zu verhindern: Überstunden oder Jobs, die wir eigentlich nicht wollen. Das Ergebnis: Wir wollen immer mehr und belasten uns damit immer stärker.

Wie wohlhabend bist du?

Wenn man Menschen fragt, gibt kaum jemand an, zu den Reichen zu gehören. Dabei sind die Befunde eindeutig: Die Zahl der Reichen und Superreichen nimmt zu, die Schere zwischen den Einkommen und Vermögen nimmt zu. Hast du dir schon einmal die Frage gestellt, wie reich oder vermögend du im Vergleich zu den anderen in Deutschland bist? Die Ergebnisse können helfen, sich und seine Privilegien besser einzuschätzen. Übrigens: Selbst, wenn du zu den Ärmsten in Deutschland gehören solltest, bist du vermutlich Teil des reichsten zehn Prozent der Menschheit. Hier kannst du selbst nachrechnen, wie reich bzw. vermögend du bist: https://www.faz.net/aktuell/wirtschaft/wie-reich-bin-ich-vermoegen-im-vergleich-17016897.html und https://www.arm-und-reich.de/alle-rechner/

Dein Kassenzettel ist ein Stimmzettel.

Einerseits sparst du Geld, wenn du auf bestimmte Dinge verzichtest. Auf der anderen Seite ist es auch ein Signal. Im Prinzip ist es wie eine

Demonstration. Wenn eine:r allein irgendwo demonstrieren geht, nimmt davon niemand Notiz. Strömen aber von überall die Leute her und versammeln sich zu einer großen Demo, werden aus einzelnen Stimmen für oder gegen etwas eine hör- und sichtbare Stimme.

Mit deinem Ausgabeverhalten kannst du also Unternehmen und dem Markt zeigen, dass du gewisse Verhaltensweisen oder Produkte ablehnst. Je mehr dabei mitmachen, desto stärker wird das Signal an die Wirtschaft. Wenn viele Menschen umweltschädliche Produktion, unwürdige Arbeitsbedingungen, Steuervermeidungsstrategien oder einen demokratiegefährdenden CEO ablehnen, hat das einen Impact. Einerseits wird das schädliche Verhalten abgestraft: Umsatz und Gewinne sinken. Und andererseits – sofern alternative Anbieter genutzt werden – positives Verhalten gestützt: Umsatz und Gewinne steigen.

Fragen für weniger Konsum

Ein guter Startpunkt für Veränderungen sind Fragen. Deshalb haben wir hier einige zusammengetragen, die zum Nachdenken über den eigenen Konsum anregen sollen:

- Brauche ich es? Brauche ich es wirklich oder will ich es nur haben?
- Gefällt mir dieses Ding oder vielmehr die Strategie, mit der dafür geworben wird?
- Will ich es haben, damit ich fitter, klüger, entspannter oder einfach cooler werde? Wenn ja: Kann dieses Ding wirklich so ein Wunder vollbringen?
- Gibt es einen anderen Weg, wie ich mein Ziel erreichen kann, ohne noch mehr Dinge anzuhäufen?

- Wie lange muss ich arbeiten, um mir das leisten zu können? Was könnte ich sonst mit meiner Zeit anfangen, das mich mehr befriedigen würde?
- Falls ich dieses Ding wirklich brauche, gibt es dann irgendeine Möglichkeit, es auf einer Verschenkplattform im Internet zu finden oder es von Freunden, Nachbarn oder Verwandten auszuleihen?
- Besitze ich etwas, das ich durch diesen Gegenstand ersetzen möchte?
- Falls ich durch den Kauf einen Gegenstand ersetze, den ich bereits habe, was stimmt mit dem alten nicht?
- Bin ich wirklich bereit, diesen Gegenstand abzustauben, zu reinigen, für seine Reparatur zu bezahlen oder ihn anderweitig zu pflegen?

Suffizienz

Bevor wir uns mit der Suffizienz beschäftigen, müssen wir zunächst zwei andere Begrifflichkeiten klären, die im Zusammenhang mit der nachhaltigen Transformation unserer Gesellschaft und Wirtschaft stehen: Effizienz und Konsistenz.

Effizienz meint eine Leistungssteigerung bei gleichem Ressourceneinsatz. Hierzu drei Beispiele.

Verbrennungsmotor: Die Motoren sind in den vergangenen Jahrzehnten deutlich effizienter geworden. Das bedeutet, sie setzen mehr der Energie, die im Kraftstoff gebunden ist und bei der Verbrennung freigesetzt wird, in Bewegungsenergie um. Die Maßzahl dafür ist der Wirkungsgrad.

Computerchips: Durch neue Verfahren können immer mehr Schaltkreise (Transistoren) auf der gleichen Fläche untergebracht werden. Damit steigt die Rechenpower. Das läuft seit den 1960ern so. Diese Entwicklung nannte man Mooresches Gesetz. Es besagt, dass sich die Anzahl der Transistoren auf einem Chip etwa alle 12–24 Monate verdoppelt.

Zwar gilt das schon eine Weile nicht mehr, die Verdopplung hat sich deutlich verlangsamt. Allerdings steigt die Effizienz nach wie vor. Mit gänzlich neuen Technologien wie dem Quantencomputer könnten in Zukunft wieder gewaltige Steigerungsraten kommen.

Unternehmen: Auch Unternehmen werden effizienter. Hier spricht man von Skaleneffekten. Das heißt, die ersten Teile eines Produkts herzustellen, kostet noch vergleichsweise viel. Jedes weitere Stück kostet dann immer etwas weniger.

Was ist Konsistenz?

Konsistenz meint den Einsatz alternativer Technologien, Stoffe oder Ressourcen, um etwas Bestehendes anders herzustellen. Hierzu drei Beispiele.

Stromerzeugung: Früher wurde Strom aus fossilen, also endlichen Ressourcen gewonnen. Das waren Kohle, Öl, Gas, Uran usw. Durch den Einsatz „neuer" Technologien können wir Strom aus Wind, Wasser, Sonne oder Biomasse gewinnen.

Autos: Interessanterweise waren es in der Vergangenheit E-Autos, die besonders gut liefen, da ihre Bauweise sehr einfach und robust war. Allerdings wurden sie alsbald von Autos mit Verbrennungsmotoren verdrängt. Nun folgt im Zuge der Mobilitätswende wieder die „Rückkehr" zur E-Mobilität. Das heißt, statt fossile Kraftstoffe zu verbrennen, nutzen wir Strom als Energie- und Antriebsquelle. Es bleiben aber Autos, die uns von A nach B transportieren.

Verpackung: Herrschten früher Einwegverpackungen aus Kunststoffen vor, stellen viele Unternehmen ihre Verpackung auf Mehrweg um. Statt Milch in Tetra Paks zu verkaufen, füllen die Unternehmen ihre Milch in wiederverwendbare Glasflaschen (Gab es auch schon mal).

Warum Effizienz und Konsistenz für Nachhaltigkeit nicht reichen

Effizienz und Konsistenz sind zwei wichtige Aspekte für die Nachhaltigkeit. Allerdings reichen sie nicht aus. Der Grund: der Rebound-Effekt.

Der Rebound-Effekt beschreibt das Phänomen, dass wir Einsparungen durch Effizienz und Konsistenz nicht nutzen, um insgesamt weniger Ressourcen und Energie zu verbrauchen, sondern einfach mehr Dinge kaufen. Auch hierzu zwei Beispiele.

Beleuchtung: Seit einigen Jahren sind Glühbirnen verboten. Der Grund ist ihre unfassbar schlechte Effizienz. Den größten Teil der Energie (Strom) wandelt die Glühbirne nicht in Licht (eigentlicher Zweck), sondern in Wärme um. Indem wir also Glühbirnen verbannen und effiziente LED-Lampen nutzen, sinkt der Stromverbrauch pro Lampe. Da sie jedoch so effizient und damit günstig im Einsatz sind, holen wir uns einfach mehr LED-Lampen ins Haus. Das Ergebnis: Der Energieverbrauch insgesamt sinkt nicht, sondern steigt.

Autos: Obwohl die Verbrennungsmotoren immer effizienter geworden sind, steigen der Benzinverbrauch und damit der CO_2-Ausstoß im Verkehrssektor seit Jahren. Der Grund: Die Autos werden immer größer und schwerer. Mittlerweile bewegen wir bei einem SUV gut zwei Tonnen Metall, um 80 kg von A nach B zu transportieren. Das Gleiche gilt im Übrigen auch für E-SUVs.

Die Hoffnung oder eher der Glaube, dass uns und den Planeten die Technologien schon retten werden, wird sich nicht erfüllen. Ja, wir werden effizienter, ja, wir erzeugen unseren Strom aus erneuerbaren Energien. Aber unser Ressourcenverbrauch und unser Müll werden die Grenzen des Planeten dennoch sprengen.

Dass wir in Deutschland unseren CO_2-Ausstoß gegenüber den 1990er-Jahren reduziert haben, lag fast vollständig an der Deindustrialisierung der DDR, nicht an neuen tollen Technologien. Wir haben unseren

Ressourcenverbrauch und den Eintrag klimaschädlicher Gase reduziert, weil wir von etwas (Industrie) weniger hatten als vorher. Darum muss es letztlich gehen.

Was ist Suffizienz?

Suffizienz meint weniger zu verbrauchen und zu konsumieren. Wir prüfen bei einer suffizienten Lebensweise also unsere Bedürfnisse. Dabei meint Suffizienz ja „ausreichen" oder „genug sein". Auch hierzu drei Beispiele, an denen deutlich wird, was Suffizienz bedeutet.

Mobilität: Was benötige ich wirklich, um mobil zu sein und wie mobil muss ich sein? Wenn ich meine Flugreisen reduziere oder streiche und statt dem eigenen Auto den ÖPNV, das Rad oder Carsharing nutze, lebe ich suffizient: Ich verbrauche für meine Mobilität insgesamt weniger und habe nicht mal große Einbußen in meiner Mobilität.

Reparieren und Wiederverwenden: Statt kaputte Dinge wegzuwerfen (Müll) und neue Dinge dafür zu kaufen (Ressourcenverbrauch), repariere ich kaputte Dinge. Das reduziert den Mülleintrag und den Ressourcenverbrauch. Dafür müssen Produkte jedoch reparierbar sein. Das Gleiche gilt für Dinge, die mir nicht mehr gefallen oder passen. Statt sie wegzuwerfen, kann ich sie upcyceln oder andere Verwendungen finden.

Tauschen: Dinge, die noch „gut" sind, die ich aber nicht mehr verwende, biete ich anderen zum Tausch an. Jemand anderes freut sich vielleicht über die Bluse oder das Buch. Flohmärkte und Kleidertauschringe nutzen das Prinzip seit Jahrzehnten.

Was bedeutet Suffizienz für die Nachhaltigkeit?

Das Interessante dabei: In Verbindung mit Effizienz und Konsistenz kann Suffizienz dafür sorgen, dass wir die gleiche Leistung oder den gleichen Lebensstandard haben wie bisher. Nur diesmal tatsächlich insgesamt weniger verbrauchen und eintragen. Wir brauchen also alle drei Prinzipien, um echte Nachhaltigkeit zu erreichen:

Effizienz + Konsistenz + Suffizienz = Nachhaltigkeit

Was bedeutet Suffizienz für deine Finanzen?

Suffizienz dürfte einer der größten Hebel für deine finanzielle Freiheit und Selbstbestimmtheit sein. Der Ausgangspunkt ist (wieder) die Frage:

Was brauche ich wirklich?

Wenn es dir auf dieser Basis gelingt, ein suffizientes Leben zu führen, wird sich deine finanzielle Situation deutlich ändern: Sobald du weniger konsumierst, reduzieren sich unmittelbar deine Ausgaben.

Das ist logisch. Allerdings verringert sich auch dein Absicherungsbedarf bzw. -wunsch. Wenn du auf dein Auto verzichtest, musst du es nicht versichern. Hast du kein Eigenheim, musst du es nicht versichern.

Wenn du heute weniger konsumierst, wirst du es voraussichtlich auch im Alter. Das heißt, du brauchst auch weniger Altersvorsorge. Denn Altersvorsorge ist ja nur aufgeschobener Konsum: Du verzichtest heute auf z. B. 100 Euro und legst sie an oder zahlst sie in eine Rentenversicherung ein, um im Alter mehr Geld zur Verfügung zu haben. Je weniger du brauchst, desto weniger Vorsorge musst du betreiben.

Diese beiden Positionen – Versicherungen und Altersvorsorge – werden weniger und du sparst Ausgaben.

Je weniger du ausgibst, desto weniger musst du logischerweise auch einnehmen. Natürlich könntest du auch gleich viel arbeiten, weniger ausgeben und dann mehr anlegen/investieren. Doch wozu? Auch Vermögensaufbau ist nur aufgeschobener Konsum. Wenn du also nichts vererben oder stiften willst, kannst du – suffizient – weniger verdienen. An deiner Lebensqualität dürfte sich dadurch nichts ändern.

Wenn du weniger einnehmen/verdienen musst, kannst du auch weniger arbeiten. Auf dem Totenbett sagt niemand: „Ach, wäre ich bloß öfter im Büro gewesen!“ Die meisten wünschen sich am Ende ihres Lebens eher, mehr von den eigenen Kindern gehabt oder mehr erlebt zu haben. Oftmals ist es jedoch wirtschaftliche Notwendigkeit, so viel zu arbeiten: hohe Ausgaben, hohe Einnahmen. Da du diesen Teufelskreis durchbrochen hast, kommst du vielleicht entspannt mit einer Teilzeitstelle über die Runden.

Dadurch hast du im Endeffekt mehr Zeit. Mehr Zeit für dich, deine Wünsche, fürs Kochen, fürs Reparieren, für Beziehungen, fürs Buchlesen, fürs Spazieren oder was du dir sonst noch so vornimmst.

2.2.2 Mittelfristig

Zuerst sollten wir uns die Frage stellen, warum das mit dem Geld immer so kompliziert ist. Geld begegnet uns jeden Tag. Ständig müssen wir finanzielle Entscheidungen treffen. Oft haben wir Angst davor, die falsche getroffen zu haben. Regelmäßig ertappen wir uns dabei, mal wieder zu viel ausgegeben zu haben. Vor allem wenn es um langfristige Themen wie Versicherungen oder Altersvorsorge geht, regiert Vogel Strauß und wir nehmen gern auf der langen Bank Platz. Wir haben uns dran gewöhnt, dass Finanzen nervig und unverständlich sind. Dabei lohnt es sich, über Folgendes nachzudenken.

Warum sind Finanzen kompliziert?

Blöd gesagt: damit du sie nicht verstehst. Denn wer nicht versteht, muss glauben. Das war bis zur Aufklärung (Kant und Co.) auch in der Kirche so. Da musste man glauben, dass die Hungersnot eine Strafe Gottes war und nicht aufgrund von Wetter und Klimaereignissen hervorgerufen wurde. Weil man es nicht besser wusste. Heute glaubt kein Mensch mehr an die Strafe Gottes, aber eben an Steuervorteile und Null-Prozent-Finanzierung.

Durch Kompliziertheit in Produktinformationsblättern und den Allgemeinen Haftpflichtbedingungen (da sind schon die Worte die pure Kompliziertheit) sollen Kosten und Risiken verschleiert und Ertragschancen aufgeblasen werden. Je weniger du da durchblickst, umso besser für den Finanzkonzern. Da werden die besten und teuersten Köpfe, die die Uni verlassen, angeheuert, um die Produkte noch komplexer zu gestalten. Danach wird die Marketing-Abteilung beauftragt, einen tollen Namen (Premium, 3-Topf-Hybrid) zu finden, schöne Bilder (glückliche Familien, schöne Frauen oder zufriedene Senioren) zu machen und den Kram zu verkaufen.

Du brauchst nur fünf Finanzverträge

Dabei sind einfache Regeln (sogenannte Heuristiken) meist besser. Schon Oma kannte viele, die noch heute Gültigkeit haben. Beispiele für solche Faustformeln sind: „ohne Fleiß kein Preis", „Ich kann nur ausgeben, was ich einnehme" oder „Spare in der Zeit, dann hast du in der Not". Mit vier ganz einfachen Regeln wirst du wahrscheinlich nie Geldprobleme haben:

1. Gib weniger aus, als du einnimmst.
2. So viele Versicherungen wie nötig, so wenige wie möglich.
3. Hände weg von Krediten.
4. Spare.

Wie setzt du das am besten um?

1. Kontrolliere deine Einnahmen und Ausgaben.
2. Sichere deine Risiken ab.

3. Baue Reserve auf.
4. Spare für größere Anschaffungen und Ausgaben.
5. Plane Immobilie, Kapitalanlage, Altersvorsorge.

Du beginnst also mit deinen Einnahmen und Ausgaben. Diese hast du mit einem Haushaltsplan bzw. -buch am schnellsten im Griff. Danach sicherst du deine gravierendsten Risiken, also Krankheit, Haftpflicht und Arbeitskraftverlust ab. Hast du das erledigt, baust du deinen Notgroschen in Höhe von mindestens drei Monatsausgaben auf. Anschließend sparst du für größere Anschaffungen wie ein Auto oder Ausgaben wie einen Umzug oder eine Hochzeit. Erst dann solltest du dich um die großen Finanzfragen wie Hausbau, Geldanlage und Altersvorsorge kümmern.

Um diese Strategie umzusetzen, brauchst du nur fünf Finanzverträge: Krankenversicherung, Privathaftpflicht, Berufs- oder Erwerbsunfähigkeitsversicherung, Girokonto und Tagesgeldkonto. Mit dieser Basisausrüstung bist du vor den Widrigkeiten des Lebens ausreichend abgesichert und jederzeit flexibel. Erst wenn Sachen wie Auto, Haus oder Familie dazukommen, sind weitere Verträge notwendig. Gehen wir nun mehr ins Detail.

Liquidität sicherstellen

Schritt 1: Einnahmen und Ausgaben erfassen

Führe ein Haushaltsbuch

Der Startpunkt, um richtig zu sparen, sind deine Einnahmen und Ausgaben. Hierfür brauchst du als Erstes ein Haushaltsbuch. Erfasse mindestens drei Monate lang alle deine Einnahmen und Ausgaben. Dabei spielt es keine Rolle, wie du es machst, sondern dass du es machst. Mit den drei

Monaten berücksichtigst du eventuelle Schwankungen während der Zeit und kannst Mittelwerte bilden.

Besser ist es natürlich, wenn du dauerhaft ein Haushaltsbuch führst. Damit hast du dauerhaft einen Überblick über deine Einnahmen und Ausgaben. Kultiviere dein Haushaltsbuch als tägliches oder wenigstens wöchentliches Ritual.

Denke an jährliche oder halbjährliche Einnahmen wie Sonderzahlungen oder Steuererstattungen. Berücksichtige auch jährliche oder halbjährliche Ausgaben wie Urlaube, Vereinsbeiträge, den Rundfunkbeitrag oder die Kfz-Steuer. Solche unregelmäßigen Einnahmen und Ausgaben musst du dann auf den Monat runterbrechen.

Werte dein Haushaltsbuch aus

Stelle zunächst deine Einnahmen und Ausgaben gegenüber. So siehst du, ob du mehr ausgibst, als du einnimmst und sparen musst oder ob du bereits weniger ausgibst, als du einnimmst und weiter sparen kannst. Aus deinem Gefühl wird Gewissheit.

Danach identifizierst du deine Fixkosten. Das sind:

- Wohnkosten (Miete, Strom usw.),
- Mobilität (Monatskarte, BahnCard, Anwohnerparkplatz usw.),
- Handy, Internet,
- TV, Rundfunkbeitrag, Streamingdienste,
- Versicherungen, Altersvorsorge,
- Bankgebühren,
- Kredite,
- Zeitungsabos,
- Fitnessstudio,
- Kita-Kosten usw.,
- Daueraufträge fürs Sparen.

Prüfe, ob und welche Fixkosten du reduzieren oder ganz vermeiden kannst. Meistens ergeben sich bereits hier große Potenziale.

Strukturiere deinen Haushaltsplan um

Anschließend kannst du deine Haushaltsausgaben neu strukturieren. Dazu legst du Budgets für die einzelnen Posten pro Monat fest. Diese sollten nach Möglichkeit nicht überschritten werden.

Damit hast du vor allem deine variablen Ausgaben wie:

- Essen, Trinken, Haushalt,
- Mobilität (Tanken, Einzeltickets),
- Kleidung, Elektronik, Konsum,
- Freizeit, Geschenke,
- Ggf. Haustiere

im Griff. Wichtig ist jedoch, dass du deine Budgets (Soll) mit deinen tatsächlichen Ausgaben (Ist) abgleichst und ggf. gegensteuerst.

Du solltest nun in der Lage sein, einen Teil deiner Einkünfte (10–20 Prozent) als festen Sparbetrag zurückzulegen.

Schritt 2: Konten strukturieren

Du kennst nun deinen/euren Status quo und hast deine Budgets definiert. Im zweiten Schritt strukturierst du deine bzw. eure Konten sinnvoll. Du solltest den Überblick behalten. Zwei bis drei Konten sind ideal. Auf dein Girokonto geht dein Gehalt und du bestreitest alle Ausgaben. Auf einem Tagesgeldkonto sparst du einen Notgroschen an. Wenn du mittelfristig größere Ausgaben planst wie z. B. einen Urlaub, eine Hochzeit oder ein Auto kannst du das auf einem weiteren Konto ansparen.

Wenn ihr einen gemeinsamen Haushalt habt und euch für ein Gemeinschaftskonto entscheidet, solltet ihr bei der Umstellung darauf achten, ausreichend Puffer zu haben. Denn gerade bei der Änderung von Lastschriften kann es sein, dass es manchmal etwas länger dauert. Berücksichtigt dazu einfach eine zusätzliche Monatsausgabe auf eurem neuen gemeinsamen Konto. Dann habt ihr dort ausreichend Deckung, falls eine Bankänderung zu lange auf sich warten lässt. Damit habt ihr eure täglichen Geldbewegungen im Griff.

Schritt 3: Liquidität schaffen und sichern

Im dritten Schritt geht es darum, Liquidität zu schaffen und zu sichern. Das Ziel ist es, in möglichst jeder Situation ausreichend flüssig zu sein und Kredite zu vermeiden.

Schließe ein Tagesgeldkonto ab

Dafür schließt du als Erstes ein Tagesgeldkonto ab. Da gibt es zahlreiche ohne Gebühren. Die Zinsen spielen keine Rolle. Der Notgroschen ist keine Kapitalanlage und soll entsprechend so umfangreich wie nötig, so klein wie möglich sein. Das Suchen und Hinterherrennen nach Zinsen ist die Mühe bei den Beträgen nicht wert. Wenn du bei Anbieter A 0 Prozent bekommst, bei Anbieter B aber 0,5 Prozent pro Jahr, sind das 25 Euro Unterschied pro Jahr, wenn dein Notgroschen 5000 Euro beträgt.

Tilge deine Schulden

Wenn du Schulden hast, solltest du diese als erstes tilgen. Je höher die Zinsen, desto schneller solltest du raus da. Am dringlichsten tilgst du deinen Dispokredit. Privatkredite kommen ganz zuletzt dran.

Wenn du noch nicht genug Guthaben hast, um die Kredite zu tilgen, prüfe, ob du möglicherweise Guthaben in bestehenden Produkten wie

- Sparbuch,
- Bausparvertrag,

- Wertpapierdepots,
- Versicherungen

hast. Vielfach ist es sinnvoller, die niedrig verzinsten Anlagen aufzulösen und die Kredite zu tilgen. Ein Ende mit Schrecken ist meist besser als ein Schrecken ohne Ende. Allerdings solltest du nicht pauschal einfach alles wild kündigen, sondern es im Einzelfall prüfen (lassen).

Baue einen Notgroschen auf

Wenn du deine Verbindlichkeiten getilgt hast, geht es an den Aufbau deines Notgroschens. Als Untergrenze empfehlen wir 5000 Euro. Die solltest du in jedem Fall zur Verfügung haben. Ansonsten empfehlen wir drei Monatsausgaben. Schau in deine Haushaltsübersicht, was du jeden Monat fix und variabel ausgibst. Diese Ausgaben solltest du drei Monate decken können. Sind es mehr als 5000 Euro, brauchst du eben mehr.

Sind es weniger, bleibt es dennoch bei den 5000 Euro. Außerdem rettet dich dein Notgroschen bei einer kaputten Waschmaschine oder anderen größeren, ungeplanten Ausgaben.

Bist du selbstständig, solltest du weitere drei Monate überbrücken können. Denn als Selbstständige:r können deine Einkünfte schon mal schwanken, die Auftragslage schwierig sein oder eine große Steuernachzahlung kommen.

Wohnst du in deiner eigenen Immobilie, solltest du weitere drei Monatsausgaben zur Verfügung haben. Die sorgen für ruhige Nächte, falls du dringend etwas reparieren musst.

Für jedes Haustier und jedes Kind empfehlen wir jeweils eine weitere Monatsrücklage. Auch diese sollen ungeplante Mehrausgaben sichern. Das können Erkrankungen deines Tiers sein oder wenn der Nachwuchs mal was kaputt macht.

- Beispiel 1: Max, 23 Jahre, angestellt, 1400 Euro Nettoeinkommen, 1200 Euro Ausgaben, Notgroschen: 5000 Euro
- Beispiel 2: Lisa, 29 Jahre, angestellt, 3000 Euro netto, 2500 Euro Ausgaben, Notgroschen: 7500 Euro
- Beispiel 3: Michael + Sarah, 32 Jahre, beide angestellt, 4000 Euro Haushaltsnetto, 3000 Euro Ausgaben, 2 Kinder, 1 Hund, Notgroschen: 18000 Euro
- Beispiel 4: Laila, Freiberuflerin, Eigentumswohnung, 6000 Euro Nettoeinkommen, 4000 Euro Ausgaben, Notgroschen: 36.000 Euro

Um deinen Notgroschen aufzubauen, richtest du einen Dauerauftrag von deinem Girokonto auf dein Tagesgeldkonto ein. Am besten lässt du den Sparbeitrag einen Tag, nachdem dein Gehalt bzw. deine Privatentnahme auf dein Konto eingeht, abbuchen. Damit gewöhnst du dich daran, weniger zur Verfügung zu haben.

Deine Spardisziplin steigt und dein Sparerfolg ist größer. Das ist eine einfache, aber wirkungsvolle Methode.

Schritt 4: Sicherung der mittelfristigen größeren Ausgaben

Im letzten Schritt geht es um die Finanzierung mittelfristiger, größerer Ausgaben. Das können sein:

- Hochzeit,
- Existenzgründung/Selbstständigkeit,
- Weiterbildung,
- Nachwuchs,
- Umzug,
- Autokauf,
- Urlaub.

Überlege dir, wann du die Ausgabe tätigen willst. Das lässt sich natürlich nicht immer exakt bestimmen. Schätze den zeitlichen Horizont lieber etwas knapper als zu großzügig. Kalkuliere, wie hoch die Ausgabe etwa sein wird. Tausche dich dazu mit anderen aus oder recherchiere im Internet. Setze die Höhe lieber großzügig als zu knapp an. Teile nun deinen Kapitalbedarf durch die Monate bis zur Ausgabe. So weißt du, was du monatlich zusätzlich zur Seite legen musst.

Wenn du merkst, dass die monatliche Belastung zu hoch ist, reduziere die Höhe oder schiebe den Zeitpunkt nach hinten. Das Ziel sollte immer sein, keine Kredite aufnehmen zu müssen. Wenn du feststellst, dass du es dir dennoch nicht leisten kannst, überdenke die Ausgabe generell.

Nun hast du zwei Möglichkeiten. Entweder erhöhst du deinen Dauerauftrag auf dein bestehendes Tagesgeldkonto für deinen Notgroschen oder du eröffnest ein weiteres Tagesgeldkonto für deine mittelfristigen Ausgaben. Das hängt von deinen persönlichen Präferenzen und deiner Disziplin ab.

Einfacher ist die erste Variante. Allerdings besteht die Gefahr, dass du das Guthaben überschätzt, weil du vergisst, den Notgroschen abzuziehen.

Existenzielle Risiken absichern

Das hört sich nicht nur existenziell an, das ist es auch, denn deine Lebenspläne können durch den Eintritt von bestimmten Ereignissen leicht über den Haufen geworfen werden.

Vier existenzielle Risiken gibt es: Krankheit, Einkommensverlust aus gesundheitlichen Gründen, Haftung und Tod. Das Risiko, dass eines oder mehrere dieser Ereignisse eintreten, gehört zum Leben einfach dazu. Ihre finanziellen Folgen sind meistens gravierend. Nur die Allerwenigsten können dann einfach die Kreditkarte zücken und den Schaden aus der

Portokasse begleichen. Für den Fall der Fälle gibt es deswegen Versicherungen.

Wir versichern, was uns lieb und teuer ist oder dessen Verlust uns (finanziell) besonders schmerzen würde. Eine ganze Industrie lebt von der Angst (und ein bisschen von der Gier) und nährt sie durch geschicktes Marketing. Beides ist irrational und führt zu langfristig gesehen hohen und vermeidbaren Kosten. Dabei ist das Prinzip Versicherung eine tolle Sache: Es kommen Menschen zusammen und legen Geld in einen Topf. Wenn jemand einen Schaden hat, sorgt der Geldtopf dafür, dass der Schaden bezahlt wird. Da eine Versicherung erstens Gewinne machen muss (sonst geht sie irgendwann Pleite) und zweitens noch andere Kosten hat (Werbung, Papier, Büro, Strom usw.) ist der Beitrag, den du an eine Versicherung zahlst, immer höher als das eigentliche Risiko.

Daraus folgt, dass es am sinnvollsten ist, nur solche Risiken bzw. Schäden zu versichern, die man im Zweifel nicht mehr aus eigener Tasche bezahlen kann. Soweit die Theorie. In der Praxis sieht das freilich aus den oben genannten Gründen anders aus.

Um herauszufinden, was du wirklich versichern solltest, empfiehlt sich folgendes vierstufiges Vorgehen: identifizieren, vermeiden, minimieren, versichern.

Identifizieren

Als erstes geht es darum, Risiken zu erkennen und richtig einzuschätzen. Risiken begegnen uns überall und gehören zum Leben dazu. Auch wenn wir sie gern komplett ausschalten würden. Aus dem Grund sind einerseits Untergangspropheten („Die Kernschmelze des Euros“) und andererseits Heilsbringer („Mit diesen 7 Aktien zum Reichtum“) so erfolgreich.

Zunächst sollten wir drei Begriffe klären: Schaden, Wahrscheinlichkeit, Risiko.

Ein Schaden ist ein ungewollter Verlust (in diesem Zusammenhang meist Geld). Folgende Fragen sollte man sich hier stellen: Welcher finanzielle Verlust droht im schlimmsten Fall? Ist der durchschnittliche oder der maximale Schaden relevant? Wie gehe ich mit dem Maximalschaden um?

Häufig wird mit Durchschnittsschäden hantiert: Der durchschnittliche Hausratschaden, der durchschnittliche Autoschaden usw. Wir glauben aber, dass es sinnvoller ist, zu überlegen, was kann im schlimmsten Fall passieren und wie gehe ich damit um? Was nützt mir der Hinweis, dass der durchschnittliche Haftpflichtschaden z. B. 2000 Euro beträgt, wenn der maximale Schaden bisher bei mehreren Millionen Euro lag? 2000 Euro treiben mich nicht in den Ruin, 5 Millionen vermutlich schon.

Wahrscheinlichkeit: Wie wahrscheinlich ist es, dass ein bestimmtes Ereignis eintritt? Oder auch: Wie sind Schäden verteilt? Für jeden Einzelnen ist es ungewiss, wann er stirbt. Für eine genügend große Anzahl von Menschen kann man jedoch sagen, wie wahrscheinlich es ist, im Alter von 50 Jahren zu sterben. Dabei gibt es nur sehr wenige Ereignisse, deren Eintritt ich sicher mit Wahrscheinlichkeiten vorhersagen kann. Dazu gehören z. B. der Münzwurf oder der Würfel. Über eine sehr große Anzahl von Versuchen kann ich sicher sagen, dass zu 50 Prozent Kopf bzw. zu 1/6 die Drei kommt. Bei den allermeisten Alltagsrisiken kann ich das nicht. Wichtig zu wissen ist, dass die meisten kleinen Schäden häufig und die wirklich großen Schäden eher selten vorkommen. Menschen haben häufig Schnupfen (kleiner Schaden) und selten eine Querschnittlähmung (riesiger Schaden).

Risiko: Das Risiko ist grob vereinfacht die Wahrscheinlichkeit des Schadens multipliziert mit der Schadenausprägung. Das geht aber wieder nur, wenn ich beides exakt bestimmen kann. Bei allen anderen handelt es sich immer um Näherungswerte aufgrund von Schätzungen. Wirklich relevant ist das nur für die Versicherungsmathematiker. Die brauchen das, um den korrekten Beitrag zu berechnen. Am Beispiel des Münzwurfs wird es deutlich. Ich mache bei einer Wette mit (bei der ich nur verlieren kann): Bei Kopf muss ich 100 Euro zahlen. Mein Risiko beträgt 50 Euro (100 Euro x 50 Prozent).

Leider schätzen wir Häufigkeiten, Schäden und damit Risiken völlig falsch ein. Das hat etwas mit der Psychologie und unserer Wahrnehmung zu tun. So haben wir mehr Angst vor einem Flugzeugabsturz als vor einem Autounfall. Wir haben mehr Angst vor Terroranschlägen als vor multiresistenten Keimen.

Beispiel privat:

Es ist sehr wahrscheinlich, dass du mal jemand anderem einen kleinen Schaden zufügst, z. B. Rotwein über die Jacke kippst. Der Schaden ist zu vernachlässigen. Extrem selten passiert dir ein wirklich großes Missgeschick. Es ist z. B. sehr wenig wahrscheinlich, dass du jemanden so schwer verletzt, dass die Person nicht mehr arbeiten kann oder du den eingeschalteten Herd vergisst und deswegen der ganze Wohnblock abbrennt. Möglich ist es aber. Wenn es dann passiert, ist der Schaden jedoch so extrem, dass du ihn unmöglich selbst bezahlen kannst.

Deswegen solltest du deine Privathaftpflicht so hoch wie möglich versichern und eine Selbstbeteiligung vereinbaren.

Beispiel Gewerbe:

Wenn du beispielsweise einen Laden hast, ist es sehr wahrscheinlich, dass mal jemand etwas mitgehen lässt. Das ist in der Regel sehr ärgerlich, aber kaum existenzbedrohend. Brennt jedoch dein ganzer Laden ab, kannst du eigentlich direkt Insolvenz anmelden. Du müsstest ja alles inkl. der Ware ersetzen und neu kaufen. Zum Glück passiert das nur sehr selten, aber möglich ist es.

Aus diesem Grund ist eine Geschäftsinhaltsversicherung für dich wichtig.

Vermeiden

Wenn du deine Risiken kennst, solltest du überlegen, wie du sie vermeiden kannst. Oder anders gefragt: Wie kannst du das Risiko gegen Null drücken? Denn Risiken, die du vermeidest, musst du nicht mehr versichern. Leider können wir die wenigsten Risiken gänzlich vermeiden.

Beispiel privat:

Du hast Angst vor einer Pilzvergiftung. Die Wahrscheinlichkeit ist zwar recht gering, der maximale Schaden aber riesig. Das Risiko vermeidest du nur, indem du keine Pilze mehr isst.

Beispiel Gewerbe:

Du hast für dein Unternehmen herausgefunden, dass bestimmte Zielgruppen (Automobil, Anwälte etc.) oder Zielländer (USA) hohe Risiken bergen. Du vermeidest das Risiko, indem du diese Zielgruppen oder Märkte nicht mehr bedienst und aus deinem Portfolio streichst.

Minimieren

Frage dich (oder deinen Berater) als nächstes: Kann ich Risiken/Schäden, die ich nicht vermeiden kann, minimieren? Häufig reduzierst du ganz automatisch Risiken, sobald du sie erkannt (identifiziert) hast. So lernen Kinder. Sobald sie merken, dass etwas wehtut, lassen sie es sein oder passen besser auf. Hilfreich ist es, deine Gewohnheiten auf den Prüfstand zu stellen. Denn oft sind Gewohnheiten nicht so gut, aber sie lassen sich mit etwas Anstrengung ändern.

Was Hänschen nicht lernt, lernt Hans nimmermehr? Falsch! Es ist nie zu spät, Gewohnheiten zu ändern.

Beispiel privat:

Das Risiko, Opfer von Hackern, Viren oder Trojanern zu werden, steigt ständig. Die Schäden steigen hier ebenfalls regelmäßig und bewegen sich mittlerweile im Milliardenbereich. Reduzieren kannst du das Risiko, wenn du gute Antiviren-Programme nutzt oder fragwürdige E-Mails nicht öffnest. Außerdem solltest du unterschiedliche, komplexe Passwörter benutzen und nicht überall dein Geburtsdatum.

Beispiel Gewerbe:

Einbrüche und die daraus resultierenden Schäden steigen ebenfalls. Es ist zwar schön, dass die Versicherung den finanziellen Schaden im Zweifel ersetzt, besser wäre es aber, wenn die Banden gar nicht erst eindringen würden. Es ist also sinnvoll, den Einbruchschutz zu verbessern, indem du beispielsweise die Türen besser sicherst. Dabei berät dich die Polizei. Einbrecher hassen es, wenn sie minutenlang an der Tür rumarbeiten müssen und verlassen lieber schnell das Gelände.

Versichern

Ja, und das, was jetzt noch „übrig" bleibt, kannst du versichern, musst es aber nicht. Das kommt darauf an, wie viel Risiko du selbst tragen kannst und willst und was du lieber an eine Versicherung abgibst. Grundsätzlich gilt das oben Gesagte: Du solltest nur versichern, was dich im schlimmsten anzunehmenden Fall ruiniert oder nicht ruhig schlafen lässt.

Dabei gibt es drei bzw. vier wesentliche, existenzielle Risiken. Diese solltest du absichern, bevor du Geld für deinen Ruhestand zur Seite legst. Diese Risiken sind, wie bereits erwähnt: Krankheit, Haftpflicht, Verlust der Arbeitskraft und Todesfall. Dafür brauchst du in jedem Fall drei Versicherungen:

- Krankenversicherung,
- Privathaftpflichtversicherung,
- Berufs- oder Erwerbsunfähigkeitsversicherung.

Wenn du eine Familie hast oder eine Immobilie abbezahlen musst, brauchst du zusätzlich eine Risikolebensversicherung. Mit diesen drei bzw. vier Versicherungen sind die allerschlimmsten Risiken abgedeckt. Die Beiträge dafür sind sehr unterschiedlich, je nachdem wie alt du bist, welchen Beruf du ausübst, ob du bereits Erkrankungen hast und welche Versicherungssummen du brauchst.

Selbstverständlich gibt es auch dabei nie eine hundertprozentige Sicherheit. Es gibt Dinge, die du schlicht nicht versichern kannst. Oder Dinge, die du zwar versichern, aber nicht bezahlen kannst. Oder Dinge, bei denen die Versicherung aus berechtigen Gründen eine Entschädigung verweigert.

2.2.3 Langfristig

Altersvorsorge

Was ist Altersvorsorge (nicht)?

Lass uns zu Beginn darüber sprechen, was viele Berater:innen und Vermittler:innen meinen, wenn sie Altersvorsorge sagen: Rentenversicherungen.

Wenn so jemand also sagt, du sollst so früh wie möglich mit der Altersvorsorge beginnen, sollst du dann eine Rentenversicherung abschließen. Das führt dazu, dass schon Studierende Rentenversicherungen haben. Zu uns in die Beratung kommen nicht wenige, die in sehr jungen Jahren langfristige, unflexible Verträge abgeschlossen haben und diese besparen. Wenn sie eine Basisrente abgeschlossen haben („Steuervorteile!"), kommen sie nie wieder an das Geld heran. Meistens brauchen sie jedoch kurz- oder mittelfristig Geld, z. B. für die Existenzgründung, die Familiengründung oder den Hausbau. Auf dem Papier haben sie bereits Vermögen. Sie kommen aber nicht ran. Und selbst wenn, ist die Auflösung mit hohen Kosten verbunden.

Was ist unserer Meinung nach Altersvorsorge?

Altersvorsorge ist die Ermöglichung eines Lebensstandards nach der Erwerbsphase gemäß der eigenen Vorstellungen. Das heißt, es muss mindestens so viel Geld reinkommen, wie später rausgeht. Die Altersvorsorgestrategie sorgt also dafür, dass du in der Zeit, in der du arbeitest, Geld zur Seite legen kannst, auf das du im Rentenalter, wenn du nicht mehr arbeitest, zurückgreifen kannst. Die Produkte dafür spielen zunächst eine untergeordnete Rolle. Die Strategie schlägt in diesem Fall (so wie in vielen anderen) das Produkt. In diesem Sinne gibt es kein richtiges Produkt in der falschen Strategie.

Zu Beginn deines Erwerbslebens geht es hauptsächlich darum, flexibel zu bleiben, da noch zahlreiche Änderungen auf dich zu kommen werden. Geld, dass hier langfristig gebunden ist oder an das du nur unter hohen Kosten kommst, ist problematisch. Hast du die großen Änderungen geplant oder hinter dir, kannst du das Geld langfristiger binden.

Fehler bei Rentenversicherungen und Co.

1. Du beginnst zu früh.

Klingt komisch, ist aber so. Überall liest du, du solltest so früh wie möglich mit der Altersvorsorge anfangen, um den Zinseszins zu nutzen. Wir sagen: Mach das nicht! Wenn du zu früh anfängst, kann es sein, dass du nachher deine Vorsorge pausieren oder gar kündigen musst, weil du zwischendurch Geld brauchst. Oder aber du hast zwar deine Altersvorsorge geregelt, aber die existenziellen Risiken nicht abgesichert. Was nützt dir eine tolle Altersvorsorge, wenn du zwischendurch berufsunfähig wirst oder ein teurer Haftpflichtschaden dein Guthaben auffrisst?

2. Du beginnst zu spät.

Nachdem wir oben geklärt haben, dass du sehr wohl zu früh starten kannst, müssen wir dir nun auch noch mitteilen, dass du auch zu spät starten kannst. Das liegt natürlich schon eher auf der Hand als Fehler Nummer eins. Wenn du nur noch ein Jahr bis zur Rente hast, wird es unmöglich, ausreichend zur Seite zu legen. Zwischen dem 30. und 40. Lebensjahr ist ein guter Startpunkt. Weit nach dem 40. Lebensjahr musst du schon arg viel Geld in die Hand nehmen, um deine Altersvorsorge zu regeln.

Allerdings hängt das wieder von einigen Variablen ab. Wenn du selbstständig bist und keine gesetzliche Rente hast, musst du mehr Geld zur Seite legen und wahrscheinlich auch früher starten. Hast du eine Immobilie, reicht unter Umständen auch das 50. Lebensjahr.

3. Du hast noch Schulden.

Schulden sind für den Privathaushalt grundsätzlich Gift, da die allermeisten Schulden für den Konsum verwendet werden, also z. B. die Küche, das neue Auto, das iPhone usw. – die einzigen zwei Ausnahmen sind Bildungs- und Immobilienkredite.

Grundsätzlich solltest du dir über deine Altersvorsorge erst Gedanken machen, wenn du alle Schulden getilgt hast. Bei zinsfreien Krediten oder den obigen zwei nicht konsumtiven Krediten muss man individuell prüfen.

Der Grund ist einfach: In aller Regel liegen die Kreditzinsen über den Guthabenzinsen. Es ist also mathematisch unsinnig, Geld für z. B. 3 Prozent anzulegen (in einer privaten Rentenversicherung nach allen Kosten), während du gleichzeitig einen Ratenkredit von 5 Prozent bedienst.

Es gibt aus unserer Sicht aber noch einen weiteren Grund, zuerst deine Schulden abzubauen und dann mit der Altersvorsorge zu beginnen: Übersichtlichkeit. Je weniger Verträge du hast, desto eher überblickst du sie. Hast du hier zwei Kredite, dort drei Rentenversicherungen, dazu ein Depot und noch einen Bausparvertrag verlierst du den Überblick.

4. Du hast noch keinen ausreichenden Notgroschen.

Dein Notgroschen ist quasi dein Finanzairbag für unschöne Überraschungen. Das kann die kaputte Waschmaschine, die teure Autoreparatur oder die zeitweilige Arbeitslosigkeit sein. Der Notgroschen sichert die Fälle ab, die du nicht versichern kannst oder solltest.

5. Du finanzierst dein Haus/deine Wohnung oder planst es.

Das eigene Haus bzw. die eigene Wohnung ist für die allermeisten die größte Investition ihres Lebens. Sie hat kurz-, mittel- und langfristige Auswirkungen auf die eigenen Finanzen. Ohne Fremdkapital über Banken geht es meistens nicht. Also muss ein Kredit her. Diesen solltest du abzahlen, bevor du mit der Altersvorsorge beginnst. Daraus ergibt sich, dass du die Finanzierung nicht bis zum Rentenbeginn laufen lassen kannst. Hast du aber ein gutes Objekt vernünftig finanziert, ist das ein guter Baustein in deiner Altersvorsorge und es reichen noch fünf oder zehn Jahre intensive Anlage. Das Gute: Du hast dich ja schon durch den Kredit daran gewöhnt, weniger Geld zur Verfügung zu haben.

Bist du dir noch unsicher oder planst sogar schon eine Immobilienfinanzierung, dann solltest du die Hände von langlaufenden Sparverträgen oder der Anlage in Wertpapiere (Fonds, Aktien usw.) lassen, sondern das Eigenkapital auf einem Tagesgeldkonto ansparen.

6. Die Produkte passen nicht zu deinen Präferenzen.

Du willst dich im Alter nicht aktiv um dein Vermögen kümmern? Dann kommen Fonds zur Altersvorsorge nicht in Betracht. Du willst jederzeit auf das Guthaben bis zum Rentenbeginn zugreifen können? Dann kommen die meisten geförderten Produkte (Basisrente, Betriebsrente, Riester-Rente) nicht für dich infrage.

Du siehst, du musst dir erst einmal über deine eigenen Präferenzen im Klaren sein, bevor du die richtigen Produkte auswählen kannst. Hierbei hilft dir eine gute Beratung.

7. Die Produkte passen nicht zu deinen Kenntnissen.

Investiere nur in das, was du verstehst. Das ist eine alte und richtige Investorenregel. Leider halten sich viele nicht daran. Manche aus Angst, dumm zu wirken, andere aus Angst, etwas zu verpassen (Bitcoin, kongolesische Goldminenaktien, Schiffscontainer-Beteiligungen usw.). Das Ergebnis ist stets das gleiche: Die Anleger:innen treffen falsche Entscheidungen.

Wenn du also keine Ahnung von Finanzen, Versicherungen und den Produkten hast, bleiben zwei Optionen: Entweder legst du dein Geld in das an, was du kennst und verstehst. Das dürfte die Auswahl dann sehr einschränken. Oder aber du eignest dir zumindest Grundkenntnisse an. Auch dabei hilft dir eine gute Beratung.

8. Die Produkte passen nicht zu deinen Zielen.

Du willst mit 60 in (Teil-)Rente gehen? Dann passen Rentenversicherungen (insbesondere geförderte Produkte) nicht. Du willst/brauchst 6 Prozent Rendite pro Jahr, um deine Ziele zu erreichen? Dann kommen Rentenversicherungen und Bankprodukte nicht infrage. Du willst größtmögliche Sicherheit und keine Schwankungen beim Anlegen/Sparen? Dann lass die Finger von Wertpapieren, Fonds und Aktien.

Du siehst: Du musst einerseits deine eigenen Ziele kennen, aber auch grundlegende Kenntnisse von den Produkten bzw. Anlageklassen haben.

9. Du hast die Produkte anhand von Steuervorteilen oder Zulagen ausgewählt.

Du hast nicht zu früh begonnen. Du hast nicht zu spät angefangen. Du hast keine Schulden (mehr). Du hast einen ausreichenden Notgroschen. Du hast kein Haus oder es schon abbezahlt. Du kennst deine Präferenzen und Ziele. Du hast dir Grundkenntnisse angeeignet. Dann dürfte dir der letzte Fehler eigentlich nicht mehr passieren. Eigentlich.

Dennoch schalten viele bei den Worten Steuervorteile und Zulagen das Gehirn ab. Schade eigentlich. Deshalb merke dir: Wähle Produkte niemals aufgrund von Steuervorteilen oder Zulagen aus. Sie können eine nette Zugabe sein, wenn alles andere passt – mehr nicht.

Die richtige Altersvorsorgestrategie

Im Groben ist das recht simpel und ergibt sich aus den neun zu vermeidenden Fehlern oben:

1. Finde deine Berufung.
2. Gib weniger aus, als du einnimmst.
3. Sichere deine Risiken ab.
4. Sichere deine Liquidität.
5. Sichere deinen Besitz.
6. Spare für Neuanschaffungen und Ersatz.
7. Spare für Familie und berufliche Entwicklung.
8. Entscheide dich gegen eine Immobilie oder spare dafür.

Natürlich ist das im Einzelfall etwas komplizierter (z. B. Welche Risiken genau absichern? Was und wie spare ich für Neuanschaffungen?). Aber genau dafür ist Beratung da. Grundsätzlich solltest du dir aber erst nach Punkt 8 Gedanken über das richtige Altersvorsorgeprodukt machen.

Liquidität und Vermögensaufbau

Liquidität und Vermögensaufbau sind zentral für die richtige Altersvorsorge. Klar, wenn du heute mehr ausgibst, als du einnimmst, brauchst du dir über den Rest keinen Kopf zu machen. Der Vermögensaufbau ist die eine Seite der Medaille. Der Vermögensverzehr die andere Seite. Damit du im Alter Einkünfte hast, braucht es Vermögen. Die Einkünfte können entweder in Form von Leibrenten fließen. Das sind regelmäßige monatliche Zahlungen, die mindestens gleichbleiben oder besser noch steigen. Das bieten nur Rentenversicherungen (egal ob gesetzlich, Betriebs- oder Privatrente). Die Einkünfte können aber auch vom Verzehr des Vermögens kommen. Wenn du zu Rentenbeginn 100.000 Euro rumliegen hast, kannst du dir 16 Jahre lang gut 500 Euro monatlich auszahlen (ohne Kosten, ohne Zinsen).

Wichtig: In der Finanz- und Vermögensplanung rechnen wir in beiden Fällen mit Kapitalbeträgen. Das heißt, wir kapitalisieren die Renten mit bestimmten Werten. Deine Rentenzahlungen tauchen also als Einmalbetrag in der Gesamtrechnung auf. Unterm Strich müssen alle Einkünfte/Renten (kapitalisiert) und Vermögenswerte mindestens so groß sein wie alle Ausgaben (ebenfalls kapitalisiert) und größeren Einmalausgaben (Weltreise, Wohnwagen etc.) bis zum prognostizierten Lebensende.

Hast du mehr Vermögen als Ausgaben, kannst du länger leben, mehr ausgeben oder den Rest vererben. Hast du weniger, musst du eher sterben (unschöne Option), deine Ausgaben kürzen, mehr Vermögen aufbauen und kannst nichts vererben. Die Kurve des Vermögens im Laufe deines Lebens sieht so ähnlich aus wie in Abbildung 2.2.

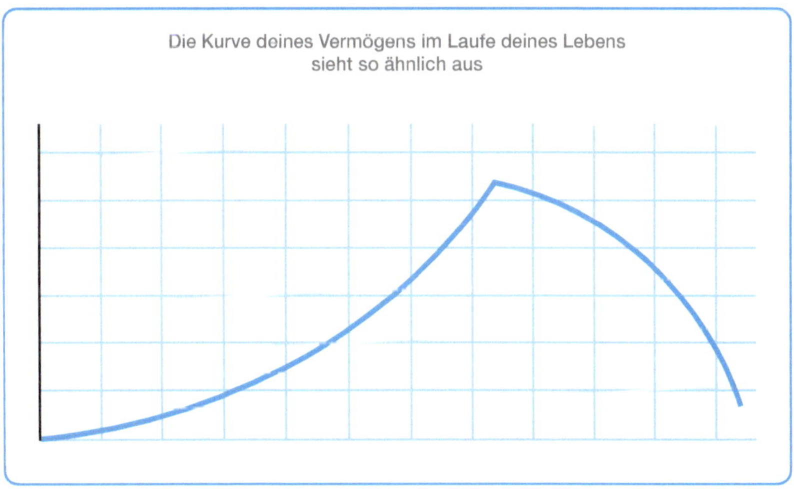

Abbildung 2.2 Vermögen im Laufe des Lebens

Es ist also nicht wichtig, so früh wie möglich ein Altersvorsorgeprodukt abzuschließen, sondern Vermögensaufbau zu betreiben. Es ist gut, wenn du regelmäßig Geld zur Seite legst. Wenn du das aber genauso regelmäßig für Wohnungsaccessoires oder den Urlaub ausgibst, bringt das nichts.

Bist du Angestellte:r, reichen zu Beginn die gesetzliche Rente und am besten noch eine Betriebsrente als langlaufende Vorsorge. Damit hast du einen großen Teil der Altersvorsorge schon geschafft. Mehr Rentenversicherungen sind oftmals gar nicht geeignet.

Den fehlenden Teil erledigst du am besten am Kapitalmarkt. Das gelingt am besten mit einem günstigen ETF-Depot (Exchange Traded Funds).

Vier Phasen der Rentenplanung

Über den Lebenszyklus eines Menschen hinweg unterscheiden wir vier Phasen in der Rentenplanung:

- Risikoabsicherung,
- Altersvorsorge/Vermögensaufbau,
- Ruhestandsplanung,
- (Un-)Ruhestand.

Die ersten drei Phasen erstrecken sich über die Phase der Erwerbstätigkeit. Bis Mitte deiner 60er. In dieser Phase sparst du. Du baust Vermögen auf. In der vierten Phase nutzt du das Vermögen und baust es ab. Möglicherweise möchtest du auch Vermögen vererben. Das große Ziel der Finanzplanung ist jedoch zunächst, dass über alle Phasen hinweg ausreichend Liquidität, also Geld, vorhanden ist, um die eigenen Ansprüche zu befriedigen. Ist dann noch etwas übrig, geht es um die Übergabe dieses Rests an die nachfolgenden Generationen.

In allen Phasen gibt es jedoch unterschiedliche Schwerpunkte und Produkte bzw. Lösungsansätze. Diese schauen wir uns im Folgenden an.

Phase 1 der Altersvorsorge: Die Risikoabsicherung

In der ersten Phase geht es darum, existenzielle Risiken abzusichern und Liquidität zu gewährleisten. Liquidität meint, dass du zu jedem Zeitpunkt ausreichend Geld hast, damit du deine notwendigen Kosten decken kannst. Dafür benötigst du drei Lösungen bzw. Produkte.

Als erstes sind Versicherungen notwendig. Absichern solltest du in jedem Fall deine existenziellen Risiken. Das sind Krankheit, der Verlust der Arbeitskraft und die private Haftung für Schäden, die du anderen zufügst. Wenn deine Familie von deinem Einkommen abhängig ist, kommt das Risiko Todesfall hinzu. Für die drei bzw. vier Risiken stehen dir folgende Versicherungen zur Verfügung:

- Krankenversicherung (gesetzlich oder privat),
- Einkommensversicherung (Berufs-, Erwerbs-, Grundfähigkeiten-, Schwere-Krankheiten-Versicherungen usw.),
- Privathaftpflichtversicherung,
- Risikolebensversicherung.

Bei der Auswahl und dem Abschluss helfen die Berater:innen und Vermittler:innen. Du kannst das zwar auch alles selbst machen. Das wird aber meist anstrengend.

Als zweites benötigst du ein Giro- und ein Tagesgeldkonto. Auf dem ersten geht dein Gehalt ein und deine täglichen Ausgaben ab. Auf dem Tagesgeldkonto baust du deinen Notgroschen auf. Ausführlich haben wir das auf den Seiten 66 ff. erläutert.

Als drittes Element solltest du deine Notfallplanung erledigen. Versicherungen sind die finanzielle Vorsorge vor Schicksalsschlägen. Die Notfallplanung ist dagegen die organisatorische Vorsorge. Beides gehört zusammen wie Bibi und Tina. Das erklären wir genauer in Abschnitt 3.1.8.

Auch diese Sachen kannst du (fast) alle theoretisch allein erstellen. Davon raten wir jedoch ab. Es gibt zu viele Fallstricke. Und was nützt dir deine selbst zusammengeschraubte Verfügung, wenn sie im Fall der Fälle unwirksam ist oder keine:r rankommt. Eben. Wie das genau mit der Notfallplanung funktioniert und welches Vorgehen wir empfehlen, erfährst du hier.

Je früher du mit den Sachen loslegst, desto besser. Bis 35 sollte alles erledigt sein. Das heißt jedoch nicht, dass du nach 35 nicht mehr an die Themen ranmusst. Ändert sich was in deinem Leben (Hochzeit, Nachwuchs etc.), ändert sich dein Bedarf und du solltest nachjustieren.

Phase 2 der Altersvorsorge: Altersvorsorge/Vermögensaufbau

In der zweiten Phase – so ab 35 – widmest du dich dem Vermögensaufbau und der Altersvorsorge im engeren Sinne.

Das Ziel dieser Phase ist – Überraschung –, Vermögen aufzubauen. Allerdings finden wir einen zweiten Aspekt wichtig (sofern du in einer Partnerschaft bist): Gender-Gaps. Männer und Frauen verdienen nach wie vor unterschiedlich. Sie leisten unterschiedlich viel Sorgearbeit (Haushalt, Kinder erziehen, an die Geburtstage oder Arzttermine denken). Frauen stecken in aller Regel mit dem ersten Kind beruflich zurück und arbeiten öfter in Teilzeit. Dadurch verdienen sie noch weniger, während die Männer Karriere machen. Frauen erarbeiten sich dadurch weniger Rentenansprüche. Das ganze Dilemma erklären wir in Abschnitt 3.1.5. Im Sinne gesunder Finanzen ist es also notwendig, dass ihr über diese Gaps sprecht und Lösungen dafür findet. Spoiler: „Schatz, wir bleiben auf ewig zusammen“ gehört nicht dazu.

In dieser Phase werden langfristige Sparverträge relevant. Es kommen drei Produkte bzw. Lösungen in Betracht:

- Rentenversicherungen,

- Wertpapiere,
- Immobilien.

Rentenversicherungen haben einen riesigen Vorteil: Sie garantieren ein monatliches Einkommen, egal wie alt du wirst. Nur dieses Produkt kann das. Rentenversicherungen gibt es viele verschiedene:

- Gesetzliche Rente,
- Versorgungswerk,
- Pension,
- Betriebsrente,
- Riesterrente,
- Privatrente.

Die meisten – so vermutlich auch du – haben entweder eine Rente aus der Gesetzlichen oder von einem Versorgungswerk (wenn du in einem bestimmten Beruf arbeitest). Eine Pension ist so gesehen keine Versicherung, sondern die Verpflichtung des Staates, für seine Bediensteten zu sorgen.

Betriebsrenten gibt es vom Chef oder der Chefin. Gibt er oder sie ordentlich was dazu, lohnt es sich fast immer. Riesterrenten spielen eine immer geringere Rolle. Mal sehen, wie lange es das überhaupt noch gibt.

Bei den Privatrenten gibt es wiederum ganz viele Möglichkeiten und Varianten. Hier hast du die größte Freiheit, den Vertrag so zu gestalten, wie du es möchtest.

Mit Wertpapieren wie Aktien beteiligst du dich an Unternehmen. Hast du eine Aktie von z. B. Volkswagen, gehört dir ein x-millionster Teil von Volkswagen, also vielleicht ein Tisch in irgendeinem Büro. Steigen die Aktien, weil das Unternehmen gut wirtschaftet, steigt dein Vermögen und du wirst „reicher“. Umgekehrt: Macht das Unternehmen Mist, also verpasst z. B. einen globalen Trend wie die E-Mobilität, können die Kurse auch sinken und du wirst „ärmer". Außerdem steht dir mit einer Aktie in der Regel ein Anteil am Gewinn zu. Das sind die Dividenden. Diese beiden Elemente machen Aktien auf sehr lange Sicht zu den ertragreichsten Anlageformen weltweit. Es gibt noch weitere Wertpapiere (Anleihen, also Kredite, Rohstoffe, Derivate usw.). Das Wichtigste bei Wertpapieren ist, sie zu streuen. Das geht mit Fonds am besten. Da sind viele Unternehmen aus vielen Ländern drin. Macht ein Unternehmen Mist, ist das nicht dramatisch, weil die anderen es ausgleichen. Dank sogenannter ETFs geht das mittlerweile sehr günstig. Wie du die richtigen Wertpapiere findest, erklären wir hier.

Zu guter Letzt gibt es noch Immobilien. Viele wünschen sich ein Eigenheim oder eine Eigentumswohnung. Da die wenigsten mehrere Hunderttausend Euro rumliegen haben, um zu bauen oder zu kaufen, schließen sie einen Kredit ab. Den zahlen sie dann jahrzehntelang ab, um im Alter darin zu wohnen oder die Wohnung(en) zu vermieten. So eine Hypothek kann man auch „Zwangssparvertrag" nennen. Denn anders als bei einer Rentenversicherung oder Wertpapieren kannst du nicht sagen: „Jo, ich habe doch keine Lust mehr auf den Kredit, tschüüüüss!" und den Kredit kündigen. Du bist also gezwungen, den Kredit zu bedienen. Dadurch haben (erfolgreiche) Häuslebauer:innen im Schnitt ein höheres Vermögen als Personen ohne Wohneigentum. Es diszipliniert dich und deine Ausgaben. Den richtigen Weg in die eigenen vier Wände haben wir hier skizziert.

Für alle drei Lösungen gibt es spezialisierte Berater:innen, die dir bei der Auswahl und Einrichtung helfen. Auch hier gilt: Klar, du kannst das grundsätzlich alles allein machen. In aller Regel ist das Ergebnis aber schlechter, als wenn du dir Hilfe holst. Bedenke auch, wie viel Zeit du aufwenden musst, um alle Infos einzuholen, zu bewerten, die richtigen

Schlüsse zu ziehen, die geeigneten Produkte, Anbieter, Tarife und Vertragsmodalitäten auszuwählen, steuerliche Aspekte zu berücksichtigen.

Phase 3 der Altersvorsorge: Die Ruhestandsplanung

Wenn du Mitte 50 bist, solltest du den Fokus auf die Ruhestandsplanung legen. Nachdem du (hoffentlich) ordentlich Vermögen aufgebaut hast, entwickelst du nun einen Plan, was dir wann wie im Alter welche Einkünfte beschert.

Drei Ziele sollten dich leiten. Als erstes ist die Frage zu klären, wann du aus der Erwerbsphase in den Ruhestand übertrittst. Du könntest dich auch fragen, wann du mit dem Vermögensaufbau aufhörst und wann der Vermögensverzehr beginnt. Daran schließt sich die Frage an, welche Versorgung du im Alter überhaupt hast. Zuletzt stellt sich die Frage, mit welchen Ausgaben du rechnest. Die Zuflüsse aus Renten oder dem Verkauf von Vermögensteilen stimmst du mit den zu erwartenden Abflüssen ab. Es bringt ja nichts, wenn du z. B. Wertpapiere verkaufst, obwohl du das Geld erst viel später brauchst, um dir einen Wunsch zu finanzieren. Hier arbeitest du also mit verschiedenen Szenarien (mindestens Best-, Base- und Worst-Case-Szenario). Damit prüfst du, ob das, was du bisher erwarten kannst, ausreicht. Entweder musst du mit dieser Planung deine Wünsche/Ansprüche reduzieren oder später in Ruhestand gehen oder weitere Einkünfte im Alter erzielen.

Um diese Ziele zu erreichen, stehen dir zwei Lösungsansätze und drei Produkte zur Verfügung.

Als erstes geht es an eine Liquiditätsanalyse. Im Prinzip summierst du alle deine Einkünfte wie z. B. Renten oder Verkaufserlöse von Wertpapieren bis zu deinem statistisch erwartbaren Tod. Dabei berücksichtigst du Steigerungen, da Renten z. B. dynamisiert sind. Das heißt, du bekommst jedes Jahr ein bisschen mehr Rente. Auf der anderen Seite summierst du auch alle deine Ausgaben auf. Auch hier berücksichtigst du Steigerungen. Das nennt sich Inflation. Die mathematischen Ausdrücke dafür sind Auf- und Abzinsung.

Nun kommen die drei Szenarien (Best, Base und Worst Case) ins Spiel. Im Best Case ist die Inflation gering und die Steigerung deiner Renten oder die Rendite deiner Anlagen hoch. Im Worst Case ist es andersrum. Außerdem kannst du noch verschiedene Störfälle berücksichtigen. Also was ist, wenn du pflegebedürftig wirst, oder was passiert, wenn eine größere Sanierung am Haus notwendig ist? In allen Szenarien solltest du mit einer Zahl größer Null rauskommen. Ansonsten heißt es, dass am Ende des Geldes noch Leben übrig ist. Eine Zahl größer Null heißt, du kannst entweder mehr auf den Putz hauen oder die Zahl vererben.

Der zweite Aspekt ist die Renditeanalyse. Denn neben der Option, später in Rente zu gehen, früher zu sterben oder einfach Asket zu werden, gibt es noch die Möglichkeit der Optimierung des eigenen Portfolios. Du schaust also, welche Renditen deine Anlagen abwerfen und ob das eventuell auch besser geht.

Im Großen und Ganzen stehen dir drei Produkte zur Verfügung:

- Sofortrente bzw. Rente gegen Einmalbeitrag,
- Immobilie,
- Wertpapiere (Depot).

Eine Sofortrente ist eine private Rentenversicherung, in die du nicht monatlich, sondern auf einen Schlag einen Batzen Geld einzahlst und von der du jetzt (Sofortrente) oder später (aufgeschobene Rentenversicherung gegen Einmalbeitrag) eine Rente bekommst. Wenn du beispielsweise Wertpapiere angespart hast oder etwas erbst, aber keine Lust mehr auf Risiko hast, wäre das eine Möglichkeit.

Die Immobilie haben wir oben schon angesprochen. Hier ist nur der Unterschied, dass du nun so viel Geld rumliegen hast, dass du keinen oder nur einen geringen Kredit brauchst. Du tauschst also Geld, das rumliegt, gegen Geld, das rumsteht.

Die Wertpapiere bzw. das Depot haben wir ebenfalls bereits erläutert.

Du weißt, was jetzt kommt! Der Hinweis, dass du das alles selbst machen kannst, wir dir aber empfehlen, externe Unterstützung zu suchen. Deswegen wiederholen wir das hier an der Stelle auch nicht. Achso, aber einen anderen Hinweis möchten wir dir noch mit auf den Weg geben, der auch für alle anderen Phasen gilt. Suche dir unabhängige Unterstützung. Wenn du zur Bank gehst, wirst du auf wundersame Weise Bankprodukte empfohlen bekommen. Gehst du zum Immobilienspezialisten bzw. zur Immobilienexpertin, wird die Lösung in jedem Fall Immobilie heißen. Gehst du zur Versicherung, ist das Einzige, was für dich infrage kommt natürlich die Premium Gold Top Rentenversicherung.

Phase 4 der Altersvorsorge: Der (Un-)Ruhestand

In der letzten Phase, so ab 65 Jahren, geht es darum, deine Versorgung zu sichern und deinen Lebensabend nach deinen Vorstellungen und Möglichkeiten zu gestalten. Bislang stand in dieser Phase der Ruhestand im Fokus. Nach Jahrzehnten des Ackerns und Buckelns sollst du also von 100 auf Null stoppen. Wir halten das für eine nicht nachhaltige und ungesunde Form der Lebensführung.

Insofern plädieren wir dafür, diese strenge Dreiteilung (lernen, arbeiten, ruhen) aufzubrechen. Konkret arbeitest du in der Erwerbsphase etwas weniger z. B. zu 80 Prozent, aber hörst mit 67 nicht komplett auf, sondern arbeitest etwas, z. B. zu 20 Prozent weiter. Ob das etwas für dich ist und wie du das umsetzt, kannst du mit einem/einer Berater:in klären und ein Konzept dazu erarbeiten.

Für diese Phase stehen fünf Ansätze zur Verfügung:

- Rentenversicherung,
- Auszahlplan Wertpapiere/Depot,
- Immobilie (Mietersparnis) oder Verkauf,
- Verkauf Firma,
- Testament.

Beginnen wir mit der Rentenversicherung. Das ist die bequemste Lösung. Du kriegst einfach wie gewohnt jeden Monat einen bestimmten Betrag auf dein Konto. Du musst dich um nichts kümmern und kannst dir sicher sein, dass das so bleibt, bis du abtrittst. Die Sicherheit und Bequemlichkeit lassen sich Versicherer jedoch natürlich bezahlen.

Wenn du auf Wertpapiere in Form eines Depots gesetzt hast, bieten viele depotführende Banken mittlerweile sogenannte Auszahlpläne an. Dabei verkauft die Bank sukzessive Wertpapiere, sodass du die gewünschte Zahlung auf dein Konto bekommst. Da die Kurse steigen und sinken können, werden mal mehr und mal weniger Anteile verkauft. Wichtig: Ist das Depot aufgebraucht, gibt es nichts mehr. Es besteht also das Risiko, dass das Geld nicht bis zum Lebensende reicht. Bist du direkt in Einzeltitel investiert, musst du die Verkäufe selbst regelmäßig vornehmen. Ob du das noch hinkriegst, wenn du 95 bist, wissen wir nicht.

Die Immobilie verspricht mietenfreies Wohnen nach eigenen Vorstellungen. So ganz stimmt das aber nicht. Die Nebenkosten fallen weiter an. Außerdem musst du als Eigentümer selbst für die Sanierungen und Erneuerungen aufkommen. Wenn du also eben das Häuschen abbezahlt hast und dann das Dach gemacht werden muss, brauchst du wieder Geld. Außerdem solltest du einen weiteren Aspekt berücksichtigen: In aller Regel ist die Immobilie im Alter zu groß. Die meisten planen die Immobilie mit Kindern. Brauchst du, wenn die ausgezogen sind, weiterhin drei

Schlafzimmer und 140m²? Dann kannst du es entweder untervermieten oder musst verkaufen. Aus Berichten und Untersuchungen wissen wir, dass viele diesen Aspekt unzureichend berücksichtigen.

Wenn du selbstständig bist, kann der Verkauf eine gute Stange Geld abwerfen. Die Voraussetzung ist natürlich, dass du eine:n Käufer:in findest. Wir warnen jedoch davor, die Altersvorsorge darauf aufzubauen. Also: Auch im Worst-Case-Szenario sollte es ohne Verkauf gehen. Sieh es vielmehr als Kirsche auf der Torte.

Denk ans Testament! Mit 60 oder 70 rückt der Tod ins engere Sichtfeld. Freunde, Familienmitglieder und Bekannte um dich herum werden nach und nach ebenfalls sterben. Der ungeregelte Übergang von Vermögen kann ernste Probleme für die Hinterbliebenen bedeuten. Diese Probleme sind weniger existenziell (anders als in Phase 1), sondern eher zwischenmenschlicher Natur. So manche Familienbande zerbricht wegen des Streits um Erbschaften. Außerdem kannst du mit dem Testament dein Vermächtnis festlegen. Vielleicht möchtest du gar nicht, dass deine Kinder einen Haufen Geld oder eine Firma erben, sondern willst dein Lebenswerk vielmehr der Allgemeinheit übertragen. Dafür gibt es zahlreiche Möglichkeiten und viele Themen zu berücksichtigen.

Vermögensaufbau

Wenn du mehr einnimmst, als du ausgibst, stellt sich die Frage, was du mit deinen Überschüssen machst. In diesem Kapitel stellen wir dir eine einfache Strategie vor, wie du am besten dein Geld anlegst: sparen, investieren, spekulieren.

Zuerst einmal musst du mehr einnehmen, als du ausgibst. Das wirkungsvollste Instrument dafür ist das Haushaltsbuch.

Denn unsere Erfahrungen als Berater zeigen eines: Das Problem sind fast nie die Einnahmen, sondern in den meisten Fällen die Ausgaben.

Daher ist es immer das oberste Ziel, die Ausgaben in den Griff zu kriegen. Sobald du dann regelmäßig Überschüsse erzielst, stellt sich die Frage, was du damit anstellst.

Als Erstes solltest du alle deine Schulden tilgen, sofern du welche hast. Dabei ist es unerheblich, ob es sich um BAföG-, Kreditkarten- oder Konsumschulden handelt. Alle Kredite engen dein monatliches Budget und damit deine finanzielle Freiheit ein. Außerdem liegen die Kreditzinsen in der Regel über den Guthabenzinsen.

Wenn du also gleichzeitig Schulden hast und sparst, verlierst du meistens unterm Strich Geld. Sobald du schuldenfrei bist, kann es losgehen.

Deine Überschüsse kannst du entweder sofort dreiteilen oder zeitlich nacheinander auf die drei Töpfe aufteilen.

Topf 1: Sparen

Der erste Topf heißt „Sparen". Dieser Topf hat einen kurz- bis mittelfristigen Horizont. Die Produkte, die du dafür verwendest, sollten sicher und jederzeit verfügbar sein. Das könnte zum Beispiel ein Tagesgeldkonto sein. Erträge bzw. Rendite spielen in diesem Topf keine Rolle. Du brauchst nicht anfangen, den Minizinsen von irgendeinem Tagesgeldkonto hinterherzujagen. Die Mühe lohnt sich nicht. In Deutschland sind Guthaben (Einlagen) auf Konten bis mindestens 100.000 Euro sicher. Das ist vollkommen ausreichend. Diesen Topf verwendest du für kurz- bis mittelfristige, größere Ausgaben und als Notgroschen. Das Guthaben sollte jederzeit bzw. zum Zeitpunkt deiner Ausgabe in voller Höhe zur Verfügung stehen.

Topf 2: Investieren

Der zweite Topf ist für deine Investitionen. Investitionen bedeuten, dass du im Jetzt Geld für etwas einsetzt und später mehr herausbekommst.

Dabei spielt es keine Rolle, ob es um eine berufliche bzw. geschäftliche oder private Investition geht. Eine Investition lohnt sich, wenn am Ende mehr rausspringt, als du eingezahlt hast. Dann wirft sie eine Rendite ab.

Der Topf für Investitionen hat einen langfristigen Horizont. Mit langfristig meinen wir mindestens 15 Jahre. Der Topf dient deiner Altersvorsorge und deinem Vermögensaufbau. Die Produkte, die du dafür verwendest, sollten eine möglichst hohe Rendite bei einem vertretbaren Risiko abwerfen. Vorübergehende Schwankungen sollten dir keine Sorgenfalten ins Gesicht treiben. Sie gehören dazu und sind ok, da du sie über die lange Zeit „aussitzen" kannst.

Als Produkte kommen Wertpapiere wie Aktien und Fonds infrage. Unter bestimmten Voraussetzungen und Grenzen können auch Immobilieninvestments sinnvoll sein.

Topf 3: Spekulieren

Der dritte Topf heißt „Spekulieren". Dieser hat einen kurz- bis langfristigen Horizont. Im dritten Topf geht es um maximale Erträge und/oder einfach den Spaßfaktor. Produkte könnten sein: unternehmerische Beteiligungen, Kryptowährungen, Edelmetalle, Einzelaktien, Crowdinvesting usw. Der dritte Topf ist quasi Spielgeld. Du solltest kein Problem haben, wenn du einen Totalverlust erleidest. Sei also entsprechend vorsichtig mit den Beträgen, die du hier einsetzt.

Neben den reinen Finanzprodukten, die dir hoffentlich eine Rendite bescheren, kannst du auch über Themen wie Crowdfunding und/oder die Unterstützung einzelner Projekte und/oder Personen nachdenken.

Dein Gewinn liegt hier nicht im Finanziellen, sondern in dem Wissen, anderen und ihrer Idee geholfen zu haben. Häufig genug ist dieser Gewinn viel bedeutsamer als mehr Geld auf dem Konto zu haben.

Do's & Don'ts bei der Kapitalanlage

Der Trick bei der Kapitalanlage ist, weniger Fehler zu machen als andere. Dafür musst du die größten Fehler und Kapitalvernichter kennen. Wenn du die vermeidest, kann schon nicht mehr so viel schiefgehen und dein Ergebnis dürfte besser sein als bei der Mehrheit der Anleger:innen.

Die zehn Verbote – die Don'ts deiner Kapitalanlage

Schauen wir uns zuerst die zehn Dinge an, die du besser vermeiden solltest.

1. Warte auf den perfekten Einstiegs- oder Ausstiegszeitpunkt

Viele glauben, den richtigen Ein- und Ausstiegszeitpunkt vorhersagen zu können. Dadurch meinen sie, zu günstigen Kursen kaufen zu können und zu teuren Kursen Gewinne einstreichen zu können. Es gibt keine Studie, die das belegt, aber sehr viele Studien, die zeigen, dass das niemand zuverlässig über längere Zeiträume kann.

Für den Ausstieg gibt es nur einen Grund: Du brauchst Geld. Das kann zum Beispiel im Alter sein, wenn du einen Teil deiner Ausgaben über das sogenannte Entsparen deiner Anlagen finanzieren möchtest/musst. Ob die Kurse hoch oder niedrig sind, ob wir im Aufschwung oder in einer Rezession sind, spielt dagegen keine Rolle.

2. Wähle Einzelaktien oder betreibe Stockpicking

Da niemand zuverlässig die Wertentwicklung von Aktien oder anderen Wertpapieren vorhersagen kann, macht es für den/die durchschnittliche:n Anleger:in keinen Sinn, Einzelaktien auszuwählen oder sogenanntes Stockpicking zu betreiben. Weil du vermutlich dein Geld nicht auf zigtausend Aktien aufteilen kannst, erhöhst du nur dein Risiko im Portfolio. 55 Prozent aller Aktien weisen im Laufe ihres Lebens eine negative

Rendite auf.[26] Je mehr Einzelaktien ein Depot hat, desto schlechter ist die Performance. Dieses Risiko kannst du nur begrenzen, indem du viele verschiedene Eier in deinen Korb legst. Wenn du also nicht gerade Multimillionär:in bist, lass es lieber mit den Einzelaktien.

3. Handle häufig

Viele Anleger:innen überschätzen sich und ihre Fähigkeiten eklatant. Sie glauben zu wissen, welche Aktien oder Fonds besser und welche in Zukunft schlechter abschneiden. Deswegen handeln sie wie wild in ihren Depots. Das Ergebnis: hohe Kosten, Steuern, geringe Renditen. Je häufiger Anleger:innen handeln, desto geringer ist die Rendite. Der Zusammenhang ist fast direkt proportional.

4. Nutze aktives Management mit hohen Kosten

Aktives Management – also ein:e Fondsmanager:in, die die Wertpapiere auswählt – verspricht höhere Renditen als passives – also die Nachbildung eines Indexes – Management. Was intuitiv logisch klingt, schließlich machen die Profis ja den ganzen Tag nichts anderes, als Märkte, Firmen und Wertpapiere zu analysieren, entpuppt sich meistens als falsches Versprechen. Niemand schlägt langfristig den Markt. Selbst die Profis nicht. Die Fondsmanager:innen sind ihr Geld leider nicht wert. Besonders schlimm wird es, wenn sich um Promi-Fonds wie den von Frank Thelen oder Dirk Müller handelt.

5. Folge Trends oder Geheimtipps

Wenn du dein Geld garantiert teilweise oder vollständig verbrennen willst, solltest du Trends und Geheimtipps folgen. Egal ob T-Aktie, „Diese 6 Aktien steigen 2023“ oder kongolesische Goldminen. Sie alle eint, dass du meistens Verluste machst. Da niemand die Wertentwicklung vorhersagen kann, kann es auch keine Geheimtipps geben. Außerdem ist Handeln mit sogenanntem Insiderwissen verboten. Wenn also der CEO einer Firma weiß, dass die Firma bald pleite ist, darf er mit dem Wissen nicht noch schnell Kasse machen.

6. Schließe aus historischen Wertentwicklungen auf die Zukunft
Viele schauen auf die vergangene Wertentwicklung von Fonds, Aktien oder Kryptowährungen und schreiben sie einfach in die Zukunft fort. Dabei gibt es keinen nachgewiesenen Zusammenhang. Gerade bei großen Publikumsfonds ist der Erfolg der Zukunft oftmals sogar indirekt proportional zum Erfolg in der Vergangenheit. Heißt: Lief der Premium-Super-Duper-Fonds Gold Kapital AG in der Vergangenheit besonders gut, ist die Wahrscheinlichkeit recht hoch, dass er in Zukunft – also genau dann, wenn du eingestiegen bist – renditemäßig abstürzt. Verlasse dich bei der Auswahl von Wertpapieren nicht auf vergangene Erfolge.

7. Lasse dich von Emotionen leiten
Geld ist eigentlich eine abstrakte und emotionslose Sache. Wir Menschen sind aber keine Maschinen, sondern voller Widersprüche, Denkfehler und Unzulänglichkeiten. Die größte Gefahr bei der Geldanlage bist du und deine Emotionen. Wie reagieren Menschen, wenn es mal aufwärts geht? Sie werden übermütig und unterschätzen Risiken. Was passiert, wenn es zum Crash kommt? Sie verkaufen (viel zu spät) panisch ihre Positionen und realisieren damit Verluste. Beim Wiederanstieg sind sie nicht dabei. Sei dir dieser Gefahr und deiner Emotionen bewusst. Versuche, sie so weit wie möglich zu eliminieren. Dabei helfen dir neutrale, externe Berater:innen und eine gute Strategie.

8. Sei ungeduldig

Geldanlage ist ein Marathon, kein Sprint. Erfolge können sich kurzfristig einstellen. Dann hattest du halt Glück. Genauso können sich aber auch kurzfristige Verluste einstellen. Für deine langfristige Strategie spielen solche Schwankungen jedoch so gut wie keine Rolle. Deshalb sollte der Anlagehorizont mindestens 15 Jahre betragen, besser noch länger. Wenn du sprinten willst, lege dir Zockergeld zurecht, dessen Verlust dich nicht schmerzt. Wenn es klappt, freu dich. Wenn es nicht klappt, hattest du zumindest Spaß und Nervenkitzel. Wenn du sprinten musst (kurz- und mittelfristige Ausgaben oder Notgroschen), setze auf Sicherheit und Liquidität.

9. Schaue täglich ins Depot

Wenn du täglich ins Depot schaust, kochen die Emotionen garantiert hoch. Du siehst, wie es rauf- und runtergeht. Zusammen mit deiner Ungeduld und den typischen Denkfehlern fängst du an, wild zu handeln. Das produziert Kosten, Steuern und Verluste. Am Ende hast du weniger Rendite, als möglich gewesen wäre. Mehr als einmal im Monat brauchst du nicht in dein Depot schauen. Niemand bewertet täglich den Wert seiner Immobilie.

10. Sei bei der Wahl der Kapitalanlage voreingenommen

Kryptos sind die Zukunft! Virtuelle Realität ist das next big thing! Biotechnologie ist der nächste Quantensprung der Menschheit! Aktien sind gefährlich! Gold ist sicher! Es gibt viele Vorurteile. Befreie dich davon. Wenn du bereits eine vorgefasste Meinung hast, suchst du die dazu passenden Informationen. Stimmen, die dieser widersprechen, ignorierst du vermehrt. Dadurch triffst du falsche Entscheidungen.

Die 8 Gebote – die Do's deiner Kapitalanlage

Nachdem wir uns die größten Fehler angeschaut haben, wird es Zeit, dass wir uns den Geboten zuwenden.

1. Investiere nur, was du kurz- und mittelfristig nicht brauchst

Aktien bedeuten Risiko, das weiß jede:r. Risiko meint in diesem Zusammenhang, dass die Kurse schwanken. Dein Depot kann morgen viel niedriger sein als heute. Und es bedeutet, dass die theoretische Möglichkeit besteht, einen Totalverlust zu erleiden. Beide Risiken kannst du reduzieren (siehe unten). Ganz ausmerzen kannst du sie jedoch nicht. Das bedeutet im Umkehrschluss, dass du nur Geld investieren solltest, auf dass du kurz- und mittelfristig verzichten kannst.

Wenn du weißt, dass du in zwei Jahren 10.000 Euro für ein neues Auto oder in fünf Jahren 100.000 Euro als Eigenkapital für dein Eigenheim benötigst, macht es keinen Sinn, dieses Geld an der Börse zu investieren. Das Risiko, dass das Geld zu dem festen Zeitpunkt nicht zur Verfügung steht, ist zu groß. Das bedeutet aber auch, dass du alles andere investieren solltest.

2. Starte jetzt

Da du dich nicht weißt, wann der richtige Zeitpunkt für den Einstieg ist, ist der richtige Zeitpunkt jetzt. Du solltest:

- Deine existenziellen Risiken abgesichert haben,
- Keine Kredite abzahlen,
- Einen Notgroschen haben,
- Deine kurz- und mittelfristigen Ziele, Wünsche ausfinanziert haben,
- Keine Immobilie abzahlen oder wünschen/planen.

Ob die Kurse hoch oder niedrig sind, ob wir im Aufschwung oder in einer Rezession sind, spielt dagegen keine Rolle.

3. Lasse dich unabhängig beraten und begleiten

Da nicht alle die Zeit und Kapazitäten haben, sich mühsam in die vielfältigen Möglichkeiten der Kapitalanlage einzuarbeiten, ist eine unabhängige Beratung ihr Geld wert. Damit meinen wir Berater:innen, die direkt von dir in Form eines Honorars bezahlt werden und nicht die „Beratung" deiner Bank oder eines Vermittlers bzw. einer Vermittlerin. Denn die leben vom Verkauf. Mit einer guten Beratung kannst du bis zu drei Prozent mehr Rendite erzielen, als wenn du es allein versuchst.[27] Wenn du z. B. 30 Jahre lang 150 Euro im Monat anlegst, kann das fast 150.000 Euro (6 Prozent mit Beratung) statt 87.000 Euro (3 Prozent ohne Beratung) am Ende bedeuten.

4. Investiere größere Summen einmalig

Viele glauben, es sei besser, einen größeren Geldbetrag (z. B. eine Erbschaft oder Abfindung) in kleinere Tranchen aufzuteilen und nach und nach zu investieren. Doch das ist falsch. Die Gründe sind vielfältig. Der wichtigste: Wenn Kurse im Großen und Ganzen und auf lange Sicht steigen, gibt es keinen Grund, mit einer Anlage zu warten. Das Geld, das du nicht investierst, parkst du irgendwo unverzinst. Die Wahrscheinlichkeit, dass du damit Ertrag verschenkst, ist höher, als dass du gerade beim Höchststand investierst, es crasht und sich die Kurse nie wieder erholen. Wenn du größere Geldsummen investieren willst und die oben genannten Bedingungen für den Einstieg in die Geldanlage erfüllst, fährst du mit der sofortigen Einmalanlage statistisch besser.

5. Wähle kostengünstige Produkte

Der Einkauf liegt im Gewinn. Was für den Handel allgemein gilt, gilt bei der Geldanlage umso mehr. Zwar klingen beispielsweise zwei Prozent Kosten irgendwie wenig, aber da sie immer auf das Gesamtkapital fällig werden, schlagen sie hart ins Kontor. Außerdem sind die Kosten der einzige Faktor, der vorab bekannt und sicher ist. Alle anderen Faktoren wie die Erträge oder das Kurswachstum sind unsicher und offen. Aktive Fonds weisen über lange Zeiträume keinen Renditevorteil gegenüber passiven Investments auf.

6. Diversifiziere deine Kapitalanlage

Damit die oben genannten Risiken (Schwankung und Totalverlust) dich nicht zu hart treffen, ist die wichtigste Regel, deine Kapitalanlage zu diversifizieren. Umgangssprachlich sagt man: Lege nicht alle Eier in einen Korb. Wenn du über verschiedene Anlageklassen (Aktien, Anleihen, Immobilien, Rohstoffe usw.) und innerhalb der Anlageklassen (also z. B. amerikanische, europäische, asiatische Aktien verschiedener Branchen) diversifizierst, reduzierst du deine Risiken ganz erheblich. Legst du aber alles in dieses eine supercoole Start-up für Fusionskraftwerke an und das Unternehmen scheitert, ist dein Geld weg.

Da die wenigsten über so viel Kapital verfügen, dass sie das über Einzelaktien machen können, empfiehlt es sich, die Streuung über passive Fonds darzustellen. Da sind dann beispielsweise alle Aktien (oder andere Wertpapiere, die die gleiche Wertentwicklung haben) des deutschen oder amerikanischen Aktienindex drin. Bei der richtigen Streuung helfen die unabhängigen Berater:innen.

7. Handle so wenig wie möglich

Für den Verkauf von Wertpapieren gibt es zwei Anlässe: Rebalancing und Entsparen. Rebalancing meint, die sogenannte Allokation – also welche Wertpapiere in welchem Verhältnis in deinem Depot sind – an deine Risiko-Rendite-Erwartung wieder anzupassen. Das ist nötig, wenn sich bestimmte Wertpapiere gut entwickeln und so eine höhere Gewichtung im Portfolio haben als ursprünglich festgelegt. Du hast z. B. zu Beginn eine Aufteilung von 60 Prozent Aktien (riskanter, aber renditestärker) und 40 Prozent Anleihen (sicherer, aber renditeärmer) festgelegt. Jetzt haben sich deine Aktien prächtig entwickelt. Nun beträgt die Allokation 80 Prozent zu 20 Prozent. Du müsstest also 20 Prozent der Aktien verkaufen und 20 Prozent Anleihen zukaufen.

Entsparen machst du am Ende des Sparprozesses im Ruhestand (vermutlich). Das heißt, du entnimmst nun jeden Monat beispielsweise 500 Euro, um deine Rente damit aufzubessern. Dafür verkaufst du jeden Monat Anteile deines Portfolios im Wert von 500 Euro bis dein Portfolio leer ist oder du stirbst.

Weitere Anlässe zum Handeln gibt es nicht.

8. Bleibe investiert

Börsen gehen rauf und runter wie Achterbahnen. Geht es runter, ist der Maximum Drawdown (MDD), der Maximale Wertverlust, die Kennzahl dafür, um wie viel das Wertpapier (Aktie, Fonds whatever) bislang je gesunken ist. Achtung: Das heißt nicht, dass es in Zukunft nicht einen noch größeren Crash geben könnte. Für den Deutschen Aktienindex Dax (genauer für einen ETF auf den DAX, den iShares Core DAX UCITS ETF (WKN: 593393)) lag der MDD beispielsweise bei 67 Prozent. Es ging also um 67 Prozent nach unten, bis es wieder aufwärts ging. Deswegen meinen manche, Börsen seien Zockerbuden, was aber Quatsch ist. Damit du nun wieder den Ausgangspunkt erreichst, muss es nach diesem Kursrutsch 200 Prozent aufwärts gehen bzw. auf das Dreifache steigen. Und das tut es auch meist. Mal schneller, mal langsamer.

Das Problem ist, wenn du in dieser Phase aussteigst, um später – wenn es wieder aufwärtsgeht – wieder einzusteigen. So zeigt eine Untersuchung der Sutor Bank, dass es reicht, wenn du zwischen 1988 und 2018 nur die 33 besten Börsentage des DAX verpasst hast (0,3 Prozent der 30 Jahre), bis deine Rendite negativ wurde. Wärst du dagegen einfach stoisch investiert geblieben, hätte deine Rendite 7,16 Prozent betragen. Das wären bei 150 Euro monatlich über 180.000 Euro (immer investiert) gegenüber 54.000 Euro (die besten 33 Tage verpasst, 99,7 Prozent der Zeit investiert). Oftmals sind diese „Supertage" direkt nach einem Rücksetzer.[28]

Wenn du diese Verbote und Gebote beherzigst, dürfte deiner erfolgreichen Geldanlage wenig im Wege stehen.

Denkfehler beim Vermögensaufbau vermeiden

Denkfehler beim Vermögensaufbau können dich richtig viel Geld kosten. Deswegen ist es wichtig, dass du sie kennst, um sie zu vermeiden oder abzumildern. Wir stellen die größten Denkfehler vor.

Overconfidence Bias

Der Overconfidence Bias oder Selbstüberschätzungsfehler sorgt dafür, dass du dich und deine Fähigkeiten überschätzt.

Das Beispiel: James Montier führte eine Umfrage unter 300 professionellen Fondsmanagern durch. Er fragte sie, ob ihre Fähigkeit, Geld professionell zu investieren, über oder unter dem Durchschnitt von professionellen Anlegern liegt. 74 Prozent gaben an, sie glaubten, besser als der Durchschnitt zu sein. Das ist mathematisch nicht möglich. Die anderen 26 Prozent meinten, durchschnittlich zu investieren.

Die Folge: Wenn du dich für klüger oder besser als andere hältst, wirst du anfälliger für Fehler. Du missachtest Alarmzeichen und wählst Informationen falsch aus. Unterm Strich verlierst du Geld.

Die Lösung: Als Erstes solltest du dir eingestehen, dass du wahrscheinlich bestenfalls ein:e durchschnittliche:r Anleger:in bist. In 50 Prozent der Fälle bist du vermutlich sogar schlechter. Berücksichtige immer Worst-Case-Szenarien und frage dich, wie du damit umgehen wirst/solltest. Ein gutes Risikomanagement ist sehr wichtig. Der Austausch mit anderen kann dir ebenfalls helfen. Ein:e unabhängige:r Berater:in ist eine weitere sehr gute Möglichkeit, dich auf den Boden der Tatsachen zurückzuholen.

Self-serving Bias

Das Problem: Der Self-serving Bias oder die selbstwertdienliche Verzerrung sorgt dafür, dass du Erfolge deiner eigenen Genialität zuschreibst, wohingegen du Misserfolge äußeren Faktoren anlastest.

Das Beispiel: Wenn die von dir ausgewählte Aktie steigt, glaubst du, dass du einen guten Riecher hattest. Fällt die Aktie, denkst du tendenziell, dass das z. B. an den angehobenen Leitzinsen oder dem gesunkenen Konsumklima liegt.

Die Folge: Weil du dir Fehler langsamer, weniger oder gar nicht eingestehst, kannst du sie auch nicht (gut) korrigieren. Außerdem unterschätzt du gerade in Zeiten von Erfolgen (die meist auf Zufällen beruhen) systematische Fehler in deiner Anlage.

Die Lösung: Sieh Erfolge und Misserfolge als zufällig eintretende Situationen an. Niemand kann die Kurse von Wertpapieren zuverlässig vorhersagen. Deswegen lag es auch nicht an deinem „guten Riecher“, wenn es mal aufwärts geht. Achte vielmehr auf systemische und strukturelle Probleme deiner Anlagestrategie.

Risikoaversion

Das Problem: Die Risikoaversion sorgt dafür, dass wir eher den Spatz in der Hand als die Taube auf dem Dach wählen. Wir überbewerten Risiken und wählen lieber „sichere" Anlagen und vermeiden „riskante".

Das Beispiel: Stell dir einen Münzwurf vor. Du hast zwei Möglichkeiten: Entweder wir geben dir A 50 Euro, wenn Zahl kommt oder wir geben dir B X Euro, egal ob Kopf oder Zahl kommt. Wie viel müssten wir dir im Fall B geben, damit du die Option wählst? Der Erwartungswert bei A beträgt 25 Euro (50 Euro x 50 Prozent). Das ist die Taube aufm Dach. Wenn du dich bei B für weniger als diese 25 Euro entscheiden würdest, bist du risikoavers und triffst eine falsche (nicht optimierte) Investitionsentscheidung. Das ist der Spatz in deiner Hand.

Die Folge: Deswegen legen viele ihr Geld „sicher", aber zinsarm auf der Bank an, statt es „riskant", aber renditestärker in Aktien zu investieren. Zwar ist die Sparleistung der Deutschen viel höher als in den meisten anderen entwickelten Ländern (Sparquote ca. 11 Prozent), doch das durchschnittliche und Medianvermögen ist viel geringer (Platz 17).

Die Lösung: Meistens können wir Risiken und den Erwartungswert nicht so einfach berechnen. Aktienmärkte sind halt kein Münzwurf. Dennoch hilft es, sich mit den Risiken auseinanderzusetzen, um sie korrekt einzuschätzen. Dabei helfen langfristige Studien z. B. zur Wertentwicklung verschiedener Anlageklassen.

Zero-Risk Bias

Das Problem: Der Zero-Risk Bias ist die extreme Form der Risikoaversion. Wir eliminieren lieber ein kleines Restrisiko, als ein größeres Risiko zu reduzieren.

Das Beispiel: Menschen schließen Versicherungen mit Garantien ab, da sie das Risiko, dass das Geld plötzlich weg ist, eliminieren wollen.

Allerdings ist die Verzinsung so gering, dass sie die Inflation meist nicht schlägt. Unterm Strich ist das Geld also weniger wert, du kannst dir von deinen garantierten Euros morgen weniger kaufen als heute. Besser wäre es, das Geld so anzulegen, dass es sich oberhalb der Inflationsrate verzinst, auch wenn es schwankt. Das Risiko, sich morgen oder übermorgen aufgrund des Kaufkraftverlusts weniger leisten zu können, ist viel größer, als dass das Geld plötzlich ganz weg ist.

Die Folge: Menschen haben aufgrund dieser Garantien in Lebens- und Rentenversicherungen diese millionenfach abgeschlossen oder lassen das Geld auf dem Bankkonto versauern. Im Ergebnis verlieren sie im Alter Kaufkraft und das Vermögen sinkt.

Die Lösung: Meide Garantien bei der Anlage. Sie kosten meist nur Geld und lösen kein wirkliches Problem. Sei misstrauisch, wenn die absolute Sicherheit oder Risikolosigkeit versprochen wird.

Verlustaversion

Das Problem: Wir bewerten Verluste höher als gleichhohe Gewinne. Dadurch schätzen wir Gewinne und Verluste falsch ein. Um den Schmerz zu vermeiden, vermeiden wir Risiken und gehen lieber auf Nummer sicher.

Das Beispiel: Statt in unsichere, schwankende, aber auf lange Sicht lohnende Anlagen wie Aktien zu setzen, investieren die meisten Deutschen lieber in sichere Anlagen wie Versicherungen, die auf lange Sicht eine deutlich geringere Rendite aufweisen.

Ein:e Verkäufer:in einer Immobilie gewichtet den Verlust des Hauses, also die Abgabe, höher als der:die Käufer:in den Gewinn durch den Kauf. Dadurch haben Verkäufer:innen oftmals Preisvorstellungen, die sie in der Realität nicht durchsetzen können und sind enttäuscht. Besonders deutlich wird das, wenn es sich um die selbst genutzte Immobilie handelt, an der zahlreiche positive Erinnerungen hängen.

Die Folge: Da die Menschen im Schnitt notwendige Risiken scheuen und auf Nummer sicher gehen, erzielen sie deutlich geringere Renditen als möglich wäre. Dadurch haben Menschen (oder ganze Gesellschaften) mit einer ausgeprägten Risikoaversion geringere Vermögen als Menschen (oder Gesellschaften), die rationaler investieren und Risiken in Kauf nehmen.

Die Lösung: Frage dich immer: Was ist das Schlimmste, was passieren kann und wie gehe ich damit um? Meistens sind die negativen Folgen gar nicht so dramatisch. Vergleiche den möglichen Gewinn und den möglichen Verlust auf rein nominaler Basis. So kannst du am ehesten deine irrationalen Verlustängste dämpfen.

Exponentielles Wachstum unterschätzen

Das Problem: Menschen können intuitiv lineare Veränderungen erfassen. Wir wissen, ohne groß nachzudenken, wie viel Geld man nach etwa drei Jahren hat, wenn man jeden Monat 1000 Euro zur Seite legt. Wir begreifen auch, dass man nach sechs Jahren doppelt so viel Geld gespart hat. Geometrisches oder exponentielles Wachstum kapieren wir nicht intuitiv. Wir unterschätzen es alle systematisch.

Das Beispiel: Stell dir vor, du kannst zwischen zwei Preisen wählen. Der erste Preis sind zwei Jahre lang 10.000 Euro im Monat. Der zweite Preis ist ein Betrag von anfangs einem Euro, der sich zwei Jahre lang jeden Monat verdoppelt. Welchen Preis wählst du? Preis 1 sind 240.000 Euro. Das erfassen wir sehr intuitiv. Aber wie hoch ist Preis 2? Es sind weit über 8 Millionen Euro.

Die Folge: Wir unterschätzen die Wirkung von Kosten, die die Rendite schmälern. Was sind schon ein oder zwei Prozent Kosten? Naja, auf

30 oder 40 Jahre gesehen, machen sie einen riesigen Unterschied aus. Während der Pandemie haben wir das Konzept der Verdopplungszeiten nicht verstanden. Deswegen haben wir, statt bei geringen Infektionszahlen harte Maßnahmen (wie Neuseeland) zu ergreifen, gewartet, bis es eigentlich zu spät war und dann noch härtere Maßnahmen ergriffen.

Die Lösung: Da wir exponentielles Wachstum nicht begreifen, müssen wir rechnen. Nur das Ausrechnen der tatsächlichen Beträge kann uns helfen, die richtigen Entscheidungen zu treffen.

Selektive Wahrnehmung

Das Problem: Wir sehen, was wir sehen wollen. Unter selektiver Wahrnehmung verstehen wir das Phänomen, dass wir die Informationen bewusster wahrnehmen, die unseren Überzeugungen entsprechen. Alles was dem widerspricht, erkennen wir nicht und es fliegt unterm Radar.

Das Beispiel: Du glaubst, Bitcoin und Kryptos sind the next big thing. Du investierst einen großen Teil deines Geldes darin. Ab diesem Zeitpunkt nimmst du Informationen, die deine Sichtweise und deine Anlagestrategie bestätigen, deutlicher wahr als konträre Stimmen und Meinungen. Statt Bitcoin und Kryptos kannst du als Beispiel auch alle anderen Assets wie Immobilien, Gold, Briefmarken, Wein, Oldtimer, einzelne Aktien einsetzen.

Das gleiche gilt übrigens auch für alle anderen Bereiche des Lebens. Glaubst du, dass Hartz-IV-Empfänger:innen (ab 2023 Bürgergeld) einfach nur faule Leute sind, wirst du überall in Medien und Gesprächen diese Sichtweise bestätigt bekommen. Bist du eher Optimist:in, wirst du überall Beispiele finden, die bestätigen, dass es sich lohnt, optimistisch zu sein.

Die Folge: Dir fehlen relevante Informationen. Du überschätzt die Chancen und unterschätzt die Risiken. Am Ende triffst du schlechtere Anlageentscheidungen.

Die Lösung: Konfrontiere dich bewusst immer wieder mit Gegenstimmen und komplett konträren Meinungen. Gib diesen eine Chance, ohne sie vorab abzuwerten, indem du meinst, das seien alles Idioten, Pessismist:innen, Neider oder anderweitig Unwissende. Betrachte Gegenstimmen als Chance, deinen blinden Fleck auszuleuchten.

Confirmation Bias

Das Problem: Ähnlich wie die selektive Wahrnehmung, nur noch eine Stufe schärfer. Statt dass nur deine Wahrnehmung (passiv) selektiv ist, meint der Confirmation Bias, dass du bewusst (also aktiv) nur die Informationen suchst, die deine Meinung bestätigen.

Das Beispiel: Du hast in Tesla investierst. Ab diesem Zeitpunkt suchst du Berichte, Börsenmeinungen und Tweets, die bestätigen, dass du eine clevere Entscheidung getroffen hast. Auch hier kannst du als Beispiel wieder jedes andere Asset einsetzen. Auch der Confirmation Bias gilt für alle Lebensbereiche. Wenn du beispielsweise an Homöopathie glaubst, suchst du Berichte, die bestätigen, dass Homöopathie über den Placeboeffekt hinaus wirkt. Spoiler: Du wirst diese Berichte finden. Deine Meinung verfestigt sich.

Die Folge: Dir fehlen nicht nur relevante Informationen, sondern du negierst sie regelrecht. Damit wird es für dich noch schwerer, falsche Anlageentscheidungen zu korrigieren.

Die Lösung: Wie bei der selektiven Wahrnehmung musst du bewusst nach Gegenstimmen suchen. Ziehe in Betracht, dass du falschliegen könntest. Du kannst nur gewinnen, wenn du dich und deine Entscheidungen in Zweifel ziehst und hinterfragst. Entweder hast du auch nach sorgfältiger Recherche den berechtigten Eindruck, dass du richtig liegst oder aber du hast deinen Fehler erkannt und kannst ihn korrigieren.

Information Bias

Das Problem: Du glaubst, je mehr Informationen du hast, desto bessere (Anlage-)Entscheidungen triffst du. Deswegen suchst du immer weiter. Irgendwo könnte ja noch eine Info sein, die du übersehen hast. Es ist gewissermaßen die Übertreibung der Lösung von selektiver Wahrnehmung und dem Confirmation Bias. Vor lauter Suchen triffst du aber überhaupt keine Entscheidung.

Das Beispiel: Du überlegst, eine Immobilie zur Kapitalanlage zu kaufen. Du hast das Für und Wider sorgfältig abgewogen und dich über die investitionsrelevanten Faktoren ausreichend informiert. Es geht jetzt nur noch um das Objekt. Du suchst und suchst. Bei jeder Recherche findest du ein vermeintlich noch lukrativeres Objekt. Tag um Tag vergeht, ohne dass du die Suche beendest. Währenddessen verschimmelt dein Kapital auf dem Girokonto.

Die Folge: Du triffst nie oder zu spät Entscheidungen. Außerdem hast du permanent Angst, etwas übersehen zu haben und die falsche Entscheidung getroffen zu haben. Deswegen revidierst du oft getroffene Entscheidungen. Dabei entstehen unnötige Kosten. Darüber hinaus schläfst du schlecht.

Die Lösung: Überlege, welche Informationen wirklich relevant sind und wie viel Zeit du dir für die Recherche nehmen willst. Akzeptiere, dass du niemals alle Informationen haben kannst und dass vieles auch schlicht vom Zufall abhängt. Wenn du dein Soll erfüllt hast, entscheide. Fällt es dir schwer, suche dir eine vertrauenswürdige, neutrale Instanz, die dir den nötigen Schubs gibt.

Superstar Bias

Das Problem: Wir lieben Superstars, egal ob beim Singen, Fußballspielen oder Geld anlegen. Stars oder vermeintlichen Stars trauen wir alles zu. Ihre Aura überstrahlt ihr wirkliches Können deutlich. Damit überschätzen wir systematisch ihre Fähigkeiten. Besonders problematisch ist das in Bereichen, in denen der Zufall bzw. Glück einen großen Teil des Erfolgs ausmacht.

Das Beispiel: Dirk Müller war mal ein bekannter TV-Börsen-„Experte". Als „Mr. Dax" erklärte er dem geneigten Publikum, warum jene Aktie stieg und diese fiel. Er machte seine Popularität zu Geld, indem er den „Dirk Müller Premium Fonds" auflegte. Dabei legte der „Premium Fonds" eine Wertentwicklung in den letzten fünf Jahren von –5,8 Prozent (Stand August 2025) hin. Während der Indexfonds SPDR MSCI All Country World im selben Zeitraum 88 Prozent Plus machte. Das Gleiche läuft mit Frank Thelens „10xDNA-Portfolio". Der hat seit Auflage Mitte 2021 gleich mal 54 Prozent verloren (Stand Dezember 2022).

Die Folge: Wir investieren unser Geld in Geheimtipps von selbsternannten Börsengurus oder legen das Geld gleich in die Fonds der vermeintlichen Superstars an. Im Ergebnis kosten die Anlagen einen Haufen Geld, weisen meistens deutlich höhere Risiken auf und am Ende fährst du eine geringere Rendite als bei No-Name-Anlagen ein.

Die Lösung: Hände weg von allen Fonds, die den Namen ihres Initiators oder ihrer Initiatorin tragen oder die von vermeintlichen Börsenexpert:innen aufgelegt wurden. Halte dich darüber hinaus von allen Börsentipps fern. Und immer daran denken: Der Erfolg bzw. die Wertentwicklung in der Vergangenheit lässt keine Rückschlüsse auf die zukünftige Performance zu. Selbst jemand wie Warren Buffet, der nachweislich sehr häufig und sehr lang den Markt geschlagen hat, kann irgendwann daneben liegen. Vertraue lieber auf passive Investmentansätze.

Survival Bias

Das Problem: Wir sehen nur die „Überlebenden" einer Anlageklasse. Wir übersehen die Fonds, die Immobilien, die Kryptobros, die allesamt gescheitert sind. Außerdem verschweigen manche bewusst oder unbewusst ihre Misserfolge und kehren nur ihre Erfolge wie Prognosen, die eingetroffen sind, nach außen.

Das Beispiel: Immobilien sind scheinbar eine sichere Sache. Jede:r kennt jemanden, der im eigenen Häuschen lebt, dass er oder sie sich gebaut und finanziert hat. Statistiken zeigen, dass Häuselbauer:innen ein höheres Vermögen haben als Menschen, die kein Haus haben. Die Begründung, die häufig geliefert wird, lautet, dass die Menschen mit einem Haus und einer Finanzierung gezwungen sind, Geld zu sparen. Sie müssen ja ihren Kredit abzahlen und können nicht bedenkenlos konsumieren. Deswegen nennt man die Finanzierung fürs Haus auch Zwangssparvertrag. Am Ende hat man ein abbezahltes Haus und einen Vermögensgegenstand.

Was jedoch alle übersehen, sind diejenigen, die ebenfalls mal angefangen haben, ein Haus abzuzahlen, es aber nicht geschafft haben. Das kann entweder daran liegen, dass sie krank oder arbeitslos geworden sind, sich getrennt haben oder aus anderen Gründen umziehen mussten. Diejenigen sind alle gescheitert und danach vermutlich Mieter. Sie tauchen in der Vermögensstatistik Hausbesitzer:innen vs. Nicht-Hausbesitzer:innen eigentlich in der falschen Klasse auf. Wir sind also dem Survival Bias erlegen.

Die Folge: Wir unterschätzen systematisch Risiken und überschätzen systematisch Chancen bei der Geldanlage.

Die Lösung: Diesen Denkfehler aufzulösen ist ziemlich schwierig. Grundsätzlich müssen wir wissen, wie viele einer Anlageklasse zu einem Stichtag gestartet sind und wie viele bis zum Tag X durchgehalten haben und wie viele gescheitert sind. Erst auf dieser Basis können wir zuverlässig Risiken einschätzen.

Mentale Buchführung

Das Problem: Wir betrachten nicht unser Gesamtvermögen und versuchen es zu optimieren, sondern legen für verschiedene Aspekte unserer Finanzentscheidungen (z. B. Urlaub, Altersvorsorge, Sparen für die Kinder) mentale Konten an. Diese versuchen wir zu optimieren. Das Gleiche gilt auch für Einnahmen. So bewerten wir Geldgeschenke anders als unser Einkommen. Die wenigsten würden sich von den 50 Euro zu Weihnachten von Oma Lebensmittel kaufen oder gar einen Kredit abzahlen, sondern sich mal was gönnen. Das ist irrational. Geld ist Geld.

Das Beispiel: Es gibt Menschen/Haushalte, die zahlen gleichzeitig den Kredit für ihr Haus ab und legen Geld für die Kinder zurück. Viele haben ein Alltagskonto und ein Sparkonto für verschiedene Sparziele. Manch eine:r nutzt das Weihnachtsgeld für Weihnachtsgeschenke statt für die Tilgung von Krediten.

Die Folge: Wir optimieren nicht unser Gesamtvermögen. So legen wir zu vielleicht einem Prozent Zinsen Geld für die Kinder an und bedienen gleichzeitig einen Kredit zu drei Prozent. Wir verlieren also zwei Prozent. Das ist irrational und kostet uns Geld.

Die Lösung: Du kannst zwar verschiedene reale Konten bilden, um den Überblick zu behalten, aber unterm Strich solltest du immer dein Gesamtvermögen betrachten und dieses optimieren.

Herdentrieb

Das Problem: Wir fallen ungern auf, sondern folgen der Herde. Dadurch investieren wir unser Geld dort, wo gerade alle hingehen bzw. worüber alle sprechen.

Das Beispiel: Anfang der 2000er-Jahre war der erste Aufstieg der Internetfirmen. Winzige Firmen ohne Geschäftsmodell waren plötzlich in aller Munde. Jede:r glaubte, in kurzer Zeit das schnelle Geld zu machen. Je mehr investierten und davon berichteten, wie ihre Aktienwerte sich in kurzer Zeit vervielfachten, desto mehr zog es an, ebenfalls zu investieren. Dass die Kurse auf keiner realen Grundlage basierten, spielte keine Rolle. Diese Geschichte wiederholt sich immer wieder. Das erste Mal vermutlich während der sogenannten Tulpenmanie. Das aktuellste Beispiel dürften Bitcoin und Co. sein.

Die Folge: Wenn sich Leute irgendwo anstellen, muss es ja gut sein. Denken wir. Ob das stimmt, spielt erst mal keine Rolle. Ist das bei einem Club nicht weiter dramatisch, führt das bei der Geldanlage nicht selten zum Totalverlust. Wir unterschätzen vor allem systematisch Risiken.

Die Lösung: Halte dich grundsätzlich von Hypes fern. Frage dich stets: Was ist wirklich dran am Trend? Prüfe immer, wer von einem weiteren Invest wirklich profitiert. Akzeptiere, dass von einem Trend nur die profitieren, die ganz am Anfang dabei waren und du wahrscheinlich nicht dazu gehörst.

Home Bias

Das Problem: Wir investieren lieber in heimische, uns bekannte Aktien/Firmen als in ausländische uns unbekannte Aktien.

Das Beispiel: Stell dir vor, du bekommst 5000 Euro. Das Geld darfst du entweder nur in ein deutsches Unternehmen investieren, dass du nicht kennst oder in ein kanadisches, das du ebenfalls nicht kennst. Welches wählst du und warum?

Die meisten würden das deutsche bevorzugen, obwohl nichts dafürspricht. Schließlich weißt du über beide Firmen nichts. Mit einem

Münzwurf, also einer Zufallsentscheidung, würdest du mindestens genauso gut fahren.

Die Folge: Wir diversifizieren nicht richtig. Das heißt, wir streuen unsere Risiken nicht richtig und ausreichend. Legst du beispielsweise dein Kapital hauptsächlich in deutsche Aktien an und es kommt zu einer Krise in Deutschland, trifft das dein Depot stärker, als wenn du weltweit gestreut hättest.

Die Lösung: Diversifiziere dein Portfolio gemäß der Marktkapitalisierung oder anderer neutraler Faktoren und nicht anhand von Ländergrenzen bzw. dem, was du vermeintlich kennst. Akzeptiere, dass du von deutschen Firmen genauso wenig oder viel verstehst wie von australischen oder französischen. Alle Firmen, von denen du Aktien erwerben kannst, müssen eh alle Zahlen und Strategien offenlegen.

Action Bias

Das Problem: Nichts zu tun, fällt uns schwerer, als ständig aktiv zu sein und zu handeln. Dieser Denkfehler korrespondiert besonders mit dem Overconfidence Bias und dem Self-serving Bias.

Das Beispiel: Torhüter:innen tendieren beim Elfmeterschießen viel häufiger dazu, nach rechts oder links zu springen, als einfach stehen zu bleiben. Dabei zeigen Statistiken, dass die Schütz:innen eher in die Mitte zielen. Die Torhüter:innen, die stehen bleiben, wären also im Schnitt erfolgreicher.

Sogenannte Daytrader glauben, mit ständigem Handeln minimale Kursentwicklungen ausnutzen zu können und so mehr Rendite erzielen zu können.

Die Folge: Analysen zeigen, dass Depots von Personen, die viel handeln (also kaufen und verkaufen) eine geringere Rendite aufweisen als die von Personen, die wenig handeln. Der Grund sind die Kosten beim Handeln.

Die Lösung: Lass es einfach sein. Beschäftige dich einmal richtig mit deinem Depot und stelle es erstmalig ein. Ansonsten gibt es nur zwei Gründe, um Positionen zu verkaufen: Du brauchst Geld für deine Ausgaben (Entsparen) oder du musst dein Depot gemäß deinem Risiko neu justieren (Rebalancing).

Kontrollillusion

Das Problem: Wir glauben, Dinge kontrollieren zu können, die wir in Wahrheit überhaupt nicht beeinflussen können.

Das Beispiel: Menschen an Spielautomaten glauben, durch das „richtige" Drücken der Schalter den Ausgang des vollkommen zufälligen Ergebnisses beeinflussen zu können.

Wir vertrauen Prognosen von Personen, die in der Vergangenheit (zufälligerweise) mal einen Aktienkurs korrekt „vorhergesagt" haben. Deswegen legen viele Menschen ihr Geld anhand von Geheimtipps an.

Menschen wählen aktiv Einzelaktien aus, weil sie glauben, dann die Kontrolle über ihren Gewinn zu haben. Anders als in einem Fonds, bei dem ich den Erfolg in die Hände anderer lege. Sie glauben, in Zukunft erfolgreiche Firmen identifizieren zu können und das besser als alle anderen (Overconfidence Bias). Klappt es, lag es an ihrer Genialität (Self-serving Bias). Sie sind der Meinung, dass sie die aktive Auswahl besser im Griff haben, als wenn sie z. B. einfach den Zufall entscheiden lassen.

Die Folge: Privatanleger:innen investieren in Einzelaktien und begehen bei der Auswahl systematisch Fehler. Da die wenigsten über so viel Kapital verfügen, bei Einzelaktien ausreichend zu diversifizieren, gehen sie wesentlich größere Risiken ein als diejenigen, die über Fonds (passiv oder aktiv) investieren.

Die Lösung: Erkenne, wann du etwas wirklich kontrollieren kannst und wann nicht. Die Kursentwicklung von Aktien gehört wie Würfel oder Lottozahlen nicht dazu. Dort solltest du einfach zufällig entscheiden (lassen). Bei der Geldanlage solltest du auf Einzelaktien verzichten und stattdessen mit Fonds breit streuen.

Fazit: Denkfehler können dich eine Menge Geld kosten. Jetzt da du die aus unserer Sicht wichtigsten Denkfehler kennst, bist du besser gewappnet. Die meisten Denkfehler entspringen unserer Psyche, die sich in einer Zeit gebildet hat, als wir noch in Fellen nach Mammuts gejagt haben. Bei der Geldanlage sollte es weniger um Emotionen, sondern mehr um Ratio und Mathematik gehen. Wenn du dann noch Glück hast, steht einer erfolgreichen Kapitalanlage nichts mehr im Wege.

KAPITEL 3

WAS? UMSETZUNG

Im letzten Teil geht es um die Umsetzung. Es ist auch die Frage nach dem Was. Was kann ich konkret tun? Ausgehend von unseren vorherigen Überlegungen zeigen wir konkrete Maßnahmen auf jeder Ebene der Wirkung nachhaltiger Finanzen.

Wir beantworten in diesem Teil folgende Fragen:

Welche Maßnahmen kann ich für mehr Nachhaltigkeit ergreifen?

Was ist nachhaltige Beratung?

Wie erkenne ich nachhaltige Finanzprodukte?

Wie erkenne ich nachhaltige Anbieter von Finanzprodukten?

3.1 Du

Erinnerst du dich noch an die umgedrehte Pyramide aus Abschnitt 1.2?

Wir haben beschrieben, dass Einfluss und Wirkung gegenläufig sind. Dort, wo dein Einfluss besonders groß ist, ist deine Wirkung klein und umgekehrt. Daraus folgerten wir, dass es sinnvoll ist, bei sich selbst zu starten und gleichzeitig dafür zu sorgen (z. B. über Konsumverhalten und politischen Einfluss), dass Produkte, Anbieter und Beratung nachhaltiger werden.

Als erstes starten wir also auf der kleinsten Ebene: im Haushalt, beim Unternehmen oder bei dir.

Im Folgenden möchten wir dir Denkanstöße und konkrete Maßnahmen zeigen, die du direkt umsetzen kannst, um finanziell nachhaltiger zu werden. Ganz am Ende des Buchs findest du zwei Checklisten, die dir Impulse geben, um privat und im Büro nachhaltiger zu werden.

3.1.1 Ausgabeverhalten verändern

Wenn wir unser „Money-Mindset“ über Wohlstand ändern, haben wir einen ersten, wichtigen Schritt zu nachhaltigeren Finanzen getan. An die grundsätzlichen Überlegungen sollte sich die Praxis anschließen. Es geht also darum, das eigene Ausgabeverhalten zu überprüfen und zu verändern. Denn: Nachhaltig konsumieren ist gut, weniger konsumieren ist besser. Damit das gelingt, gibt es ein paar Maßnahmen und „Life-Hacks“.

Haushaltsbuch

Das gute alte Haushaltsbuch kann wahre Wunder wirken. Dabei spielt es keine Rolle, ob du es per App machst, in eine Excel-Tabelle einträgst oder in ein richtiges Buch. Hauptsache ist, du erfasst alle Ausgaben. Das hat zwei wesentliche Effekte: Erstens machst du deine Ausgaben sicht- und

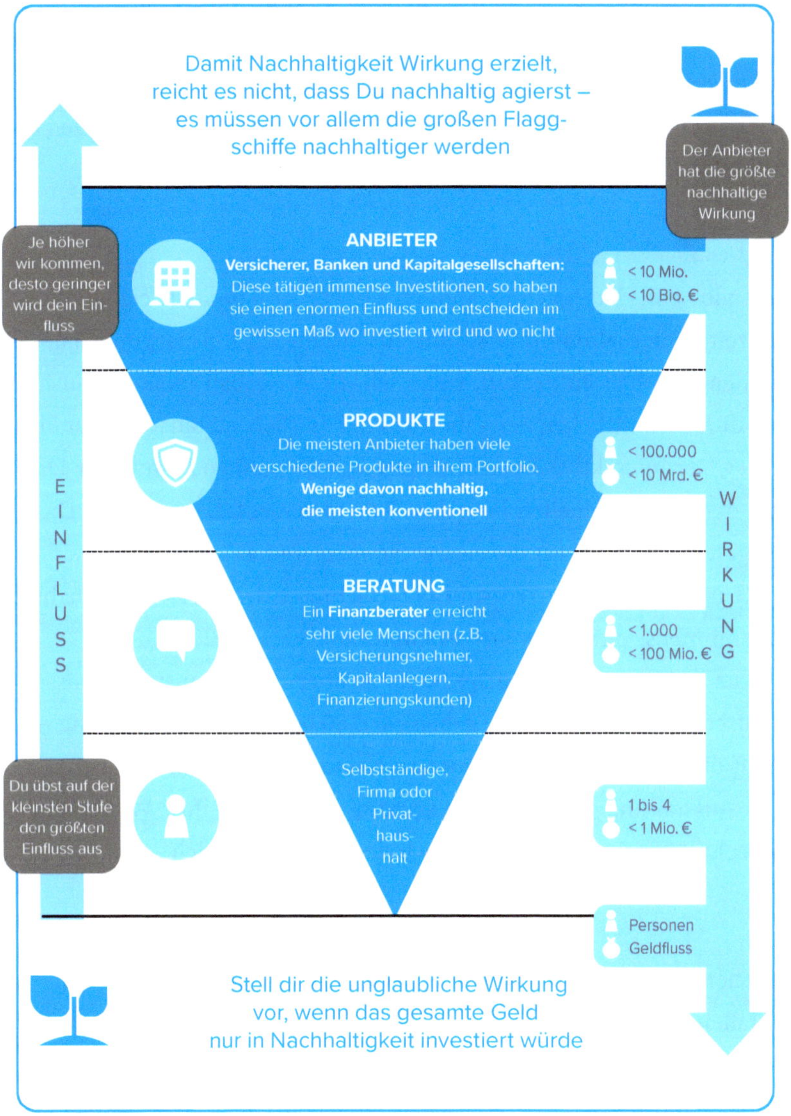

Abbildung 3.1 Wirkung und Einfluss von bzw. auf Nachhaltigkeit bei Finanzen und Versicherungen

greifbar. Gerade wer wenig mit Bargeld bezahlt, verliert den Bezug zu den Ausgaben. Es sind ja nur Zahlen auf einem Display. Zweitens kannst du dir Budgets setzen und frühzeitig gegensteuern, wenn du über deine Limits kommst. Übst du das Ganze als Routine wie das Zähneputzen ein, fällt es nicht sonderlich schwer. Mehr dazu auf den Seiten 66 ff.

Vergleiche deinen Konsum

Was gibt ein Haushalt mit ähnlich hohem Einkommen eigentlich für Freizeit, Unterhaltung und Kultur aus? Kann ich Einsparpotenziale für meinen Haushalt entdecken, wenn ich die Ausgaben meines Haushalts den durchschnittlichen Ausgaben aus der amtlichen Statistik gegenüberstelle? Der interaktive Konsumvergleich liefert anhand amtlicher Daten und deiner individuellen Eingaben Antworten auf diese Fragen. Das ist ein guter Startpunkt für die eigene Finanzplanung.

Grundlage des Ganzen sind die Ergebnisse der amtlichen Erhebung Einkommens- und Verbrauchsstichprobe (EVS) von 2018.

Die EVS ist eine amtliche Statistik über die Lebensverhältnisse in Deutschland. Alle fünf Jahre geben rund 80.000 Haushalte freiwillig Auskunft über ihre Einkommenssituation und ihre Konsumausgaben, über ihre Ausstattung mit Gebrauchsgütern sowie über ihre Wohnverhältnisse: https://www.konsumvergleich.de/konsumvergleich.

Regelmäßige Ausgaben auf den Prüfstand stellen

Wöchentliche Ausgaben wie regelmäßiges Essengehen oder der Coffee to go fallen nicht weiter ins Gewicht? Mit der 752-Regel kannst du schnell überschlagen, was aus regelmäßigen wöchentlichen Beträgen nach zehn Jahren hätte werden können. Man unterstellt dabei, dass du das Geld stattdessen zu sieben Prozent angelegt hättest.

Ein Coffee to go kostet etwa drei Euro. Wenn du dir jeden Morgen einen beim Bäcker gönnst (statt ihn von Zuhause mitzunehmen), kostet dich das in einer Arbeitswoche 15 Euro. Macht nach zehn Jahren also mehr als 11.000 Euro. Der tägliche Lunch außer Haus für 15 Euro summiert sich demnach auf unfassbare 56.000 Euro!

Was bringt es schon, wenn ich auf das sinnlose Abo (z. B. das Fitnessstudio, das ich nie besuche oder die Zeitschrift, die ich nie lese) verzichte? Das dürfte sich wohl jede:r schon mal gefragt haben. Fallen doch die monatlichen Kosten meist nicht so sehr ins Gewicht.

Mit der 173-Regel kannst du schnell überschlagen, was aus regelmäßigen monatlichen Beträgen nach zehn Jahren hätte werden können. Man unterstellt, dass du den Betrag stattdessen zu sieben Prozent angelegt hättest. Multipliziere einfach den monatlichen Abopreis mit 173.

Wenn du auf die 14 Euro für das Netflix-Abo verzichtest und sie stattdessen investierst, hättest du also nach zehn Jahren gute 2400 Euro angespart. Aus den 40 Euro für das Fitnessstudio, das du nach Januar nicht mehr besuchst, würden fast 7.000 Euro. Und aus der Leasingrate von 399 Euro für dein neues schickes Auto hätten mehr als 86.000 Euro werden können!

Drei-Tages-Regel

Dass Werbung funktioniert, beweist ihre Existenz. Unternehmen würden nicht weltweit über 1000 Milliarden (!) US-Dollar für Werbung ausgeben, wenn sie nicht funktionieren würde. Besonders Werbung auf Social Media (252 Milliarden Dollar pro Jahr) sorgt für Spontankäufe.[29] Gerade noch im Instagram-Reel eine Werbung für irgendein Produkt gesehen, von dem du gar nicht dachtest, dass du es gebrauchen könntest und schon mit zwei Klicks bestellt. Und das Beste: Nur einen Tag später ist das Objekt der Begierde schon da. Der Haken: Du gibst Geld aus, das du eventuell für

Anderes geplant hattest. Deine Ausgaben wachsen. Vor allem in Kombination mit einem bequemen Ratenkauf per Klarna scheint jeder Wunsch nur ein Klick entfernt zu sein. Das böse Erwachen folgt nach einiger Zeit: Immer mehr Raten, immer mehr Ausgaben, immer weniger Spielräume.

Dagegen kann die Drei-Tages-Regel helfen. Wenn du etwas siehst oder meinst, etwas zu brauchen, lege es in deinen virtuellen Warenkorb, aber kaufe es nicht. Stell dir nun drei Tage lang die Frage: Brauche ich das wirklich? In aller Regel legt sich die Begierde. Das gute Stück kann aus dem Warenkorb fliegen.

Minimalismus

Ein gutes Instrument für ein suffizientes Leben ist der Minimalismus. Jedoch nicht in seiner merkwürdig pervertierten Marie-Kondo-Version, bei dem du erst Tausend Dinge wegschmeißt, um danach zehn Dinge neuzukaufen, die aber genau so viel kosten wie die Tausend oder mehr. Es geht darum, wirklich zu entrümpeln, abzugeben und zu verschenken. Braucht es 50 Paar Schuhe; 30 Weingläser; zig verschiedene Küchengeräte? Der nette Nebeneffekt: Du brauchst weniger Stauraum und dadurch vermutlich sogar weniger Wohnfläche.

Weniger neukaufen

Statt ständig neue Dinge zu kaufen, ist es besser, sie zu reparieren oder umzunutzen („Upcycling"). Mittlerweile entstehen überall in den Städten Repair-Cafés, in denen du kompetente Hilfe und das nötige Werkzeug bekommst, deine Dinge wieder funktionstüchtig zu machen. Das spart Geld und Ressourcen und verursacht weniger Müll. Reparierte oder umgenutzte Dinge sind dann übrigens wirklich individuell. Außerdem stärkt es dein Selbstbewusstsein und du achtest mehr auf die Dinge.

Lebenszeit von Produkten verlängern

Mittlerweile designen und stellen wir viele Produkte so her, dass sie nach kurzer Zeit kaputtgehen. Das nennt man geplante Obsoleszenz. Wer kennt es nicht: Kaum ist die Garantie abgelaufen, gibt das Teil seinen Geist auf. Oder die Klamotten von Primark und Co., die im Prinzip nicht mal eine Wäsche aushalten und quasi Einmal-Klamotten für eine Party sind. Unternehmen machen damit glänzende Geschäfte. Für den Planeten und deinen Geldbeutel ist es eine Katastrophe. Deswegen solltest du beim Kauf darauf achten, möglichst langlebige Produkte zu kaufen, die sich am besten noch selbst reparieren lassen.

Entschleunigung

Entschleunigung und Achtsamkeit gehen Hand in Hand. Leider sind sie vielfach zu Feelgood-Buzzwords verkommen. Wir meinen damit vor allem: Sich auf den Moment einlassen zu können. Also diesen Film oder dieses Konzert wirklich genießen zu können und nicht noch ein verwackeltes, völlig übersteuertes Handyvideo zu drehen. Oder das selbstgekochte Abendessen mit allen Sinnen zu erfahren. Oder sich den schönen Sonnenuntergang gemeinsam anzuschauen.

Ein wichtiger Aspekt beim Thema Entschleunigung ist die Mobilität. Hier gilt es, das eigene Mobilitätsverhalten zu hinterfragen und anzupassen. In der Stadt ist das eigene Auto meist völliger Quatsch. Es steht 23 Stunden am Tag rum, frisst Platz und Geld. Wenn man dann mal fährt, ist man langsamer als mit dem Rad oder dem ÖPNV. Auf das (eigene) Auto zu verzichten, mag auf den ersten Blick manches verlangsamen. Bei genauerer Betrachtung gewinnst du meist jedoch enorm.

Einwegprodukte durch Mehrweg-Alternativen ersetzen

Jede:r Deutsche hinterlässt pro Jahr über 200 kg Verpackungsmüll.[30] Das ist mehr als ein halbes Kilo am Tag! Innerhalb von nicht einmal 20 Jahren ist der Müll um 20 Prozent mehr geworden. Verpackungen verbrauchen Ressourcen in der Herstellung und belasten unsere Umwelt als Müll. Denn anders als von vielen gedacht, wird der meiste (Plastik)-Müll nicht recycelt, sondern exportiert oder verbrannt.[31] Es ist also angebracht, das eigene Müllaufkommen zu prüfen und zu ändern:

- Gemüse und Obst möglichst unverpackt kaufen,
- Auf To-Go-Produkte verzichten oder eigenen Becher mitbringen,
- Leitungswasser statt Mineralwasser aus der PET-Flasche,
- Möglichst unverarbeitete Lebensmittel einkaufen und selbst zubereiten,
- Glas- und Mehrwegflaschen statt PET-Flaschen nutzen,
- Richtige Mülltrennung,
- Mit dem Konzept Zero Waste beschäftigen.

Zero Waste

Zero Waste ist eine tolle Möglichkeit, den Planeten und deinen Geldbeutel zu schonen. Die Deutschen schmeißen ungefähr 11 Millionen Tonnen Lebensmittel weg. Etwa 60 Prozent davon in den privaten Haushalten.[32] Ungefähr 40 Prozent davon könnten vermieden werden.[33] Mit Zero Waste würde im besten Fall gar nichts weggeschmissen. Das heißt, du könntest 13 bis 33 Prozent deines Budgets bei Lebensmitteln einsparen. Gibst du 500 Euro im Monat für Lebensmittel aus, wären das 65 bis 165 Euro. Und das Ganze ohne, dass du auf irgendetwas verzichtest.

Zero Waste gelingt, indem du:

- nur kaufst, was du wirklich verwendest,
- mit Liste einkaufst,

- einen Essensplan führst,
- nicht hungrig einkaufst,
- häufiger, dafür weniger einkaufst,
- Lebensmittel korrekt lagerst,
- Lebensmittel, die über dem Mindesthaltbarkeitsdatum, aber noch gut sind, verzehrst,
- möglichst viel des Lebensmittels verwendest,
- vermeintliche „Abfälle" einer Pflanze noch verwertest,
- Reste vom Vortag verwendest.

Sharing

Muss man alles in jedem Haushalt haben? Wie oft brauchst du beispielsweise eine Bohrmaschine oder einen Mixer? Dabei würde es doch meistens reichen, wenn eine:r in der Nachbarschaft so ein selten gebrauchtes Gerät zu Hause hat. Damit dieses echte Sharing klappt, kannst du dir Sticker für eure Nachbarschaft bestellen (https://pumpipumpe.ch). Jede:r der etwas zu verleihen hat, klebt es an seinen Briefkasten.

Ein weiterer wichtiger Aspekt beim Sharing ist das Auto. In vielen Großstädten steigt das Carsharing-Angebot. Das ist gut! Es entlastet die Parksituation gerade in den dicht bebauten Großstädten. Außerdem sparst du eine Menge Zeit und Nerven.

Allerdings muss man aufpassen, dass Sharing nicht wieder zu einem Geschäftsmodell wird, dass das eigentliche Ziel konterkariert. So hat Airbnb dafür gesorgt, dass dringend benötigter Wohnraum in den Städten zu lukrativen Ferienwohnungen umgewidmet wurde. Ein tolles Geschäft für Airbnb und meist auch die Vermieter:innen. Alle anderen leiden darunter.

Wohngemeinschaft

Eine der ältesten Suffizienzstrategien ist das gemeinsame Wohnen in der WG. So nutzt ihr Wohnraum und Inventar effizienter. Pro Kopf leben wir mittlerweile auf über $48m^2$.[34] In den 1950ern waren das noch weniger als $15m^2$.[35] Das liegt hauptsächlich daran, dass weniger Menschen in den Wohnungen leben und die Zahl der Single-Haushalte stark zugenommen hat.

Ein weiterer Vorteil ist, dass man in einer Gemeinschaft lebt. Das ist auch für ältere Menschen eine gute Möglichkeit, der Vereinsamung vorzubeugen. Du profitierst also doppelt.

3.1.2 Lifestyle-Inflation bekämpfen

Die Ausgaben steigen mit dem Einkommen. Das kennt jede:r. Spätestens wenn du dein erstes eigenes Geld verdienst, bemerkst du, dass deine Wünsche und Bedürfnisse etwa genauso steigen wie dein Einkommen. Kamst du als Student:in oder Auszubildende:r noch mit 800 Euro im Monat zurecht, „brauchst" du ein paar Jahre später das Doppelte oder Dreifache.

Im Ergebnis konsumieren wir zu viel, sparen zu wenig und die Altersvorsorge wird auf die lange Bank geschoben. Damit sind zwar die Wohnungen und Garagen voll, die Zufriedenheit und das Glück der Menschen bleiben jedoch seit 30, 40 Jahren gleich.

Obwohl sich die Einkommen verdoppelt haben, ist unser Lebensglück nicht gestiegen. Oder anders gesagt: Wir müssen uns heute doppelt so sehr anstrengen, um genauso glücklich zu sein wie vor 40 Jahren.

Die Gründe für Lifestyle-Inflation

Die Gründe für die Lifestyle-Inflation sind vielfältig und liegen meist in unserer Psyche.

Erstens vergleichen wir uns und meinen, dass unsere Freunde, Nachbar:innen oder Kolleg:innen mehr haben als wir. Da wollen wir mithalten und konsumieren ebenso: Auto, größere Wohnung oder die neueste Küchenmaschine.

Zweitens glauben wir, dass Konsum uns glücklich macht. Dabei macht nicht der Besitz, sondern die Vorfreude darauf glücklich. Das zeigen zahlreiche Studien. Nichtsdestotrotz – auch das zeigen Studien – aktivieren Käufe, egal ob on- oder offline, das Belohnungszentrum. Im Kopf passiert Ähnliches wie beim Sex, Kokain konsumieren oder Social-Media-suchten.

Drittens gewöhnen wir uns einfach an das Mehr. Weniger Einkommen oder eine kleinere Wohnung wirken auf uns wie ein Verlust und das wollen wir auf jeden Fall vermeiden. Auch Sparen, also jetzt auf etwas zu verzichten, um später zu konsumieren, tut uns messbar weh und das wollen wir vermeiden.

Viertens sind wir ständig – unbewusst oder bewusst – Werbung ausgesetzt. Außerdem sind die Konsummöglichkeiten äußerst zahlreich und immer einfacher. Stichwort: Amazon.

Fünftens bewerten wir einen kurzfristigen Nutzen höher als einen langfristigen. Das nennt man hyperbolische oder zeitinkonsistente Diskontierung. Bietet man jemanden 50 Euro heute oder 100 Euro in einem Jahr, entscheiden sich die meisten für die 50 Euro sofort. Bietet man jemanden hingegen 50 Euro in fünf Jahren oder 100 Euro in sechs Jahren, wählen die meisten die 100 Euro in sechs Jahren, obwohl es exakt das Gleiche ist.

Die Lösung(en) gegen die Lifestyle-Inflation

Erstens: Hör auf, dich zu vergleichen oder wenn, dann mit Personen, die weniger haben als du.

Zweitens: Mache dir bewusst, dass Konsum zwar kurzfristig einen Glücksmoment verursacht, der Effekt jedoch langfristig verpufft. Besser ist es, dein Geld in Zeit statt Zeug zu investieren. Das ist meist für den Planeten besser und macht langfristig glücklicher.

Drittens: Mache dir bewusst, wie viel mehr du im Vergleich zu vor fünf oder zehn Jahren hast. Das geht am besten über regelmäßige Retrospektiven. Außerdem solltest du einen steigenden Anteil deines Einkommens per Dauerauftrag sofort, nachdem es auf deinem Konto eingegangen ist, zur Seite legen. Damit gewöhnst du dich gar nicht erst an das Mehr.

Viertens: Schmeiß deine Kreditkarte weg. Die sorgt am ehesten dafür, Geld auszugeben, das eigentlich gar nicht da ist. Reduziere deine Berührungspunkte mit Werbung und Konsummöglichkeiten, allen voran Social Media. Das triggert gleich zahlreiche Knöpfe in unserem Kopf und sorgt für suchtähnliches Verhalten.

Fünftens: Wir bewerten einen kurzfristigen Nutzen höher als einen langfristigen. Hier hilft meistens Beratung, da wir uns nur schlecht selbst austricksen können. Eine gute Beratung macht dich auf solche Denkfehler und psychologische Fallen aufmerksam und zeigt dir Wege, damit umzugehen. Außerdem helfen auch hier langfristige Verträge, da zügig ein Gewöhnungseffekt eintritt. Hast du erstmal den Dauerauftrag oder Sparplan eingerichtet, fällt er nach kurzer Zeit nicht mehr negativ ins Gewicht.

3.1.3 Finanzielle Freiheit

Finanzielle Freiheit ist das, was dein Einkommen dir erlaubt. Mathematisch gesprochen sind deine Einkünfte größer als deine Ausgaben. Gibst du mehr aus, als du einnimmst, bist du finanziell unfrei. Entweder brauchst du einen Kredit oder bist gezwungen, deine Einkünfte zu erhöhen bzw. deine Ausgaben zu reduzieren.

Es liegt daher auf der Hand, dass Geringverdienende keine finanzielle Freiheit haben. Sie leben bestenfalls von der Hand in den Mund und müssen sich überall einschränken. Diese Einschränkung, diesen Verzicht dürfen wir nicht mit freiwilliger Reduzierung wie dem Minimalismus verwechseln. Dieser ist freiwillig und eine Lebensstilentscheidung.

Es liegt jedoch auch auf der Hand, dass du nicht finanziell frei bist, wenn deine Wünsche nicht zu deinen Möglichkeiten/Einkünften passen. Hast du nicht geerbt oder verdienst Millionen, wird es mit der privaten Sammlung zeitgenössischer Künstler:innen schwierig.

So erlangst du finanzielle Freiheit

Schritt 1: Einkünfte erhöhen

Nun, der erste Schritt ist natürlich, deine Einkünfte zu erhöhen. Sofern das möglich ist. Deswegen studieren mittlerweile 50 Prozent eines jeden Jahrgangs. Ein Studium verspricht einfach die besten Gehälter. Eine weitere Möglichkeit, deine Einkünfte zu erhöhen, sind Weiterbildungen. Sie sind – ebenso wie das Studium – eine klassische Investition: Du nimmst Geld, z. B. 5000 Euro (oder Zeit beim kostenfreien Studium), und investierst es in eine Weiterbildung. Danach hast du eine Zusatzqualifikation und kannst mehr Gehalt verlangen oder eine bessere Position bekleiden. Dadurch erhöhst du dein aktuelles Einkommen und auch deine langfristigen Rentenansprüche. Übrigens: Diese sogenannte Bildungsrendite lässt sich berechnen (ein ganzer Zweig der Wirtschaftswissenschaften beschäftigt sich damit) und liegt bei etwa fünf bis acht Prozent.

Schritt 2: Ausgaben kontrollieren

Der zweite Schritt ist die Ausgabenkontrolle. Du solltest weniger ausgeben, als du einnimmst. Das ist oft leichter gesagt als getan. Doch wieso kamst du mit 700 Euro BAföG oder 1000 Euro Ausbildungsgehalt über die Runden, jetzt aber mit 2000 Euro Nettoeinkommen nicht mehr? Der Grund liegt in der Lifestyle-Inflation. Was das ist und wie du sie vermeidest, erfährst du in Abschnitt 3.1.4.

Die Kurzform: Deine Ansprüche und damit Konsumausgaben steigen schneller als deine Einkünfte. Die Gründe sind vor allem psychologischer Natur. Der einzige wirksame Ausweg: das Haushaltsbuch.

Schritt 3: Risiken absichern

Der dritte Schritt ist die Absicherung existenzieller Risiken. Die existenziellen Risiken sind: Krankheit, Arbeitskraftverlust, Privathaftpflicht und Todesfall (wenn du eine Familie hast). Tritt eines dieser Risiken ein und du bist nicht versichert, bist du nicht mehr finanziell frei.

Dafür brauchst du nur drei bzw. vier Verträge: Krankenversicherung, Berufsunfähigkeitsversicherung, Privathaftpflichtversicherung und Risikolebensversicherung. Alle anderen Versicherungen sind optional, aber nicht notwendig (siehe die Seiten 72 ff.).

Schritt 4 & 5: Liquidität sichern

Schritt vier und fünf betreffen deine Liquidität. Dafür musst du zunächst – sofern du welche hast – Schulden tilgen und anschließend einen Notgroschen aufbauen. Kredite tilgen ist klar. Für den Notgroschen reicht ein einfaches Tagesgeldkonto mit drei Monatsausgaben, mindestens aber 5000 Euro. Dieser Notgroschen ist dein Finanz-Airbag, falls mal etwas kaputtgeht, du länger krank bist oder kurzzeitig arbeitslos werden solltest (siehe Seite 70 f.).

Damit hast du den „technischen“ Teil erfüllt. Kommen wir nun zum individuellen, persönlichen, psychologischen Teil.

Was ist finanzielle Selbstbestimmtheit?

Finanzielle Selbstbestimmtheit ist das, was du mit dieser Freiheit anstellst. Finanzielle Selbstbestimmtheit zu erlangen, ist aus unserer (Beratungs-) Erfahrung viel schwerer als die finanzielle Freiheit. Zur finanziellen Freiheit findest du zig Bücher, Blogs und Bewegungen (HIRE). Die allermeisten blenden aber den aus unserer Sicht elementaren Aspekt – die finanzielle Selbstbestimmtheit – aus. Nach dem Motto: Bin ich finanziell frei, wird alles gut. Das ist jedoch ein Trugschluss.

Unsere steigende finanzielle Freiheit (Einkommen) geht mit einer schleichenden Kommerzialisierung aller Lebensbereiche einher. Alles wird zum Markt. Es ist an der Zeit, das kritisch zu hinterfragen. Es reicht nicht aus, ein Lippenbekenntnis zu geben: „Ich bin finanziell befreit“ – wenn du die Freiheit nicht mit deinen eigenen Vorstellungen auflädst.

Ein paar Beispiele für die Kommerzialisierung immer weiterer Lebensbereiche gefällig?

Liebe: Endlos viele Portale, Apps und Webseiten versprechen uns, dass sich alle 11 Minuten zwei Personen über eine der Plattformen verlieben. Dafür zahlen wir mit barer Münze, jeden Monat.

Pflege: Statt unsere Angehörigen und Liebsten selbst im Familienverbund zu pflegen, lagern wir das an professionelle Dienstleister:innen (häufig zu grausigen Arbeitsbedingungen) oder ins Pflegeheim aus.

Sport: Statt einfach rauszugehen, zu spazieren, zu joggen oder mit Freunden Fußball zu spielen, kaufen wir uns einen Hometrainer für Tausende Euros plus monatlicher Gebühr. Oder aber wir bezahlen 50 Euro im Monat für das Fitnessstudio.

Kochen: Statt einfach ein paar Zutaten zu putzen, schälen, kleinzumachen und zu kochen, kaufen wir uns einen Thermomix, weil der „alles" kann, oder wir bestellen die ganze Zeit bei Lieferando.
Freizeit: Statt einen schönen Abend mit Wein und Freunden zu verbringen, kaufen wir einen teuren Jochen-Schweizer-Gutschein.
Fortbewegung: Früher (also vor drei Jahren oder so) sind wir – wie seit Zehntausenden Jahren – kurze Strecken zu Fuß gelaufen. Heute fahren wir auf dem E-Roller zur Bushaltestelle oder zum Treffpunkt mit unseren Freunden. Auch dafür bezahlen wir Geld (und Gesundheit durch noch weniger Bewegung und Unfälle in besoffenem Zustand).

Die Liste ließe sich nahezu endlos verlängern. Meistens geht es um Bequemlichkeit, Status oder Zugehörigkeit. Sie versprechen tolle Momente, Anerkennung, Gesundheit oder die ewige Liebe. Am Ende kostet der ganze Kram aber vor allem eins: Geld. Und damit Zeit, deine Lebenszeit, die du in Arbeitszeit umwidmen musst. Das Zeug lagert sich wie Kalk am Wasserhahn ab und verstopft alles, allen voran deine Freiheit und Selbstbestimmtheit.

Im Umkehrschluss bedeutet es also, dich von dieser ganzen Kommerzialisierung weitestgehend freizumachen. Dann kommt finanzielle Freiheit (Einnahmen > Ausgaben) mit der echten Freiheit, diese auch zu nutzen, zusammen.

So erlangst du finanzielle Selbstbestimmtheit

Hier kommen wir zum schwierigsten und unangenehmsten Teil.

Denn finanzielle Selbstbestimmtheit musst du selbst erlangen. Klar können dir Dritte von außen helfen und die Tür öffnen. Durchgehen musst du aber selbst. Dazu musst du dich und deinen bisherigen Lebensentwurf kritisch hinterfragen und gegebenenfalls über Bord werfen. Das ist unschön und wirft am Ende die Frage auf: Was zur Hölle habe ich die letzten 10, 20 oder 30 Jahre eigentlich gemacht?

Weil darauf die wenigsten Lust haben, unterlassen sie es und doktern an der Oberfläche rum.

Du kannst in innere Klausur oder ins Kloster gehen; kannst ein Coaching oder wenn es bereits pathologisch bzw. medizinisch ist (Kaufsucht, Burnout, Depression usw.) eine Psychotherapie machen; du kannst dich mit Menschen austauschen, die von sich behaupten, finanziell selbstbestimmt zu sein; du kannst Bücher lesen. Wir finden, der erste und wichtigste Schritt ist die Auseinandersetzung mit dir selbst.

Und dazu helfen Fragen. Stelle sie dir und beantworte sie ehrlich, am besten schriftlich. Fällt dir spontan keine Antwort ein, gehe zur nächsten Frage. Wiederhole diese Übung wieder und wieder und beobachte, ob und wie sich deine Antworten verändern.

Im zweiten Schritt und da sollten wir nicht drumherum reden, geht es um Verzicht. Verzicht hat mittlerweile einen derart negativen Beigeschmack, dass wir es für sinnvoll halten, den Begriff kurz zu beleuchten. Dass Verzicht aber auch Gewinn bedeutet, haben wir bereits erklärt.

3.1.4 Zeit statt Zeug

Hast du auch das Gefühl, dass das Geld eigentlich nie reicht? Das Gefühl, dass das ganze Arbeiten nicht reicht, um wirklich glücklich zu werden? Das Gefühl, vor lauter Arbeit das Beste zu verpassen? Wenn ich richtig gut verdiene, gönn ich mir auch mal eine Auszeit! Und außerdem wollte ich mich ja schon immer mal ehrenamtlich engagieren, aber irgendwie fehlt mir die Zeit. Naja, vielleicht nächsten Monat oder nächstes Jahr!

Obwohl wir im absoluten Überfluss leben, haben wir den Eindruck, dass es anderen besser geht und sind trotz all dieses Luxus irgendwie unzufrieden. Warum gehst du arbeiten? Damit du dir etwas leisten kannst. Warum gehst du so viel arbeiten? Damit du dir mehr leisten kannst. Auf diese einfache Formel können wir es ruhig reduzieren. Es geht schon lange nicht mehr um das existenziell Nötige oder wann hast du dich das letzte Mal über fließendes Wasser aus dem Hahn gefreut?

Es geht um das Mehr. Vor allem um das Mehr der anderen. Deshalb gehen die meisten arbeiten, deswegen geben die meisten das Geld auch sofort wieder aus und haben den Eindruck, dass das Geld nie reicht.

Darum bedeutet mehr Geld nicht mehr Glück

Die meisten geben das Mehr für den Konsum aus. Denn kaufen macht ja glücklich, oder? Nein! Die Vorfreude auf den Kauf, ja. Und was passiert nach dem Kauf?

Selbst das schönste Auto, größte Haus oder schnellste Boot nutzt sich einerseits ab, wird also finanziell immer weniger wert und andererseits gewöhnt man sich sehr schnell an das Mehr.

Viel besser wäre es doch, wenn man sein Geld so einsetzen würde, dass die Kurve stetig steigt, oder?

Warum du mit Zeit statt Zeug glücklicher wirst

Die gute Nachricht ist: Es ist möglich! Die Formel, mathematisch gesprochen die Funktion dahinter, ist: Zeit statt Zeug. Erlebnisse wie Konzerte, ein Kuss, ein toller Urlaub usw. werden im Laufe der Zeit immer wertvoller. Früher war nicht alles besser, aber die Erinnerung daran ist es. Sprich mit deinen Großeltern.

Letztlich ist Geld nichts anderes als Zeit. Du wendest Zeit auf, um es zu verdienen und wendest Zeit auf, es auszugeben und zu konsumieren. Du kannst Zeit aber nicht wie Geld einfach sparen und später ausgeben. Entweder du arbeitest jetzt oder du guckst jetzt einen schönen Film. Wenn du dir also etwas kaufst, mache dir bewusst, dass du kein Geld, sondern deine Zeit ausgibst. Deine Lebenszeit! Du gibst auch bei vermeintlichen Schnäppchen deine Zeit aus.

Dazu einmal folgende Übung zum Mitmachen:

Wie hoch ist dein Stundenlohn (teile einfach dein Nettogehalt durch vier und dann noch mal durch deine Wochenarbeitszeit)?

Wie teuer war deine letzte größere Anschaffung?

Wie viele Stunden/Tage warst du dafür arbeiten (teile die Kosten der Anschaffung durch deinen Stunden-/Tageslohn)?

Das ist ein ganz schön mieser Deal: Du gehst arbeiten und „verlierst" Lebenszeit. Mit der Lebenszeit erkaufst du dir Dinge, die immer wertloser werden und die du innerhalb kurzer Zeit überhaupt nicht mehr wahrnimmst.

Daraus können wir jetzt Überlegungen anstellen, wie es „besser" geht.

Weniger arbeiten

Du gibst deine Zeit statt für Arbeit für andere Dinge aus. Diese Dinge sollten dann aber wenig oder am besten gar nichts kosten. Weniger arbeiten und dafür mehr auf teuren Konzerten sein, funktioniert also nicht.

Zeit kaufen

Wie denn das jetzt?! Wie viel Zeit verbringst du damit, die Wohnung sauber zu machen? Wie viele Stunden in der Woche gehst du einkaufen? Wie lange dauert es, deine Wohnung zu renovieren? All diese Dinge sind nichts anderes als Dienstleistungen, die du dir statt neuer Schuhe oder einem neuen elektronischen Spielzeug kaufen kannst.

Deinen Wert erhöhen

In der BWL bist du und deine Arbeitskraft bzw. Zeit nichts anderes als Humankapital. Wenn deine Fähigkeiten gefragt sind, wirst du wertvoller und teurer, sprich: dein Einkommen steigt. Wenn du für 20 Euro statt einer Stunde nur noch 30 Minuten arbeiten gehen musst, könntest du bei gleichem Einkommen nach dem Mittag das Büro wieder verlassen. Wie du deinen Wert erhöhst? Aus- und Weiterbildung!

Übrigens: Wenn du deinen materiellen Lebensstandard senkst, reduzierst du auch deine Versicherungskosten und notwendigen Beiträge für deine Altersvorsorge. Denk mal drüber nach!

3.1.5 Gender-Gap schließen

Weltweit steht es um die Gleichstellung von Männern und Frauen nicht besonders gut. Gemäß dem Global Gender Report von 2024, den das Weltwirtschaftsforum von Davos jährlich erhebt, liegt der geschlechtsspezifische Unterschied immer noch bei etwa einem Drittel.[36]

Demnach soll es noch knapp 134 (!) Jahre bis zur Gleichstellung dauern.[37] Auch die UN „misst" die Ungleichstellung. Sie macht das anhand von zwei Indizes. Dort sind die Unterschiede 4 Prozent[38] (Gender Development Index zur geschlechtsspezifischen Entwicklung) bzw. 29 Prozent[39] (Gender Inequality Index). Beide Indizes sind Bestandteil des Sustainable Development Goal 5 „Gender Equality" der UN für 2030. Doch auch und vor allem in Deutschland sind die Gaps stark ausgeprägt. Einerseits müssen Politik, Gesellschaft und Unternehmen mehr für die Gleichstellung machen. Andererseits kannst du, könnt ihr auch privat bei euren Finanzen und Versicherungen etwas tun.

Gender-Pay-Gap

Der Gender-Pay-Gap dürfte der bekannteste Gap sein. Er sagt, wie groß der Gehaltsunterschied von Männern und Frauen ist. Es gibt einen unbereinigten und einen bereinigten Gender-Pay-Gap. Der bereinigte Gap sagt, wie groß der Gehaltsunterschied von Männern und Frauen für die exakt gleiche Tätigkeit bei gleicher Qualifikation ist. Also wie viel weniger Frauen verdienen, einfach nur weil sie Frauen sind.

Der unbereinigte Gender-Pay-Gap beträgt 16 Prozent. Männer verdienen demnach im Schnitt 26 Euro brutto die Stunde, Frauen 22 Euro. Der bereinigte Gap beträgt immer noch 6 Prozent.[40]

Der Unterschied zwischen bereinigt und unbereinigt ist strukturbedingt. Frauen sind seltener in Führungspositionen als Männer. Sie üben häufiger Berufe aus, die schlecht(er) bezahlt werden (Sozialberufe). Außerdem sind sie wesentlich häufiger in Teilzeit erwerbstätig. Zudem weisen sie immer noch eine geringere Quote an bezahlter Erwerbstätigkeit auf.[41]

Hier sind vor allem Politik und Unternehmen gefordert. Die Politik kann verbindliche Quoten für Führungspositionen vorschreiben. Je besser das Betreuungsangebot für Kinder, desto geringer die Teilzeitquote. Unternehmen können erstens ihre Vergütungen offenlegen und zweitens ihre Mitarbeitenden gleich bezahlen. Wir als Gesellschaft können Sozialberufe mehr wertschätzen und bereitsein, dafür mehr zu bezahlen.

Gender-Care-Gap

Der Gender-Care-Gap beschreibt den Unterschied in der Übernahme von sogenannter Sorgearbeit oder Care-Arbeit.

Sorgearbeit ist alles, was wir für ein (gelungenes) Leben brauchen, aber nicht bezahlt wird. Zur Sorgearbeit gehören:

- Wohnung sauber machen,

- aufräumen,
- einkaufen,
- Wäsche waschen,
- Essen zubereiten/vorbereiten
- Sachen reparieren.

Daneben – und das ist der größere Block – gehören die Erziehung der Kinder und die Pflege von Angehörigen dazu. Außerdem tragen Frauen meistens den sogenannten Mental Workload, also so etwas wie an Arzttermine und Geburtstage denken, Elternabende besuchen oder das Kind trösten, wenn es gemobbt wird.

Frauen leisten 44 Prozent mehr Care-Arbeit als Männer. Das heißt, Frauen in Partnerschaften leisten 79 Minuten mehr Care-Arbeit am Tag (!) als Männer.[42] Das sind pro Jahr 480 Stunden. Auf 40 Jahre gerechnet sind das über 19.000 Stunden! Stell dir vor, wir würden diese Mehrarbeit nur mit dem Mindestlohn von 12,85 Euro vergüten. Die durchschnittliche Care-Arbeit leistende Frau würde fast 250.000 Euro bekommen.

Noch krasser wird es, wenn Kinder ins Spiel kommen. Dann steigt die Mehrarbeit gegenüber den Männern auf 2,5 Stunden pro Tag.[43] Pro Jahr sind das 900 Stunden. Wenn wir annehmen, dass das Kind oder die Kinder ca. 20 Jahre im elterlichen Haushalt leben, bedeutet das nach 40 Jahren (also 20 Jahre ohne Kinder mit 79 Minuten mehr Care-Arbeit und 20 Jahre mit Kindern) 28.000 Stunden oder 350.000 Euro!

Der Gender-Care-Gap erschöpft sich jedoch nicht nur in der zeitlichen und finanziellen Dimension, die für sich genommen schon extrem ist. Was wir nicht vergessen dürfen, ist die mentale Belastung. Die Sozialpsychologie spricht daher auch von Mental Load. Diese mentale

Belastung sorgt für psychische und psychosomatische Erkrankungen ohne Ende, die wir alle als Gesellschaft am Ende mit bezahlen.

Gender-Lifetime-Earnings-Gap

Der Gender-Lifetime-Earnings-Gap beschreibt den Unterschied in den Lebenserwerbseinkommen zwischen Männern und Frauen. Dieser resultiert aus unseren beiden ersten Gender-Gaps. Hierzu hat die Bertelsmann-Stiftung 2020 eine breit angelegte Studie herausgegeben.[44] Diese unterscheidet zwischen Ost- und Westdeutschland sowie zwischen Frauen mit und ohne Kindern. Der Bezugspunkt ist die Kohorte der 1985 Geborenen. Die Ergebnisse sind erschreckend:

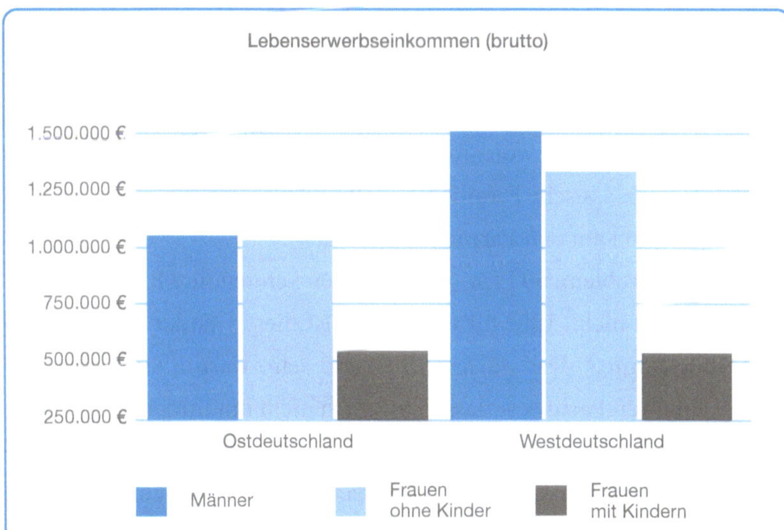

Abbildung 3.2 Lebenserwerbseinkommen (brutto)

Ostdeutsche Frauen verdienen fast genau so viel wie ostdeutsche Männer. Im Westen der Republik beträgt der Unterschied aber schon 14 Prozent.

Bei ostdeutschen Müttern beträgt der Unterschied schon 48 Prozent, im Westen sogar 62 Prozent. Kinder sind also in Ost und West ein Armutsrisiko. Übrigens: Väter mit zwei Kindern haben das höchste Lebenserwerbseinkommen.

Gender-Pension-Gap

Wer weniger verdient, hat auch geringere Rentenansprüche. Ein Zusammenhang, der zwar allen einleuchtet, in seiner Dimension aber den wenigsten klar ist.

So haben Frauen in Deutschland 46 Prozent niedrigere Rentenansprüche als Männer. Das ist der höchste Gender-Pension-Gap in ganz Europa. Besonders gravierend ist die Situation bei geschiedenen Frauen. 77 Prozent der geschiedenen Frauen übernehmen nach einer Scheidung hauptsächlich die Kindererziehung. Das sorgt für noch geringere Arbeitszeiten und damit verbunden Lebenserwerbseinkommen.[45]

Eine Untersuchung vom internationalen Versicherungsmakler Aon zeigt, dass das klassische Familienmodell nach wie vor aktuell ist und sich Frauen (zu sehr) auf den Partner verlassen.[46]

Ein weiteres Problem: 60 Prozent der Frauen kennen ihre Rentenansprüche überhaupt nicht. Und für 80 Prozent ist diese Gender-Pension-Gap eine Unbekannte.[47] Das dürfte ein Grund sein, warum sich (zu) viele Frauen auf ihren Partner verlassen und sich nicht um ihre Altersvorsorge kümmern.

Hinzu kommt ein drittes Problem, das eigentlich eine gute Nachricht ist: Frauen leben länger. Das bedeutet aber auch, dass ihre Versorgung länger gesichert sein muss. Nach Angaben von Destatis haben Frauen im Alter von 65 Jahren noch 21 Jahre vor sich. Männer dagegen nur 18 Jahre. Das heißt, die Versorgung muss drei Jahre länger laufen.[48]

Dieser Unterschied soll bis 2060 auch so bleiben.

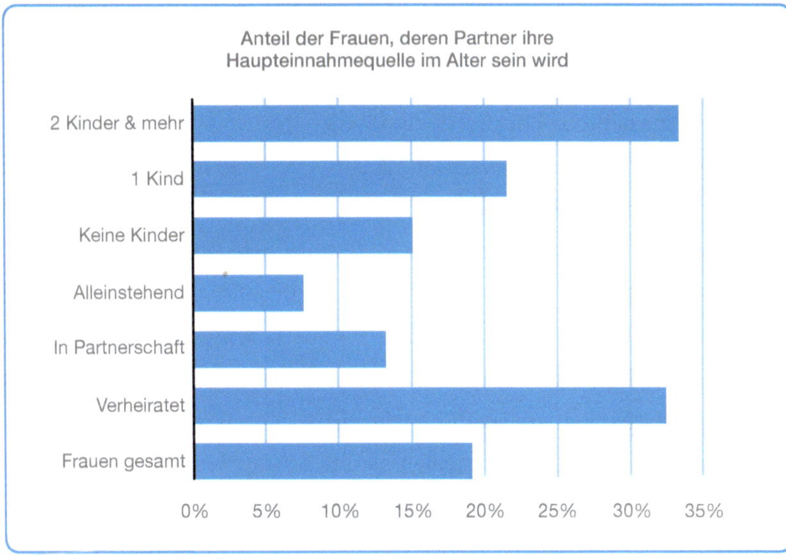

Abbildung 3.3 Anteil der Frauen, deren Partner ihre Haupteinnahmequelle im Alter sein wird

Gender-Wealth-Gap

Der Gender-Wealth-Gap schließlich gibt Auskunft über die Unterschiede der Vermögen von Männern und Frauen. Allerdings ist dieser schwierig zu ermitteln, wie überhaupt alle Statistiken zu Vermögen schwierig sind. Der Grund dafür liegt in der Bewertung von Vermögen: Was ist eine Immobilie aktuell wert? Wie viel ist der Anteil an der Firma tatsächlich wert? Leichter dagegen sind Aspekte wie Vermögen auf Konten oder in Aktien.

Einen Anhaltspunkt über den Gender-Wealth-Gap gibt das Sozial-ökonomische Panel (SOEP). Das ist eine große Befragung und Untersuchung Tausender Haushalte in Deutschland über sehr lange Zeiträume hinweg. Dadurch wird das SOEP zu einem wahren Datenschatz für Statistiker:innen, Soziolog:innen und Wirtschaftswissenschaftler:innen.

Forschende kommen für Deutschland auf einen Gender-Wealth-Gap von über 40.000 Euro bzw. 32 Prozent.[49] Aus den oben genannten Gründen dürfte die tatsächliche Lücke jedoch deutlich größer sein.

Die Ursachen für den Gender-Wealth-Gap liegen einerseits in den oben beschriebenen Gaps. Frauen können logischerweise nicht so viel Vermögen aufbauen, weil sie geringere Einkünfte haben. Andererseits ist auch das Anlageverhalten von Frauen ein Grund für die Lücke. Sie sind nur halb so oft in Aktien bzw. Fonds investiert wie Männer und legen generell zurückhaltender an. Meist nutzen sie dann Anlageformen mit geringen oder gar keinen Renditen wie Girokonten. Wenn Frauen jedoch in Wertpapiere investieren, erzielen sie im Schnitt bessere Renditen als Männer, da sie weniger riskant anlegen und nicht so häufig handeln.

Eine weitere Ursache für diesen Gender-Gap dürfte im (vermeintlich) geringeren Wissen zum Thema Finanzen liegen. So hat die Postbank nach der Selbsteinschätzung von Männern und Frauen gefragt. Das Ergebnis zeigt, dass sich Männer für wissender halten.[50] Ob das wirklich so ist, sei mal dahingestellt. Aber es sorgt mit dafür, dass sich Frauen weniger um ihre eigenen Finanzen kümmern.

Lösungsansätze

Nachdem wir uns mit den verschiedenen Gender-Gaps bei Finanzen auseinandergesetzt haben, wird es Zeit, dass wir uns möglichen Lösungsansätzen widmen.

Darüber sprechen

Let's talk about ... money! Leute, ihr müsst drüber sprechen. Klar, es ist ein unangenehmes Thema. Aber es ist eines, um das niemand herumkommt und alle betrifft. Nur wenn ihr gemeinsam darüber sprecht, könnt ihr die oben skizzierten Ungerechtigkeiten klären.

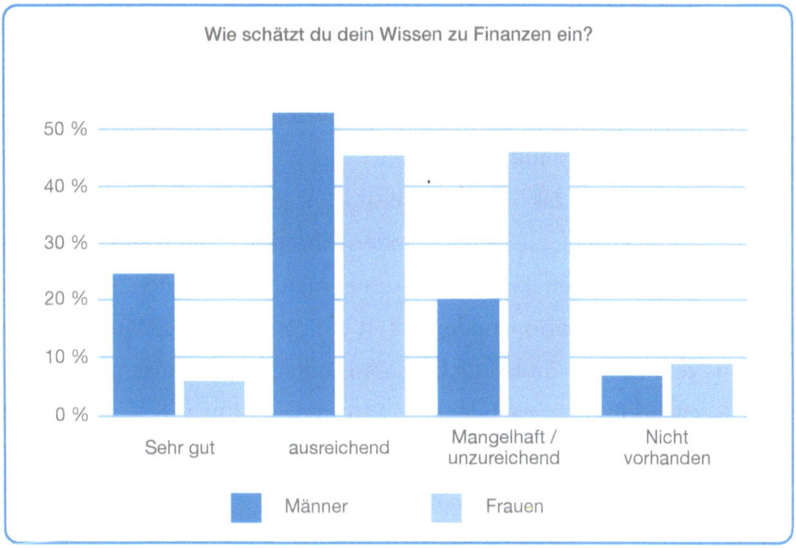

Abbildung 3.4 Wie schätzt du dein Wissen zu Finanzen ein?

Eine gute Finanzberatung und ein Coaching können euch dabei helfen. Der:die Berater:in bzw. Coach ist dabei gewissermaßen die neutrale dritte Instanz. Er oder sie sollte euch auf die Themen hinweisen, für Klarheit sorgen und gegebenenfalls Lösungsvorschläge anbieten oder mit euch gemeinsam erarbeiten.

Besprecht quartalsweise größere geplante Ausgaben. Macht einen Jahresrückblick und -ausblick. In einem solchen jährlichen Turnus könnt ihr auch über Ausgleichsmöglichkeiten für die unterschiedlichen Einkünfte sprechen.

Gerechte Aufteilung Care-Arbeit

Eine weitere Lösung gegen den Gender-Gap ist die gerechte Aufteilung der Care-Arbeit. Der erste Schritt zur Besserung ist bekanntlich die Erkenntnis. Das heißt, ihr müsst euch klar werden, wer eigentlich wirklich wie viel übernimmt. So geben zwar 42 Prozent der Männer an, die Hälfte der Erziehung der Kinder zu übernehmen. Allerdings erkennen das nur 30 Prozent der befragten Partnerinnen. Es zeigt sich also eine krasse Fehlwahrnehmung.[51]

Entscheidend ist das Selbstverständnis. Es geht nicht darum, dass die Männer im Haushalt mithelfen, sondern ihren Teil der Verantwortung für den gemeinsamen Haushalt übernehmen. Sie wohnen schließlich nicht bei ihrer Partnerin, sondern es ist ein gemeinsamer Haushalt. Das geht aus zeitlichen Gründen nicht? Dann solltet ihr gemeinsam über eine Arbeitszeitverkürzung nachdenken. Dadurch eröffnen sich zumindest die zeitlichen Möglichkeiten, der Verantwortung im Haushalt gerecht zu werden.

Der einfachste und analoge Weg ist eine Strichliste. Das kann ein Putzplan in der Küche sein. Dort trägt jede:r seine:ihre Aktivitäten ein. Eine digitale Möglichkeit ist die App „WhoCares“. Die haben zwei Frauen entwickelt, um einen Beitrag zur aktuellen Debatte und in den Partnerschaften zu leisten. Dort könnt ihr eure Sorgearbeit erfassen und direkt in Gehälter umrechnen.

Von der Erkenntnis, dass die Frau mehr als der Mann macht, ändert sich natürlich noch nicht viel. Entweder nehmt ihr die erfassten Zeiten und Aktivitäten, um die Aufteilung neu auszuhandeln. Oder aber ihr nutzt sie, um die Mehrarbeit tatsächlich zu vergüten.

Wem das zu teuer ist, sollte die Dienstleistungen halt einkaufen: Haushaltshilfe, Nanny, Reinigungskraft usw. Bezahlen müsste das natürlich derjenige mit dem höheren Einkommen (der Mann). Klingt unromantisch oder geldfixiert? Warum aber sollten Frauen es umsonst machen? Schließlich ist es euer gemeinsamer Haushalt.

Ein wichtiger Punkt ist auch eure Vorbildwirkung auf eure Kinder. Wenn ihr ein „traditionelles“ Bild vorlebt, indem der Mann arbeitet und die Frau den allergrößten Teil der Care-Arbeit übernimmt, ist es wahrscheinlich, dass eure Kinder das übernehmen werden. Zeigt ihr dagegen, dass es auch anders geht, besteht die Möglichkeit, dass auch eure Kinder so leben und dadurch für eine gerechtere Welt sorgen.

Übrigens: Männer, die mehr Care-Arbeit übernehmen und in einer gleichberechtigteren Gesellschaft leben, sind gesünder, leben länger und haben weniger Stress. Außerdem werden die Schulergebnisse der Kinder besser. Gibt es bessere Gründe für eine gerechtere Aufteilung der Care-Arbeit?

Gemeinsame Finanzplanung

Nach dem Startpunkt des gemeinsamen Sprechens über eure Finanzen sollte die gemeinsame Haushaltsplanung folgen. Aus dem Haushaltsbuch (Ist) sollte ein gemeinsamer Haushaltsplan (Soll) erwachsen. Anschließend geht es um die richtige Kontenstruktur.

Zusammen mit eurem:eurer Finanzberater:in solltet ihr ein gemeinsames Finanzgutachten erstellen. Dort seht ihr, wie ihr gemeinsam und einzeln finanziell aufgestellt seid und wo es noch Baustellen gibt.

Ein weiterer wichtiger Punkt ist die passende Risikoabsicherung. Diese sollte die womöglich unterschiedlichen Bedarfe berücksichtigen. Manche Verträge könnt ihr gemeinsam haben, bei anderen Risiken sollte jeder einen eigenen Vertrag abschließen.

Steuerklasse(n)

Wer verheiratet ist, hat die Möglichkeit, sich gemeinsam zu veranlagen. Umgangssprachlich nennt man das Ehegattensplitting. Wenn du Single bist, bist du normalerweise in Steuerklasse 1. Das heißt, du versteuerst alle deine Einkünfte, die über dem sogenannten Grundfreibetrag liegen. Der beträgt derzeit 12.096 Euro (2025). Alles, was du darüber einnimmst, versteuerst du mit deinem persönlichen Steuersatz. Dafür gibt es eine komplizierte Formel oder ewiglange Tabellen.

Wenn ihr heiratet, wechselt ihr zunächst beide in die Steuerklasse 4. Im Prinzip ändert sich da erst einmal nichts für euch. Die Steuerlast bleibt die gleiche. Das ist eine faire Lösung. Je gleicher eure Einkünfte, desto sinnvoller.

Ihr könnt jedoch auf Antrag auch in die Steuerklassenkombination 3 und 5 wechseln. Dann hat der:die eine Partner:in den doppelten Freibetrag (Steuerklasse 5) und der:die andere Partner:in keinen Grundfreibetrag. Der:die Partner:in in Klasse 3 zahlt also viel weniger Steuern als zuvor. Der:die andere mehr. Da ihr jedoch gemeinsam veranlagt seid, zahlt ihr aufgrund der sogenannten Progression insgesamt weniger Steuern, wenn eure Einkommen weit auseinanderliegen (Gender-Pay-Gap). Im „besten" Fall spart ihr so einige Tausend Euro Steuern im Jahr. Letztlich kommt das Konstrukt aus einer Zeit des klassischen Rollenmodells mit dem Mann als Ernährer und der Frau als Hausfrau.

Beispiel 1:

zu versteuerndes Einkommen Steuerpflichtige:r 1: 100.000 Euro

zu versteuerndes Einkommen Steuerpflichtige:r 2: 12.000 Euro

jeweils Steuerklasse 4

Einkommensteuer inkl. Solidaritätszuschlag Steuerpflichtige:r 1: 24.784 Euro

Einkommensteuer inkl. Solidaritätszuschlag Steuerpflichtige:r 2: 775 Euro

Steuer gesamt: 25.559 Euro

Wenn jedoch der:die Partner:in in Klasse 5 mehr verdienen möchte, rechnet es sich für sie bzw. ihn meist nicht, da jeder Euro mehr sofort hoch besteuert wird. Es zementiert also unter Umständen die Gender-Pay-Gap, da es sich schlicht nicht rechnet, mehr oder überhaupt etwas zu verdienen, wenn du in Steuerklasse 5 bist.

Beispiel 2:

zu versteuerndes Einkommen Steuerpflichtige:r 1: 100.000 Euro

zu versteuerndes Einkommen Steuerpflichtige:r 2: 12.000 Euro

Steuerklasse 3 und 5

Steuer gesamt: 20.758 Euro

Steuerersparnis ggü. Beispiel 1: 4801 Euro

Die Steuerklassenkombination aus 3 und 5 könnt ihr aber auch zielführend einsetzen, indem ihr eure Steuerersparnis zur Altersvorsorge bzw. zum Vermögensaufbau des:der Partner:in einsetzt, der:die in Steuerklasse 5 hängt.

Beispiel 3:

Anlage des Steuervorteils i.H.v. 4800 Euro p.a. aus Beispiel 2, Rendite: 4 Prozent nach Kosten und Steuern, Laufzeit: 35 Jahre, keine Dynamik

Kapital nach 35 Jahren: ca. 370.000 Euro

Laufzeit Zusatzrente: 21 Jahre (durchschnittliche Restlebenserwartung von Frauen mit 67 Jahren), Berücksichtigung von Kapitalertragssteuer bei Bezug, Rendite: 4 Euro nach Kosten, keine Dynamik

Höhe Zusatzrente mit Kapitalverzehr: 1960 Euro monatlich

Ihr könnt also der Person, die zugunsten von euch beiden auf ein höheres eigenes Einkommen verzichtet, über diese Kombination eine hohe Zusatzrente bzw. ein hohes Vermögen aufbauen. So nutzt ihr die Steuererleichterung und tut etwas gegen die Gender-Pension- und die Gender-Wealth-Gap.

Ehevertrag

Wenn ihr heiratet, werdet ihr eins, zumindest aus vermögensrechtlicher Sicht. Im Fachjargon heißt das Zugewinngemeinschaft. Das bedeutet, alles, was ihr während der Ehe erwirtschaftet, steht euch hälftig zu. Wenn ihr euch später scheiden lassen solltet, wird das so gewonnene Vermögen wieder aufgeteilt. Wer mehr Vermögen als der:die andere hat, muss den:die Partner:in auszahlen. Was ihr in die Ehe mitbringt, euch also vorher bereits gehört hat, bleibt außen vor. Grundsätzlich ist das ein faires und korrektes Vorgehen.

Solange es nur um Bankguthaben oder gemeinschaftlich angeschaffte Sachen wie Geschirr geht, ist das unproblematisch. Es werden aber natürlich auch alle anderen Vermögenswerte wie Immobilie(n), Rentenansprüche, Firmen usw. aufgeteilt. Kommen solche Sachen ins Spiel, wird es kompliziert, langwierig und meist teuer. Denn im Scheidungsfall kann man sich in der Regel auf nicht mehr viel einigen. Also beschäftigt man Anwält:innen, Gutachter:innen und Gerichte, um die Streitigkeiten zu klären. Letztlich ist das Ergebnis meist nicht zufriedenstellend. So hat der:die eine zwar ein Haus, aber kein Geld mehr, weil der:die andere ausgezahlt werden musste.

Die Alternative ist, dass ihr euch in guten Zeiten auf etwas Faires einigt, das im Streitfall gilt. Das Zauberwort heißt Gütertrennung. Das heißt, jede:r behält nach einer Trennung das Vermögen, das er oder sie während der Ehe erwirtschaftet hat. Es liegt allerdings auf der Hand, dass ohne weitergehende vertragliche Regelungen, der:die Partner:in, die z. B. die Kinder großgezogen hat und deswegen weniger Vermögen aufbauen konnte, im Scheidungsfall doof dasteht. Deswegen braucht ihr einen Ehevertrag.

Dort könnt ihr (fast) alles vereinbaren. So könnt ihr vertraglich fixieren, dass für den:die eigentlich schlechter gestellte:n Partner:in eine zusätzliche Altersvorsorge oder etwas Ähnliches aufgebaut wird, das nur ihm:ihr zusteht. So könnt ihr die Gaps berücksichtigen und gemeinsam mit einem:einer guten Anwält:in eine individuelle und faire Lösung erarbeiten. Wenn sich bei euch dann etwas ändert (z. B. neues Einkommen, Erbschaft, größere Anschaffungen etc.) könnt ihr nachjustieren. Das ist allemal billiger und schneller als die nicht einvernehmliche Scheidung.

Vermögensaufbau und Altersvorsorge

Als letzten Baustein könnt ihr mit dem Vermögensaufbau bzw. der Altersvorsorge etwas gegen den Gender-Gap tun. Die einfachste Lösung: Der:die besserverdienende Partner:in zahlt die Beiträge zu den Verträgen des:der wirtschaftlichen schwächeren Partners:in. In Verbindung mit der richtigen Nutzung des Ehegattensplittings (siehe oben) könnt ihr hier richtig was bewegen. Geht es um besonders hohe Summen, solltet ihr vorher mit eurem:eurer Steuerberater:in sprechen. Innerhalb von zehn Jahren könnt ihr euch gegenseitig maximal 500.000 Euro schenken. Oberhalb dieses Betrags fällt Schenkungssteuer an.

Wir empfehlen euch grundsätzlich immer getrennte Konten und Verträge. Natürlich könnt ihr gemeinschaftlich anfallende Kosten über ein Gemeinschaftskonto decken. Allerdings sollte jede:r von euch ein eigenes Konto behalten. So wahrt ihr die Verfügungsgewalt über euer Geld und bleibt unabhängig.

Auch das mag zunächst unromantisch klingen. Solange alles in Butter in der Beziehung ist, denkt an so etwas auch niemand. Sobald es jedoch kracht, ist jede:r auf seinen:ihren Vorteil bedacht. Es verhält sich wie mit dem Ehevertrag: Im besten Fall braucht ihr den nie. Wenn es aber so sein sollte, seid ihr froh, dass ihr euch in guten Tagen auf eine einvernehmliche und faire Lösung geeinigt habt.

Fazit

Die Gender-Gaps sind Realität. Die Augen davor zu verschließen, ist nicht zielführend. Verständigt euch darüber, wie groß die Gaps sind und wie ihr sie angehen wollt. Mit unseren Tipps seid ihr in der Lage, sie weitestgehend auszumerzen. Damit leistet ihr einen Beitrag zu einer gerechteren Welt und zur Erfüllung der Sustainable Development Goals der UN.

3.1.6 Lebensqualitäten statt Lebensziele

Wir setzen uns gern Ziele, auch und vor allem im Leben: eigenes Haus, alle Länder bereisen, Kinder, Geschäftsführer:in, Nobelpreis, Goldmedaille, Weltmeistertitel usw.

Ziele sind grundsätzlich gut und wichtig. Sie haben aber drei große Nachteile:

1. Sie machen blind für Dinge links und rechts des Weges/Ziels.
2. Hat man sie erreicht, fallen viele in ein Loch und/oder eine Depression.
3. Viele Ziele kosten verdammt viel Geld.

Es ist für den Geldbeutel und das langfristige Wohlbefinden meist besser, wenn du dir statt Lebenszielen Lebensqualitäten setzt. Solche Qualitäten sind gewissermaßen deine Leitplanken innerhalb derer du viel ausprobieren kannst und dir treu bleibst.

Beispiele dafür könnten sein:

1. Etwas Bleibendes schaffen, statt ein Haus zu bauen. Das kann ein Buch, Kunst oder ein Baum sein.
2. Täglich/wöchentlich/monatlich etwas Neues entdecken, statt alle Länder bereist zu haben. Das können der tägliche Arbeitsweg, die Erkundung deiner unmittelbaren Umgebung, ein neues Gericht, neue Menschen sein.

3. Wissen weitergeben statt eigener Kinder. Das können eine Patenschaft, eine Dozentenstelle oder Engagement in der Jugendarbeit sein.

Frage dich stets, was wirklich hinter deinen Zielen steckt.

3.1.7 Erwerbsphase neu definieren

Wir leben zumeist noch immer eine Dreiteilung: Erst (Aus-)Bildung, dann Arbeit und zum Schluss Rente. Wir schieben Überstunden, um mehr Geld zu verdienen. Wir freuen uns auf den Ruhestand, wie auf das Wochenende oder den Jahresurlaub. Dort wollen wir dann all das machen, wofür während der Erwerbsphase keine Zeit blieb. Doch was ist, wenn ich nach einem Jahr im Ruhestand eine schwere Krankheit bekomme? Oder es erst gar nicht bis zum Ruhestand schaffe? Anders gesagt: In der ersten Hälfte unseres Lebens opfern wir unsere Gesundheit, um Geld zu verdienen, in der zweiten Hälfte opfern wir unser Geld, um die Gesundheit wiederzuerlangen. (in Anlehnung an Voltaire)

Hinzu kommt, dass es unglaublich schwierig ist, von 100 auf 0 zu schalten. Im Job immer Gas geben, um plötzlich, von einem Tag auf den anderen, „nichts" mehr zu machen? Das wirft viele aus der Bahn.

Sinnvoller und gesünder wäre es, wir würden in der Erwerbsphase nur 20 oder 30 Stunden arbeiten. Wir hätten Zeit und Lust für vieles, was wir immer schon tun wollten. Statt mit 67 Jahren plötzlich komplett mit dem Arbeiten aufzuhören, könnten wir noch einige Jahre 10 oder 15 Stunden weiterarbeiten. Wir würden noch gebraucht und könnten unsere wichtigen Erfahrungen mit den Nachfolgenden teilen. Lasst uns doch aus dem Ruhestand einen Unruhestand machen!

Das wäre auch ein Instrument auf dem Weg zum Zeitwohlstand, siehe Seite 55 f.

3.1.8 Organisatorische Notfallplanung

Vorsorgevollmacht, Patientenverfügung und Co. – kurz: Notfallplanung ist die organisatorische Vorsorge für den Fall, dass du selbst nicht mehr entscheiden kannst. Sie komplettiert die finanzielle Vorsorge über Versicherungen und gewährleistet, dass du selbstbestimmt bleibst.

Was bedeutet Tag X?

Bevor wir uns mit den Möglichkeiten der organisatorischen Notfallplanung auseinandersetzen können, müssen wir uns anschauen, über was wir technisch gesehen eigentlich sprechen und welche Fragen am Tag X auftauchen können.

Grundlage dafür, dass jemand anderes für dich entscheiden kann/muss, ist die sogenannte Geschäftsunfähigkeit nach § 104 BGB:

> „Geschäftsunfähig ist:
>
> 1. wer nicht das siebente Lebensjahr vollendet hat,
> 2. wer sich in einem die freie Willensbestimmung ausschließenden Zustand krankhafter Störung der Geistestätigkeit befindet, sofern nicht der Zustand seiner Natur nach ein vorübergehender ist."

Der erste Fall betrifft alle Kinder unter sieben Jahren. Der zweite Fall betrifft Personen, die dauerhaft ihren Willen nicht frei bestimmen können. Aus dem nachfolgenden Paragrafen ergibt sich, dass eine Willenserklärung eines Geschäftsunfähigen nichtig ist. Ab den Paragrafen 164 ff. BGB wird die Vertretung und Vollmacht definiert. Ab den Paragrafen 1814 BGB geht es um die gerichtliche Betreuung.

Die Geschäftsunfähigkeit kann aufgrund von Unfall oder Krankheit entstehen. Wichtig dabei ist, dass Unfälle logischerweise nahezu immer unerwartet und plötzlich eintreten. Gut zwei Millionen Menschen müssen jährlich im Krankenhaus wegen eines Unfalls behandelt werden.[52] Natürlich sind die meisten von denen nicht sofort geschäftsunfähig. Es bringt aber nichts zu überlegen: Ja, wenn der Tag X näher rückt, kann ich mich immer noch damit beschäftigen. Nein, der beste Tag, sich mit dem Thema auseinanderzusetzen, ist heute.

Krankheiten sind in der Mehrheit unerwartet. Sie können plötzlich (Schlaganfall) oder mit Vorbereitungszeit (Krebs) zu einer Geschäftsunfähigkeit führen. Da sie aber eben auch plötzlich auftreten können, gilt hier das Gleiche: Beschäftige dich jetzt und heute damit! In Deutschland registrieren wir über 700 Schlaganfälle[53] und ca. 500 Herzinfarkte pro Tag.[54] Daneben gibt es Krankheiten, die durchaus erwartbar sind. Das beste Beispiel ist Demenz. Je älter man wird, desto wahrscheinlicher wird der Ausbruch dieser bislang unheilbaren Erkrankung. Von den 65- bis 69-Jährigen leiden knapp 2 Prozent daran. Dieser Anteil verdoppelt sich etwa alle fünf Jahre. Sodass jede:r Dritte der 90-Jährigen an Demenz leidet.[55] Je älter ich werde, desto wahrscheinlicher wird es also, dass ich geschäftsunfähig werde und entsprechende Vorsorge treffen sollte.

Noch eine wichtige Zahl, um das Ganze einzuordnen: 500. So viele Anfragen werden täglich ans Vorsorgeregister gestellt. Bei gerade einmal etwa 5 Prozent, also 25 Anfragen, lag eine hinterlegte Vollmacht vor.[56] In 95 von 100 Fällen bestellt also das Gericht eine:n Betreuer:in.

Folgende Fragen solltest du dir stellen und beantworten, bevor der Tag X eintritt:

Welche medizinischen Maßnahmen wünsche ich (nicht)?

Wo und wie will ich gepflegt werden?

Wer darf Behördengänge für mich erledigen?

Wer beantragt Leistungen bei Versicherungen für mich?

Was passiert mit meinem Haustier?

Was passiert mit meinem Vermögen?

Soll mein Verein weiterhin unterstützt werden?

Was passiert mit meinen Social-Media-Konten?

Wer hat Zugriff auf meine Konten?

Was ist, wenn die Zinsbindung ausläuft und meine Bank mir ein neues Angebot macht?

Wie wünsche ich mir meine letzte Ruhe?

Wer soll was erben?

Diese Fragen solltest du für dich ganz persönlich beantworten und dann anschließend mit den Personen besprechen, die du bevollmächtigen möchtest.

Vorsorgevollmacht, Patientenverfügung und Co – Wer braucht was?
Nicht jede:r braucht alle möglichen Vollmachten und Verfügungen.

Folgende Vollmachten und Verfügungen gibt es

Patientenverfügung: Die Patientenverfügung ist eine verbindliche Anweisung für Ärzt:innen, Krankenpfleger:innen und Bevollmächtigte, welche medizinische Versorgung du möchtest und welche du nicht möchtest.

Betreuungsverfügung: Die Betreuungsverfügung greift, wenn es keine:n Bevollmächtigte:n gibt.

Vorsorgevollmacht: Die Vorsorgevollmacht ist eine Vollmacht, mit der die von dir bevollmächtigte Person für dich entscheiden darf.

Bestattungsverfügung: Mit einer Bestattungs- und Trauerverfügung kannst du bereits zu Lebzeiten bestimmen, wie du bestattet werden möchtest. Du kannst festlegen, wie deine Trauerfeier aussehen soll und ob du überhaupt eine wünscht.

Notfallplan: Mit einem Notfallplan gibst du deinen Angehörigen und/oder deinem:deiner Bevollmächtigten ein wichtiges Werkzeug an die Hand. Mit dem Notfallplan definierst du, was wann durch wen zu tun ist. Außerdem kannst du wichtige Passwörter oder Zugänge niederschreiben, sodass der:die Bevollmächtigte z. B. an alle Konten kommt. Des Weiteren hinterlegst du wichtige Kontakte wie deine:n Versicherungsmakler:in oder deine:n Anwält:in.
Sorgerechtsverfügung: Die Sorgerechtsverfügung ist eine Anweisung, wer Vormund werden oder die Pflegschaft für die eigenen Kinder übernehmen soll, wenn du stirbst.
Haustierverfügung: Wenn du ein Haustier hast, solltest du dich fragen, wer sich eigentlich wie um das Tier kümmern soll, wenn du dazu nicht mehr in der Lage bist.
Unternehmer:invollmacht: Wenn du ein Unternehmen hast bzw. führst, solltest du dich fragen, was passiert eigentlich mit der Firma, wenn du aus gesundheitlichen Gründen nicht mehr entscheiden kannst?
Testament: Das Testament ist eine Verfügung, die bestimmt, was mit deinem Vermögen nach deinem Tod passieren soll.

Je nachdem, in welcher Lebenskonstellation du bist, benötigst du diese Dokumente:

- Alleinstehend ohne Bezugspersonen: Patientenverfügung, Betreuungsverfügung, Bestattungsverfügung, Notfallplan
- Alleinstehend mit Bezugspersonen: Patientenverfügung, Vorsorgevollmacht, Betreuungsverfügung, Bestattungsverfügung, Notfallplan
- Paar: Patientenverfügung, Vorsorgevollmacht, Betreuungsverfügung, Bestattungsverfügung, Notfallplan
- Paar mit Kind: Patientenverfügung, Vorsorgevollmacht, Betreuungsverfügung, Bestattungsverfügung, Sorgerechtsverfügung, Notfallplan

- Alleinerziehende Person: Patientenverfügung, Vorsorgevollmacht, Betreuungsverfügung, Bestattungsverfügung, Sorgerechtsverfügung, Notfallplan

Ergänzend dazu machen in folgenden Situationen ergänzende Vollmachten Sinn:

- Mit Haustier: Haustierverfügung
- Mit Unternehmen: Unternehmer:invollmacht, Testament, Notfallplan (Unternehmen)
- Mit Immobilien/Grundstücken: Testament (notariell beglaubigt)

3.2 Nachhaltige Beratung

Nachdem wir uns damit beschäftigt haben, welche Einzelmaßnahmen du ergreifen kannst, um insgesamt und finanziell nachhaltiger zu werden, widmen wir uns nun der zweiten Ebene unserer Pyramide: der Beratung. Ein:e Finanzberater:in erreicht sehr viele Menschen. So sind Stand Januar 2025 knapp 182.000 Versicherungsvermittler:innen registriert.[57] Versicherungsvermittler:innen sind Vertreter:innen, Makler:innen und Versicherungsberater:innen. Da in Deutschland nur jemand beraten und vermitteln darf, der oder die registriert ist, gibt uns das ein vollständiges Bild. Da außerdem quasi jede:r Erwachsene (ca. 70 Millionen Menschen) irgendeine Versicherung hat, kann man sagen, dass im Schnitt jede:r Vermittler:in bzw. Berater:in 386 Kund:innen betreut.

Wenn du also Vermittler:innen und Berater:innen auswählst, die nachhaltig(er) beraten, stärkt die das und du erzielst mittelbar einen viel größeren Impact hinsichtlich Nachhaltigkeit, als wenn du nur allein nachhaltige Finanzen hast. Dafür musst du nachhaltige Vermittler:innen und Berater:innen erkennen können. Wir befinden uns nun also auf der zweiten Ebene unserer Pyramide aus Abschnitt 1.2.

Bevor wir darüber sprechen können, wie Beratung nachhaltiger werden kann, sollten wir beschreiben, was nachhaltige Beratung eigentlich ist. Nachhaltigkeit allgemein umfasst mehrere Dimensionen. Nachhaltige Beratung hat ebenfalls verschiedene Aspekte. Die Dimensionen hier sind jedoch die Stakeholder (Interessengruppen), das Umfeld bzw. die Gesellschaft und die Shareholder (Eigentümer:innen). Nachhaltigkeit machen wir dabei am Nutzen für diese Gruppen fest. Echte nachhaltige Beratung liegt für uns vor, wenn sie für alle Gruppen einen Nutzen erzielen.

Stakeholder

Das sind Kund:innen und die Mitarbeiter:innen. Der Nutzen für Kund:innen wäre z. B. ein gutes Risikomanagement. Kund:innen haben ein begrenztes Budget, viele Ziele und zahlreiche Risiken. Die Aufgabe guter Beratung ist, alles in Einklang zu bringen und objektiv zu priorisieren. Eine Beratung, bei der am Ende die tollste Zahnzusatzversicherung rauskommt, aber die Einkommensabsicherung vergessen wurde, ist demnach nicht nachhaltig. Der Nutzen für Mitarbeiter:innen können ein sicheres Einkommen, Wertschätzung oder Entwicklungsmöglichkeiten sein.

Umfeld/Gesellschaft

Die Aufgabe von Versicherungen ist die Übernahme von Versicherungsschutz und damit die Stabilisierung der Wirtschaft. Wenn Beratung dazu führt, dass existenzielle Risiken versichert sind, können Unternehmen überhaupt erst wirtschaftlich tätig werden. Aber auch die Absicherung der Privathaushalte stabilisiert die Gesellschaft. Gute Beratung zahlt in das Sustainable Development Goal 1 (Keine Armut) ein. Gelingt es also

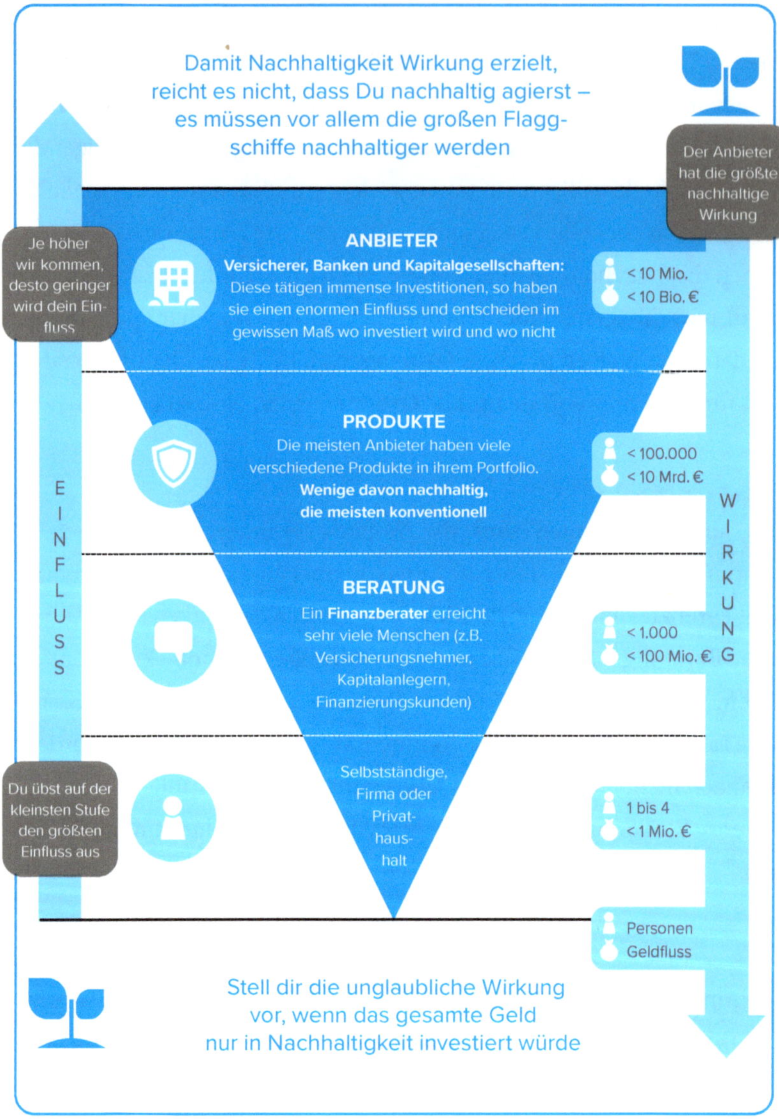

Abbildung 3.5 Wirkung und Einfluss von bzw. auf Nachhaltigkeit bei Finanzen und Versicherungen

durch gute Beratung, z. B. vor Altersarmut zu schützen, ist das gelebte Nachhaltigkeit. Der zweite Punkt ist die Akquise privaten Kapitals für die Finanzierung der Transformation. Wie oben beschrieben, wird die nachhaltige Transformation ohne privates Kapital nicht funktionieren. Nachhaltige Beratung berücksichtigt das und lenkt Kapitalströme im Sinne dieses Ziels um.

Shareholder

Das sind die Eigentümer des Unternehmens, in der Regel also der:die Vermittler:innen bzw. Berater:innen. Denn die meisten Vermittlungs- und Beratungsbetriebe sind als Einzelunternehmen oder Kleinunternehmen organisiert. Der Nutzen von Beratung und Vermittlung liegt natürlich in erster Linie in der Erwirtschaftung von Umsatz und Gewinn. Wie oben beschrieben, sorgt ein nachhaltiges Geschäftsmodell für wirtschaftlichen Erfolg. Außerdem ist das Unternehmen oft das größte Asset des:der Inhaber:in bzw. der Gesellschafter:innen. Nachhaltigkeit sorgt für eine Bestandsaufwertung. Das heißt, das Unternehmen wird wertvoller. Einen Punkt möchten wir aber nicht vergessen: Wertschätzung. Wir alle gehen nicht nur wegen des Geldes arbeiten. Sondern auch, um gebraucht, anerkannt und wertgeschätzt zu werden. Die Versicherungsbranche hat dabei ein Problem: Sie hat einen extrem schlechten Ruf. Wenn Beratung dafür sorgt, dass das eigene Unternehmen im Speziellen und die Branche im Allgemeinen von den eigenen Kund:innen die Wertschätzung bekommt, ist das für uns nachhaltig.

3.2.1 Aufklärung

Finanzen und Versicherungen sind kompliziert bzw. komplex. Gute Finanzentscheidungen sind rational. Die Realität sind leider oft irrationale also schlechte Entscheidungen. Die Ursachen sind Informationsasymmetrien und Denkfehler. Informationsasymmetrien liegen vor, wenn eine Partei mehr weiß als die andere Vertragspartei. In der Versicherungsberatung ist das typischerweise der Fall. Der:die Kund:in hat meist keine oder nur rudimentäre Kenntnisse zu Risiken, Finanzen und Versicherungen. Nur etwa jede:r Dritte schätzt die eigenen Kenntnisse als gut oder sehr gut ein.[58] Dabei klaffen Selbsteinschätzung und tatsächliches Wissen weit auseinander.[59] Deswegen sucht er oder sie ja Beratung. Gute und nachhaltige Beratung beseitigt solche Asymmetrien. Das gelingt durch Aufklärung. Sie ist Teil der Beratung. Außerdem berücksichtigt gute Beratung psychologische Aspekte und Kenntnisse der Behavioral Finance. Eine Vermittlung ohne aufklärende Beratung ist daher weder gewünscht noch sinnvoll.

Behavioral Finance ist ein Zweig der Wirtschaftswissenschaften und Verhaltensökonomik, der versucht zu erklären, wie Anleger:innen Entscheidungen am Kapitalmarkt treffen.

Gute und nachhaltige Aufklärung stellt dabei so viele Informationen wie nötig, so wenige wie möglich zur Verfügung. Diese Informationen sollten adressatengerecht und leicht verständlich sein. Außerdem sollten sie produkt- und anbieterneutral sein. Ansonsten handelt es sich um Werbung. Für uns gehören in die Aufklärung folgende Themen bzw. Aspekte:

- Risiken und deren Folgen,
- Staatliche Leistungen und Versorgungslücken,
- Private Lösungsmöglichkeiten und deren Vor- und Nachteile,
- Nachhaltigkeit in der Versicherung.

Beenken und Linnenbrink haben hierzu interessante Erkenntnisse gewonnen.[60] So haben bislang nur 16 Prozent Werbung zu nachhaltigen

Finanzen wahrgenommen. Gerade einmal 8 Prozent der Verbraucher:innen haben eine Beratung dazu erhalten. Gleichwohl zeigen sich 40 Prozent der Befragten interessiert an eben diesen Informationen. Weiterhin zeigen sie, dass eine emotionale Ansprache die Zustimmung zu Nachhaltigkeitspräferenzen signifikant steigern kann. In Kombination mit weiteren Nudging-Techniken lässt sich der Vertrieb nachhaltiger Versicherungsanlageprodukte deutlich steigern.

Daraus ergibt sich, dass dem Vertrieb eine Schlüsselrolle bei der Durchdringung des Marktes mit nachhaltigen Versicherungs- und Anlageprodukten zukommt.

3.2.2 Objektive Priorisierung

Einer der wesentlichsten Aspekte der Nachhaltigkeit ist die Beratung im engeren Sinne. Entsprechend sollte hier also der Fokus auf Verbesserungen liegen. Nochmal zur Erinnerung: Nachhaltige Finanzen sind ein ganz wesentlicher Teil von Nachhaltigkeit. Hier liegt aus unserer Sicht eine große Verantwortung der Vermittler:innen. Um wirklich nachhaltig zu beraten, braucht es eine ganzheitliche Finanzberatung. Das heißt übrigens nicht, dass ein:e Vermittler:in alles und jedes Thema beraten (und können) muss. Wenn er oder sie nicht jedes Thema beraten kann und/oder will, braucht es aber ein gutes Netzwerk.

Die DIN 77230 (Basisanalyse für Privathaushalte) bietet dafür eine gute Basis. Sie stellt einen Rahmen zur Analyse und Priorisierung von Risiken in Privathaushalten dar. Die Ableitung von Lösungen und konkreten Produktempfehlungen obliegt weiterhin den Vermittler:innen. Die DIN verfügt über eine klare Priorisierung anhand von vier objektiven Prinzipien (siehe Abb. 3.6).

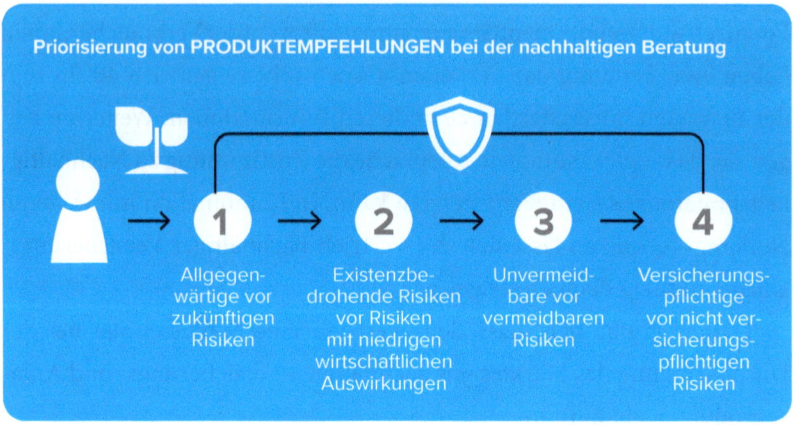

Abbildung 3.6 Prinzipien objektiver Priorisierung

3.2.3 Ganzheitliche Beratung

Daraus haben wir für uns folgende Rangfolge der Themen/Fragestellungen in der Beratung abgeleitet (siehe Abb. 3.7).

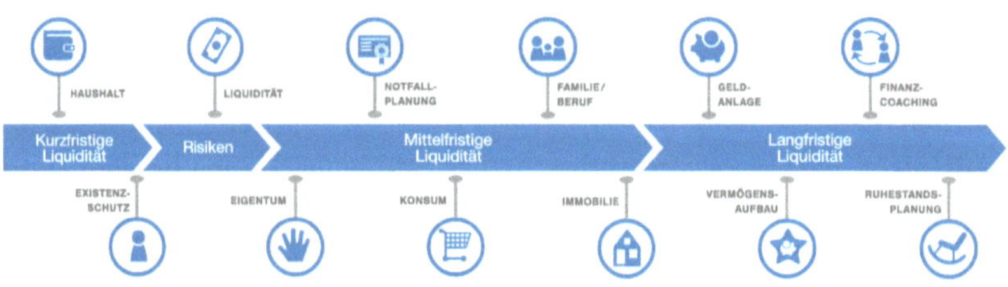

Abbildung 3.7 Ganzheitliche Beratung *(Illustrationen: Freepik/www.flaticon.com)*

Zunächst geht es um die Einnahmen und Ausgaben des Haushalts (siehe Seite 66 f.). Hierfür ist eine Privatbilanz unerlässlich. Logisch: Gibt der Haushalt mehr aus als er einnimmt, erübrigt sich alle weitere Beratung. Anschließend geht es um die Absicherung existenzieller Risiken: Krankheit, Arbeitskraftverlust, Haftpflicht und ggf. Todesfall. Das geht nur mit Versicherung (siehe Seiten 72 ff.). Danach sprechen wir über die kurzfristige Liquidität. Das beinhaltet einen Notgroschen und Schuldenfreiheit (siehe Seite 70 f.). Es folgt die Absicherung des Eigentums (Hausrat, KFZ, Rechtsschutz, Wohngebäude usw.). Ein weiterer wichtiger Baustein ist die Notfallplanung (Vorsorgevollmacht, Patientenverfügung etc.). Das ist die organisatorische Vorsorge (siehe Abschnitt 3.1.8).

Im zweiten Abschnitt geht es um die mittelfristigen größeren Ausgaben wie größere Konsumausgaben, private und berufliche Änderungen und Immobilien.

Zuletzt sind der Vermögensaufbau und die Altersvorsorge an der Reihe (siehe Abschnitt 2.2.3).

So gelingt es, die Finanzen der Kund:innen nachhaltig aufzustellen. Diese Aspekte stellen die für uns notwendige Bedingung für eine nachhaltige Beratung dar. Sie sind gewissermaßen das Fundament. Doch es fehlen noch die hinreichenden Bedingungen. Das sind aus unserer Sicht diese fünf:

1. Bedarf und Bedürfnis des:der Mandant:in in den Mittelpunkt stellen.
2. Eine wertschätzende Beratungs- und Geschäftskultur mit dem Bewusstsein der sozialen, ethischen und ökologischen Verantwortung etablieren.
3. Nachhaltigkeitsbasics vermitteln.
4. Nachhaltigkeitspräferenzen abfragen und berücksichtigen.
5. Kooperations-/Netzwerkpartner:innen anhand von Nachhaltigkeitskriterien auswählen.

3.2.4 Berücksichtigung von Nachhaltigkeitsaspekten

Wir sind uns sicher, dass viele bereits Nachhaltigkeitsaspekte in der Beratung berücksichtigen. Vielen Kolleg:innen ist das oft gar nicht bewusst. Dabei hilft es, sich das klarzumachen und es genauso klar nach außen zu kommunizieren. Schauen wir uns also einmal die Aspekte an, die Vermittler:innen und Berater:innen in der Beratung berücksichtigen können, um etwas für die Nachhaltigkeit zu tun (siehe Abschnitt 1.2).

Indem man existenzielle Risiken absichert und Überschuldung vermeidet, verhindert man (relative) Armut. Das ist das Sustainable Development Goal 1. Eine gute Beratung sorgt für ein berechtigtes Sicherheitsgefühl. Geldsorgen verursachen Stress und machen krank.[61] Wenn es durch Beratung gelingt, diese Sorgen abzubauen, trägt sie zu Gesundheit und Wohlergehen der Kund:innen bei. Ein weiterer Punkt könnte Prävention sein. Dabei denken wir oft an die Sachrisiken wie Hausrat oder Wohngebäude. Doch auch im Bereich von Kranken- und Berufsunfähigkeitsversicherungen ist das sinnvoll. Wer gesünder lebt, wird seltener krank und braucht im besten Fall gar keine Berufsunfähigkeitsrente oder Leistungen aus der Krankenversicherung. Das Rauchen aufhören, Sport treiben oder abnehmen, lohnt sich also in mehrfacher Hinsicht. Impulse dazu können im Gespräch kommen. So trägt Beratung zum Sustainable Development Goal 3 bei.

Wer zur Altersvorsorge berät, muss Geschlechterungleichheiten berücksichtigen und möglichst lösen. Frauen verdienen weniger, übernehmen den Großteil der Kindererziehung, haben weniger Vermögen und weniger Rente (siehe Abschnitt 3.1.5). Gute Beratung zeigt diese Probleme auf, quantifiziert und löst sie. Das ist das Sustainable Development Goal 5.

Erinnern wir uns kurz an die umgedrehte Pyramide aus Abschnitt 1.2. Vermittler:innen sind das Scharnier zwischen Kund:innen und Versicherern. Das heißt, sie nehmen Wünsche der Kund:innen auf und geben diese weiter an die Produktgeber. Je nachdem, welche Bedarfe und Bedürfnisse sie adressieren, tragen sie unterschiedliche Nachfragen an die Produktgeber. Das heißt, indem sie Nachhaltigkeit in die Beratung integrieren, steigt die Nachfrage nach nachhaltigen Versicherungen. Die Produktgeber werden damit gezwungen, solche Lösungen zu entwickeln. Damit treiben sie die Entwicklung nachhaltiger Finanzprodukte indirekt voran. Das zahlt ins Sustainable Development Goal 9 ein.

Zu guter Letzt kann Beratung Impulse für einen nachhaltigen Lebens- und Konsumstil setzen. Es geht nicht um Missionierung, sondern um Denkanstöße. Außerdem können nachhaltige Sachversicherungen den nachhaltigen Konsum und nachhaltige Produktion fördern. Das trägt dann zur Erreichung des Sustainable Development Goals 12 bei.

SDG 1	SDG 3	SDG 5	SDG 9	SDG 12
Armut verhindern durch die Absicherung existenzieller Risiken	Eine vollumfängliche Beratung nimmt dir Ängste und Sorgen und es werden Präventionsmaßnahmen wie z. B. Berufsunfähigkeit oder Krankenversicherung besprochen	Ungleichheiten beseitigen, indem z. B. der Gender-Gap berücksichtigt wird	Über ein innovatives Geschäftsmodell und Honorarberatung kann man Veränderungen in der ganzen Branche bewirken. Ein Berater fördert die Entwicklung nachhaltiger Produkte, indem er diese beim Anbieter nachfragt	Ein Berater liefert dir Denkanstöße und regt dich dazu an, dein eigenes Konsumverhalten zu überdenken

Abbildung 3.8 Nachhaltigkeitsaspekte in der Beratung

3.2.5 Bedarf- und Bedürfnisermittlung

Der Gesetzgeber verlangt in § 61 VVG:

> Der Versicherungsvermittler hat den Versicherungsnehmer [...] nach seinen Wünschen und Bedürfnissen zu befragen und [...] zu beraten [...].

Das ist aus unserer Sicht der wichtigste Paragraf für Vermittler:innen und Berater:innen. Nur leider hat der Gesetzgeber einen semantischen Fehler begangen. Wünsche und Bedürfnisse sind das Gleiche. Was er aber meint, sind Bedarf und Bedürfnisse/Wünsche. Es lohnt sich also, beides näher zu beleuchten.

Der Bedarf ist objektiv und rational. Man kann ihn messen, quantifizieren und ausrechnen. Er entspricht dem „Sollen" bzw. „Müssen". Beispiele für den Bedarf sind die Versorgungslücke oder die Risikotragfähigkeit. Zur Ermittlung des Bedarfs kann man verschiedene Quellen nutzen:

- Renteninformation,
- Wertmitteilungen u. Ä.,
- Gehaltsabrechnung,
- Haushaltsplan + Bilanz,
- Fragebögen,
- Know-how + Erfahrung.

Je nachdem, um was es in der Beratung gehen soll, sind also umfangreiche Unterlagen nötig, um wirklich gut und nachhaltig beraten zu können. Daraus können wir zweierlei schließen:

1. Vermittler:innen bzw. Berater:innen, die mit vorgefertigten Lösungen um die Ecke kommen, ohne die Situation anhand solcher Unterlagen gründlich analysiert zu haben, können nicht gut und nachhaltig beraten. Da solltest du schnell abhauen.
2. Du musst eine ganze Menge Unterlagen und Informationen beisteuern. Das mag vielleicht anstrengend oder unbequem sein, ist aber unerlässlich.

Bedürfnisse dagegen sind subjektiv und oft genug irrational – Stichwort Behavioral Finance. Durch gute Aufklärung sollte die Irrationalität jedoch geringer werden. Bedürfnise müssen der:die Berater:in bzw. Vermittler:in erfragen, spüren und manchmal einfach glauben. Es mag objektiv geboten sein, 320.000 Euro in der Risikolebensversicherung abzusichern, weil das eben der Bedarf ist. Wünschen die Kund:innen jedoch, nur 120.000 Euro dort einzusetzen, muss der:die Vermittler:in oder Berater:in es schlussendlich glauben und akzeptieren. Das Bedürfnis entspricht dem „Wollen" bzw. dem Wunsch. Beispiele dafür sind die Risikobereitschaft oder der Versorgungswunsch. Um die Bedürfnisse herauszufinden, kann man folgende Instrumente nutzen:

- Interview,
- Fragebögen,
- Zuhören,
- Beobachten.

Die Aufgabe als Vermittler:in oder Berater:in ist es nicht, das beste Produkt zu empfehlen, sondern das zu dem Bedarf und den Bedürfnissen passende Produkt. Wünschen die Kund:innen billig, sollten sie billig bekommen.

3.2.6 Auswahl geeigneter Anbieter und Produkte

Wurdest du ausreichend aufgeklärt und wurden Bedarf sowie Bedürfnisse ermittelt, geht es an die Auswahl der geeigneten (nicht der besten!) Produkte. Es gibt dabei keine einheitliche Regulierung oder Rechtsprechung. Am Ende ist es immer eine Einzelfallbetrachtung. Wir haben jedoch für uns als Berater einen vierstufigen Prozess entwickelt, anhand dessen wir die passenden Anbieter und Tarife aussuchen.

Der erste Filter ist die Unternehmensebene. Das heißt, wir betrachten Aspekte wie die Finanzstärke, Solvabilität, Kostenquote und Kompetenz der Versicherer. Quellen dafür sind Rankings und Ratings. Tauchen bestimmte Versicherer immer wieder oben oder unten auf, ist das ein klares Indiz.

Der zweite Filter betrifft die Produktebene. Das sind Merkmale wie Bedingungen, Kosten (Preis), Produktbewertungen und Risikofragen. Mit Vergleichsrechnern kann man Tarife nach Bedingungen filtern. Dafür ist eine gute Produktkenntnis nötig. Entscheidend sind die kritischen Bedingungen. Die Schleifen, mit denen Versicherer gern ihre Produkte schmücken, sind nachrangig. Wurden bedingungsmäßig ähnliche Produkte herausgefiltert, geht es um den Preis (klar) und die Risikofragen. Fragt Versicherer A bestimmte Vorerkrankungen für einen Zeitraum von fünf Jahren ab und Versicherer B nur für drei Jahre, fällt die Wahl auf B.

Der dritte Filter sind die Erfahrungen. Arbeitet ein:e Vermittler:in gut mit einigen Versicherern zusammen und hat positive Erfahrungen im Leistungsfall gehabt? Dann kann, darf und soll er:sie das in die Produktempfehlung einfließen lassen. Umgekehrt gilt: Versicherer, die in der Vergangenheit Probleme gemacht haben, kann er:sie aus diesen Gründen ausschließen. Das muss nur dokumentiert werden.

Zuletzt ist der Aspekt der Präferenz in Sachen Nachhaltigkeit hinzugekommen. Dabei helfen Ratings bzw. Rankings oder Vergleichsprogramme.

3.2.7 Bestandsbetreuung

Im Strukturvertrieb der Versicherungsbranche gab es das AUA-Prinzip: anhauen, umhauen, abhauen. Das dürfte ein Grund für dessen miesen Ruf gewesen sein.[62] Dabei wissen alle am nachhaltigen Erfolg Interessierten, dass nach dem Abschluss die eigentliche Arbeit erst losgeht. Wir

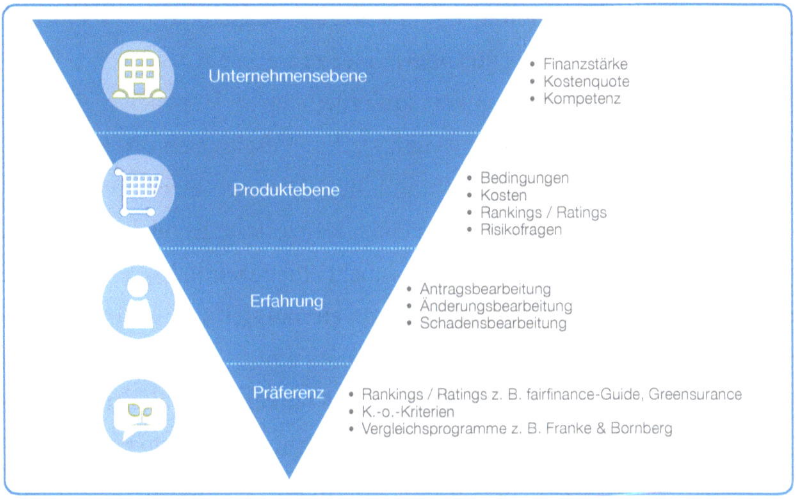

Abbildung 3.9 Prüfschema zur Auswahl von Versicherungsprodukten

(Illustrationen: Freepik/www.flaticon.com)

fassen das alles unter Aftersales zusammen. Im Sinne einer nachhaltigen Beratung ist es notwendig, darauf besonderes Augenmerk zu legen.

Jürgen Evers sagt dazu:[63] „Der Makler ist auch nach Zustandekommen des Hauptvertrags zur Wahrnehmung der Interessen seines Auftraggebers verpflichtet." Es braucht also ein System und Prozesse, um den gesetzlichen und behördlichen Auflagen und den Anforderungen der Kund:innen gerecht zu werden. Gelingt das, sprechen wir von nachhaltiger Beratung. Wir empfehlen dafür zwei Kernelemente: Lebensphasenberatung und den jährlichen Check. Beim jährlichen Check bekommen alle Kund:innen einen Fragebogen, in dem alle risikorelevanten Änderungen abgefragt werden. Hat sich etwas geändert, reagiert man entsprechend. Bei größeren Änderungen wie z. B. der Familienplanung oder dem Hauskauf hilft die Lebensphasenberatung. Einerseits klärt man die Kund:innen zu dieser Lebensphase auf und andererseits geht man eine Checkliste durch, in der man alle Finanzthemen abfragt. Manchmal ist es sinnvoll, einen bestehenden Vertrag zu ändern oder zu wechseln, weil sich z. B. der Gesundheitsstatus verbessert hat. Außerdem entwickeln sich die Bedingungen der Versicherer stetig weiter. Dadurch ergibt sich oft, aber nicht immer, eine Verbesserung für Kund:innen. Diese ist nicht immer automatisch drin. Dafür braucht es erst einen Neuvertrag. Es reicht also nicht, einmal alles richtig aufzusetzen. Es braucht eine regelmäßige Pflege. Ein:e Berater:in oder Vermittler:in, den:die du einmal siehst und danach nicht wieder, kann nicht nachhaltig beraten. Dann gibt es noch einen weiteren vertragsbezogenen Aspekt. Wenn du eine Kranken- oder Berufsunfähigkeitsversicherung hast, kann es sein, dass da eine sogenannte Erschwernis vereinbart wurde. Das kann ein Risikozuschlag oder ein Ausschluss sein. Das kommt vor, wenn du z. B. Rückenprobleme oder Bluthochdruck bei Antragstellung hattest. Nun kann es sein, dass du durch einen gesünderen Lebensstil diese Vorerkrankungen beseitigen konntest. Dann hast du das Recht (!), die Erschwernisse überprüfen zu lassen. Die wenigsten erinnern sich jedoch, welche Ausschlüsse oder Zuschläge in ihrem Vertrag drinstecken. Ein:e gute:r Berater:in bzw. Vermittler:in hat ein Verwaltungssystem, das ihn:sie an so etwas erinnert. So gerät nichts in Vergessenheit. Nach einigen Jahren überprüft ihr also das Risiko und im besten Fall entfällt die Erschwernis. Dadurch hast du entweder besseren oder günstigeren Versicherungsschutz.

3.3 Nachhaltige Finanzprodukte

Auf der nächsten Ebene schauen wir uns nun an, wie du nachhaltige Finanzprodukte erkennst. Wir sind also auf der vorletzten Ebene des Einflusses mit der zweitgrößten Wirkung.

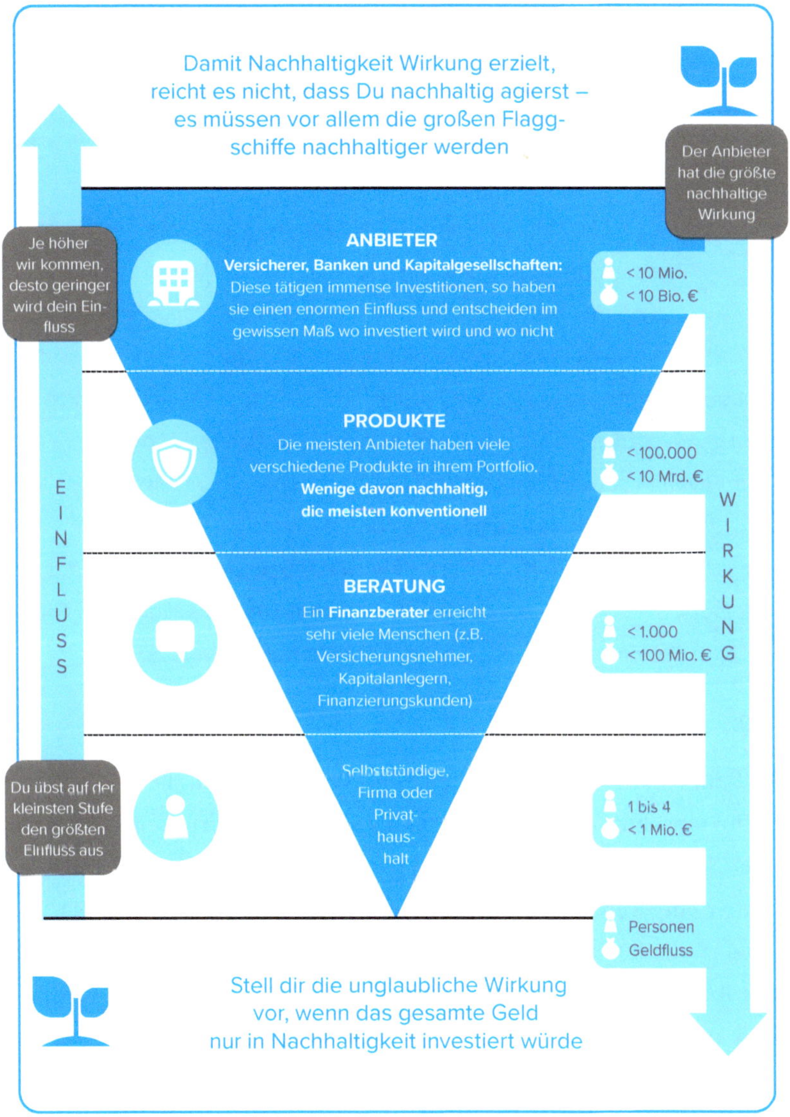

Abbildung 3.10 Wirkung und Einfluss von bzw. auf Nachhaltigkeit bei Finanzen und Versicherungen

3.3.1 Bankprodukte

Gastbeitrag von

Michael Franz Schmidt

Michael Franz Schmidt hat mehr als 25 Jahre Investmenterfahrung und ist freiberuflich als Senior Advisor & Lecturer für Strategy, Investments, Sustainability tätig. Ferner ist er Aufsichtsrat der Asset-Management-Gesellschaften Anthos Fund & Asset Management und der LAIQON AG (früher: Lloyd Fonds AG), in deren Vorstand er zuvor die Position des Chief Investment Officer innehatte.

Im Rahmen seines Engagements für Sustainable Finance war er Geschäftsführer des Green and Sustainable Finance Cluster Germany, Mitglied des Sustainability Advisory Council der DHL Group, Mitglied des Sustainable Finance-Beirats der Bundesregierung und der High Level Expert Group on Sustainable Finance („HLEG") der EU-Kommission.

Die Bankenlandschaft ist vielfältig, und so sind es auch die nachhaltigen Produktangebote, die man dort finden kann. Das Urwesen einer Bank (oder Sparkasse) ist es, Geld von Privatpersonen und Unternehmen auf Konten entgegenzunehmen und aus diesen gesammelten sogenannten Einlagen dann wiederum Geld zu verleihen, als Kredite für größere private Anschaffungen, für Immobilienfinanzierungen oder für Investitionen von Unternehmen in Produktionsanlagen, Geschäftsausstattungen oder andere Güter und Dienstleistungen. Kreditinstitute (ein anderer, aufsichtsrechtlicher Begriff für Banken und Sparkassen) sind also „Durchreicher" von Geld, im Fachjargon Intermediäre genannt, und Kredite sind das Spiegelbild von Einlagen. Aus dieser Intermediärstätigkeit gibt es noch wenige nachhaltige Finanzprodukte, hier kommt es stark auf die Kreditvergabepolitik der jeweiligen Bank oder Sparkasse an, also für welche Zwecke sie Geld verleiht. Wenn es ganz oder teilweise nachhaltige Zwecke sind, dann können zur Finanzierung durch Einlagen auf der anderen Seite Sparprodukte mit einem nachhaltigen Verwendungszweck angeboten werden (z. B. „Nachhaltiger Sparbrief“, „UmweltSparbuch, „MikroKreditSparen“). Es gibt Kreditinstitute, die sich mit ihrer gesamten Geschäftspolitik nachhaltig ausgerichtet haben (siehe Abschnitt 3.4.1). Wenn du dort ein Konto eröffnest und Geld als Spareinlagen einzahlst, kannst du dir grundsätzlich sicher sein, dass dein Geld eine nachhaltige Verwendung findet.

Banken und Sparkassen bieten aber heutzutage weit mehr als Spar- und Finanzierungslösungen an. Sie beraten zu verschiedenen Finanz- und Anlagebedarfen und vermitteln für Privatpersonen u. a. Bausparverträge und Versicherungen (siehe Abschnitt 3.3.2) sowie Wertpapiere (u. a. Aktien, Anleihen, Zertifikate) und Fonds für die Kapitalanlage (siehe Abschnitt 3.3.3), die dann in sogenannten Depots gehalten werden. Der Grad der Nachhaltigkeit, den du hierbei für dein Geld bekommen kannst, hängt von den jeweiligen vermittelten Produkten ab, die zumeist von anderen Produktanbietern (Bausparkassen, Versicherungen, Fondsgesellschaften) erstellt werden. Bei der Beratung ist es die gesetzliche Pflicht, dass du zu deinen Nachhaltigkeitspräferenzen explizit befragt und über die Anlagemöglichkeiten aufgeklärt wirst. Du kannst in diesem Beratungsprozess also eigentlich selbst steuern, wieviel Nachhaltigkeit es sein soll, und welche umweltbezogenen oder sozialen Schwerpunkte umgesetzt werden sollen. Es kann allerdings sein, dass sich nicht alle deine Vorstellungen zur Nachhaltigkeit verwirklichen lassen, weil es vielleicht noch kein entsprechendes Produkt gibt oder nachhaltige Produkte nicht zu deinen sonstigen Zielen oder deiner Risikobereitschaft passen.

Und du solltest darauf achten, dass dir bei der Beratung eine möglichst breite Auswahl von Produktanbietern aufgezeigt wird. Dadurch lassen sich deine Nachhaltigkeitswünsche besser erfüllen.

Zu solchen Wünschen kann es gehören, dass du auf keinen Fall in bestimmte Branchen, Länder oder Produkte investieren möchtest, weil sie deinen Wertvorstellungen nicht entsprechen. Dann solltest du diese als Ausschlusskriterien benennen und in der Beratung herausfinden, wie sie am besten umgesetzt werden können. Einige Ausschlüsse werden in allen nachhaltigen Anlageprodukten angewandt (z. B. geächtete Waffen). Ferner ist bei Produkten, die einem Standard entsprechen (z. B. Green Bond Standard oder Paris-Aligned Benchmark) oder ein Label haben (z. B. FNG-Siegel, siehe auch Abschnitt 3.3.3), sichergestellt, dass dort verlangte Ausschlusskriterien erfüllt sind. Du kannst jedoch nicht generell davon ausgehen, dass deine Vorstellungen – die dir vielleicht selbstverständlich vorkommen – automatisch in jedem als nachhaltig bezeichneten Finanzprodukt berücksichtigt sind. Denn letztlich werden Ausschlüsse oft von subjektiven Einschätzungen oder Prioritäten geprägt. So wird beispielsweise in Frankreich Atomkraft als CO_2-arme Energiequelle positiv eingeschätzt, während sie in Deutschland landläufig wegen anderer Umweltgefahren sowie Sicherheitsrisiken verpönt ist und in nachhaltigen Finanzanlagen meist ausgeschlossen wird. Oder die Bewertung von Alkohol: Evangelische Anleger neigen zu einem Ausschluss von Alkoholproduzenten, weil sie darin eine Gefährdung der Gesundheit und Selbstbestimmtheit des Menschen sehen, während die katholische Kirche hier weniger kritisch ist. Dafür richtet sich diese streng gegen Hersteller von Kontrazeptiva in ihren Finanzanlagen.

Wenn du jetzt denkst: „Das ist aber ganz schön kompliziert", hast du recht, aber so vielfältig wie Lebensentwürfe sind, so können es auch die Nachhaltigkeitsüberzeugungen sein, vor allem wenn sie sehr konkret und speziell werden. Dafür gibt es glücklicherweise deine:n Berater:in in der Bank, von der:dem du dich durch das Dickicht lotsen lassen kannst. Das sollte ihre selbstverstandene Aufgabe sein, es ist auch ihre gesetzliche Pflicht. Und ihnen stehen zusätzliche Anleitungen (sogar eine DIN-Norm für die Nachhaltigkeitspräferenzenabfrage) und weitergehende Analysemöglichkeiten zu den Produkten zur Verfügung.

3.3.2 Versicherungsprodukte

Die Versicherungswirtschaft steht erst ganz am Anfang der Reise Richtung Nachhaltigkeit auf Produktebene. Das große Problem ist, das bisher noch niemand so genau sagen kann, ob und wann ein Produkt wirklich nachhaltig ist. Es gibt hier schlicht noch keine sogenannte Taxonomie. Insofern kann quasi jeder Anbieter sagen: Dieses und jenes Produkt ist nachhaltig. Man muss dann jeweils schauen, was genau daran nachhaltig ist. Das macht den Vergleich unfassbar schwierig. Allerdings gibt es erste Ansätze von anerkannten Anbietern von Vergleichssoftware Nachhaltigkeit zu berücksichtigen.

Unterschiedliche Sparten haben unterschiedliche Hebel, um Wirkungen zu entfalten (siehe Abb. 1.10). Die Wirkung bzw. Wesentlichkeit von Sachversicherungen (Haftpflicht, Hausrat, Wohngebäude usw.) ist recht gering. Vielmehr als eine höhere Erstattung für nachhaltige/klimafreundliche Neuanschaffungen oder zertifizierte Dienstleister ist kaum möglich. Kapital wird nahezu gar nicht angelegt, da das allermeiste gleich wieder für die Leistungen draufgeht. Die Wirkung einer „nachhaltigen" Privathaftpflichtversicherung auf den eigenen Footprint dürfte also minimal sein.

Bei Biometrie- und Krankenversicherungsprodukten (z. B. Berufsunfähigkeitsversicherung) ist die Wirkung/Wesentlichkeit schon größer. Ein Ansatz sind hier Zusatzleistungen wie Prävention, um die Gesundheit zu erhalten. Außerdem legen die Versicherer das Kapital der Versicherten teilweise an. Wenn die Anlage nach nachhaltigen Grundsätzen erfolgt, erzielt das eine gewisse Wirkung.

Bei den Lebens- und Rentenversicherungsprodukten haben wir dann eine hohe Wirkung/Wesentlichkeit, denn der Kern des Produkts ist ja die Anlage von Kapital. Sie erfüllen darüber hinaus ihrem Wesen nach bereits Aspekte der Nachhaltigkeit. Einerseits sollen sie Altersarmut verhindern oder reduzieren (SDG 1). Andererseits müssen sie zumindest

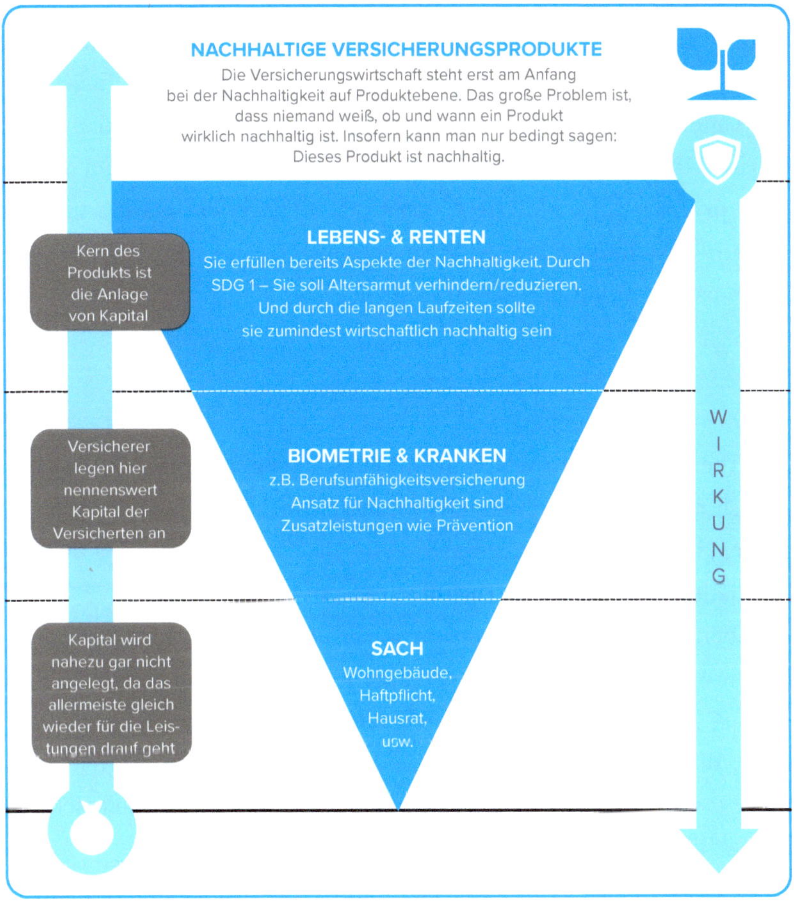

Abbildung 3.11 Wirkung von Nachhaltigkeit auf Sparten-Ebene

wirtschaftlich nachhaltig sein, da die Laufzeiten sehr lang sind. Wer mit 30 einen Altersvorsorgevertrag abschließt, darf zurecht erwarten, dass dieser auch noch leistet, wenn man 95 Jahre alt ist, also 65 Jahre später. Hierin liegt ein fundamentaler Unterschied zu Bank- und Kapitalanlageprodukten.

Leider kann man Stand heute noch nicht exakt sagen, was ein nachhaltiger Versicherer ist. Das gehört zur Wahrheit (im Beratungsgespräch) dazu. Umgekehrt können wir jedoch sagen, was nicht nachhaltig ist. Solche Unternehmen kann man zukünftig in der Auswahl ausklammern. Dazu gibt es verschiedene prüfbare, eingeschränkt prüfbare und bislang nicht prüfbare K.-o.-Kriterien (siehe Abb. 3.12). Wichtig: Aufgrund der Dynamik werden sich schnell Veränderungen ergeben. Diese Liste dürfte schon bald überholt sein, soll aber einen ersten Eindruck vermitteln.

Nachhaltigkeit in der Produktentwicklung am Beispiel der Berufsunfähigkeitsversicherung

Das Thema Nachhaltigkeit ist grundsätzlich aber längst in der Versicherungsbranche angekommen. Der größte Hebel ist dabei das Anlagevermögen, das man in nachhaltige Investments packen könnte. Damit werden dann nachhaltige Unternehmen unterstützt.

Aber auch Versicherungsprodukte, die nicht in erster Linie Geld anlegen, wie z. B. die Berufsunfähigkeitsversicherung, können nachhaltiger werden wie oben erwähnt. Über eine Idee möchten wir an der Stelle sprechen. Wir vermuten jedoch, dass sie kommerziell nicht erfolgreich sein kann. Daran zeigt sich, dass Nachhaltigkeit auf der Produktebene schwierig umzusetzen ist.

Da die Berufsunfähigkeitsversicherung die Fähigkeit, in meinem Beruf ein sinnvolles Arbeitsergebnis zu erreichen, absichert, bietet es sich irgendwie an, nicht nur auf E, also Environment, sondern auch auf S und G, also Social und Governance zu setzen. Denn ganz ehrlich, für jeden Vertrag, den man verkauft, einen Baum zu pflanzen, ist zwar einfach umzusetzen und auch hilfreich, aber es nutzt nicht das volle Potenzial.

Man könnte z. B. die Berufsgruppeneinteilung dahingehend ändern, dass Berufe in Branchen, die auf die ESG-Kriterien einzahlen,

Prüfbar

Illegale Wirtschaftspraktiken
Rechtliche Feststellung bzw. Verurteilung;
Über Ausschlussdauer wird qualitativ entschieden

Kein Statement zu Nachhaltigkeit
Prüfung von Veröffentlichungen oder Rückfrage beim Unternehmen

Intransparenz (Berichterstattung über HGB-Anforderungen)
Prüfen, ob Unternehmen über gesetzliche Anforderung hinaus geht

Teilweise prüfbar

Menschenrechtsverletzungen
Laufender Blick auf Fachpresse und Newsletter (Bsp. Human Rights Watch)

Keine Vielfalt im Unternehmen (Widerspruch zur Diversität)
Grundsätzlicher Ausschluss oder Prüfung der gelebten Praxis

Keine Nachhaltigkeitsstrategie
Checkfragen: Wird Nachhaltigkeit im Kerngeschäft angegangen? Langfristige Transformationsambitionen? Mehr als nur Einzelaktionen? Sind drei Nachhaltigkeits-Dimensionen einbegriffen? Antworten findest du in deren Berichterstattung.

Verfehlung 1,5°C-Klimaziel (Paris)
Prüfkriterien sind Science Based Targets (SBTi), perspektivisch werden immer mehr das Zeichen

Widerspruch SDG
Aktuell keine Vergleichbarkeit möglich; perspektivisch ein Positiv-Kriterium; Top 5 SDGs

3 | 5 | 8 | 9 | 12

Nicht prüfbar

Arbeitsrechtverletzungen
Laufender Blick auf Fachpresse und Newsletter (z.B. ILO-Normen zugestimmt)

Biodiversitätsschaden/Kontroverses Umweltverhalten
Noch keine einheitliche Beurteilung möglich;
Perspektisch: Bio-Scope nutzen oder vergleichbare Indikatoren

Abbildung 3.12 Kriterien nachhaltiger Unternehmen

entsprechend günstiger in der Prämie werden und andere Berufe, die das eher nicht tun, werden teurer.

Es wäre auch möglich, im Leistungsfall zu prüfen, ob die versicherte Person zum Zeitpunkt der Berufsunfähigkeit in einem sozialen Beruf gearbeitet hat und dann die Rentenleistung erhöhen. Das ließe sich auch auf soziales Engagement oder die Mitarbeit in einer Umweltschutzorganisation außerhalb der Erwerbsarbeit ausweiten.

Die Vergünstigung ließe sich recht einfach umsetzen, aber es bleibt zu bezweifeln, dass man hierdurch signifikant günstiger werden würde und sich so die entsprechenden Zielgruppen dadurch belohnt fühlten. Denn ein Versicherungsunternehmen muss immer auch prüfen, ob es zu einer sogenannten Antiselektion kommen kann.

Antiselektion bedeutet, dass es zu einer Abweichung von einer gesunden Verteilung von Risiken kommt. Das kann der Fall sein, wenn z. B. im Antrag nicht nach einer bestimmten Krankheit gefragt wird und dann gezielt Menschen mit dieser Vorerkrankung den Vertrag abschließen, aber auch, wenn der Beruf günstiger verkauft wird, als es marktüblich wäre. Wenn man also zu sehr rabattiert, reichen die Beiträge nicht aus, um die Schadenfälle zu zahlen.

Es ist also eher nicht sinnvoll umsetzbar, die Beiträge zu senken. Die Belohnung im Leistungsfall sollte aber kalkulierbar sein. Noch besser wäre es, wenn es die erhöhte Rente dann gäbe, wenn die Berufsunfähigkeit in Ausübung des sozialen Engagements im Beruf oder der Freizeit eingetreten ist, weil das seltener wäre.

Bei Selbstständigen könnte es diesen Bonus auch dann geben, wenn sie sich im eigenen Unternehmen durch vorbildliche Führung (Governance) hervortun.

Eine weitere Idee fußt auf dem Solidaritätsgedanken: Das Kollektiv könnte so gestaltet werden, dass Akademiker und alle Berufe, die eher geringe Beiträge zahlen, freiwillig mehr bezahlen und dieses Geld dann zur Vergünstigung von teureren Berufen in diesem Kollektiv herangezogen wird. Die Herausforderung hierbei ist nicht nur, ausreichend solidarische Menschen zu finden, sodass sich damit ein Kollektiv eröffnen ließe, sondern auch, dass ein Handwerker etwa das Dreifache von einem Akademiker zahlt. Wenn also ein Akademiker freiwillig 20 Prozent mehr bezahlt, dann bräuchte es neun Akademiker, damit ein Handwerker die gleiche (um 20 Prozent erhöhte) Prämie wie ein Akademiker zahlt.

Sollte es aber wirklich gelingen, ein Versichertenkollektiv in eine Gemeinschaft zu verwandeln, die sich füreinander verantwortlich fühlt, dann wäre so einiges denkbar. So könnte man Plattformen einrichten, auf denen sich Betroffene verschiedener Krankheiten austauschen oder die Gemeinschaft könnte sich gegenseitig bei Umschulungen helfen. Am Ende wäre es auch denkbar, dass, wenn es der Gemeinschaft z. B. gelingt, eine Berufsunfähigkeit durch Umschulung zu vermeiden, die Verwendung des gesparten Geldes von allen im Kollektiv bestimmt werden könnte. Da könnte dann z. B. ein niedrigerer Beitrag beschlossen werden oder das Geld einfach gespendet werden.

Eher machbar wäre es vermutlich, wenn man z. B. erhöhte Umschulungshilfen zahlt, sofern die versicherte Person in einen sozialen Beruf umschult. So etwas in der Art gibt es schon in der Wohngebäudeversicherung, wo ein Wiederaufbau in einer höheren Energieeffizienzklasse bezuschusst wird.

Am Ende muss sich eine Berufsunfähigkeitsversicherung auch immer fragen, was das Ganze dann unterm Strich bringt. Wenn einfach nur Geld ausgegeben wird, kommt das bestehende Kollektiv in Gefahr. Also müssten die Maßnahmen so gut ankommen, dass einige Menschen gerade deshalb sich für das Unternehmen entscheiden.

Aber das wird vermutlich erst der Fall sein, wenn Analysehäuser diese Kriterien in die Bewertungskataloge aufnehmen, sodass es für die Bestnote gemacht werden muss. Und das wiederum wird erst passieren, wenn der erste Marktteilnehmer den Sprung ins kalte Wasser gewagt hat.

An diesen Gedankenspielen zeigt sich, dass Nachhaltigkeit auf Produkt- und Anbieterebene schwierig zu realisieren ist. Es zeigt sich auch, dass es v. a. große Versichertenkollektive braucht. In diesen könnten die „starken" Schultern mehr tragen als die „schwachen". So ließe sich ein nachhaltiger Ausgleich erzielen. Das ist im Kern das Versicherungsprinzip. Wo finden wir solche Kollektive? Bei den gesetzlichen Absicherungssystemen: Kranken-, Pflege-, Rentenversicherung. Womöglich könnten wir mit einer Stärkung dieser Systeme mehr für die Nachhaltigkeit erreichen, als wenn wir auf die Produktabteilungen der privaten Versicherer setzen.

3.3.3 Kapitalanlageprodukte

In der Kapitalanlage gibt es eine wesentlich größere Produktauswahl. Da findet man viele verschiedene Begrifflichkeiten wie ESG, Green, Sustainabilty, Climate usw. Die besten Informationen hierzu gibt es beim Forum nachhaltige Geldanlage (FNG). Da kann man Fonds nach eigenen Präferenzen der Nachhaltigkeit filtern.

Es gibt unterschiedliche Ansätze, die alle ihre Vor- und Nachteile haben (siehe Tabelle 3.1).

Tab. 3.1 Konzept nachhaltige Wertpapiere/Fonds

Name	Konzept	Vorteile	Nachteile
Best-in-Class	„klassenbeste“ Unternehmen ihrer Branche	großer Anlagehorizont	auch wenig nachhaltige Unternehmen darin, z. B. BMW
Best-of-Class	nur „sauberste“ Branchen, häufig mit Ausschlusskriterien	nur nachhaltige Unternehmen enthalten	kleiner Anlagehorizont, Vielfalt an Ausschlusskriterien
Engagement	Dialog des Fondsmanagements mit den Unternehmen	Fondsmanagement kann direkt auf Firmen einwirken und Veränderung bewirken	auch nicht nachhaltige Unternehmen enthalten
ESG-Integration	Einbeziehung von ESG-Kriterien bzw. -Risiken in die traditionelle Finanzanalyse	großer Anlagehorizont	auch wenig nachhaltige Unternehmen enthalten
Impact Investments	Investitionen, die neben einer finanziellen Rendite auch einen positiven Beitrag zur Lösung von ökologischen und/oder sozialen Problemen leisten	sehr offen, wirken zielgerichtet auf bestimmte Probleme	unübersichtlich, z. T. schwer nachvollzieh- und prüfbar
normbasiertes Screening	Überprüfung von Investments nach ihrer Konformität mit bestimmten internationalen Standards und Normen	klare Prüfbarkeit	nur Kriterien, die international anerkannt sind
Themenfonds	z. B. erneuerbare Energien	höheres Risiko, da keine oder geringe Streuung	Wirkung der Nachhaltigkeit meist klar

Daneben gibt es noch die Einteilung der Fonds nach der EU-Verordnung 2019/2088. „Graue“ Fonds streben keine Nachhaltigkeitsziele an. „Hellgrüne“ Fonds berücksichtigen ökologische und soziale Aspekte. „Grüne“

Fonds verfolgen ein konkretes nachhaltiges Anlageziel. Sie tragen z. B. dazu bei, dass die SDG der UN nicht verletzt werden. Außerdem zeigen sie transparent die positive Nachhaltigkeitswirkung auf. Mittlerweile ist die Mehrheit der Fonds in diesem Sinne nachhaltig.

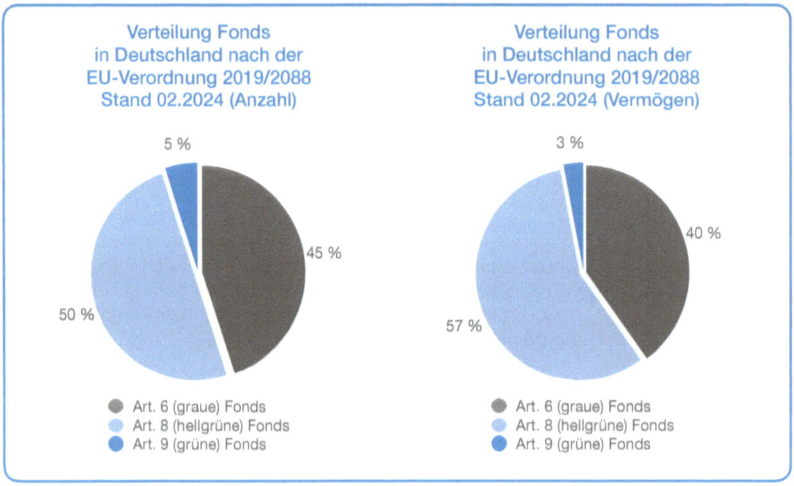

Abbildung 3.13 Anteil (nachhaltiger) Fonds

Ein hartnäckiges Vorurteil betrifft die Rendite. Viele glauben, dass nachhaltige Geldanlage weniger Rendite abwirft als konventionelle Anlagen. Dieses Vorurteil wurde bereits empirisch widerlegt[64] und lässt sich auch logisch entkräften. Nachhaltige Unternehmen arbeiten ressourcenschonender. Sie sind resilienter. Sie weisen eine höhere Kund:innenbindung auf. Und ihnen fällt die Akquise von Mitarbeiter:innen leichter, die ebenfalls immer mehr Wert auf Nachhaltigkeit legen. Alles in allem sind nachhaltige(re) Unternehmen also betriebswirtschaftlich erfolgreicher. Da an der Börse die Gewinne der Zukunft gehandelt werden, ergibt sich, dass solche Unternehmen bessere Börsenkurse erwarten lassen.

Abbildung 3.14 Vorurteil Renditenachteil nachhaltiger Anlagen

(Illustrationen: Freepik/www.flaticon.com)

Nachhaltigkeit ist in aller Munde – aber auch in deinem Depot?

Gastbeitrag von

Stella Ureta-Dombrowsky

Stella Ureta-Dombrowsky ist ESG- und Kapitalmarkt-Expertin mit internationaler Karriere – von London über Frankfurt, Zürich und New York bis nach Barcelona. Nach über 20 Jahren Erfahrung in Aktienanalyse und Portfoliomanagement widmet sie sich heute ihrem Herzensthema: ESG und Female Finance. Mit ihrem erfolgreichen ESG-Talk-Podcast baut sie die Brücke zwischen den Säulen Umwelt, Soziales und Governance mit Kapitalmarkt, Wirtschaft, Wissenschaft und Gesellschaft und spricht mit Gästen wie Maja Göpel, Hannes Jaenicke oder Nicole Staudinger. Ob als Finanzcoach, ESG-Beraterin oder Speakerin: Stella macht komplexe Themen greifbar und stärkt die finanzielle Selbstbestimmung von Frauen.

Du willst mit deinem Geld etwas bewegen? Gern. Die gute Nachricht: Noch nie wurde so viel über nachhaltiges Investieren gesprochen wie heute. Die schlechte: Noch nie war es so schwer, sich darin zurechtzufinden.

Denn zwischen ESG-Siegeln, grünen Fonds, EU-Vorgaben und neuen Anlageklassen herrscht nicht unbedingt Klarheit. Im Gegenteil: Was genau bedeutet ESG eigentlich? Woran erkenne ich, ob mein Investment wirklich nachhaltig ist? Und was hat es mit dieser neuen Präferenzabfrage auf sich, die Banken plötzlich stellen?

Für mich ist Nachhaltigkeit mehr als ein Label – sie ist eine Haltung. Und sie verändert gerade nicht nur die Art, wie Unternehmen wirtschaften, sondern auch, wie wir investieren. Es geht zusätzlich um

Risikovorsorge, wenn der Klimawandel die Häufigkeit von Naturkatastrophen beeinflusst.

Wer heute sein Portfolio zusammenstellt, steht längst nicht mehr nur vor der Frage „Was bringt Rendite?", sondern auch „Welche Wirkung soll dein Geld erzielen?". Denn Geld erzielt immer eine Wirkung, ob auf gesellschaftlicher, wirtschaftlicher oder politischer Ebene.

In diesem Beitrag bekommst du einen Überblick über die wichtigsten Begriffe, Entwicklungen und Entscheidungen, die du als Anleger:in kennen solltest, wenn du nicht nur finanziell, sondern auch ethisch und ökologisch Verantwortung übernehmen willst.

ESG, Impact und Nachhaltigkeit: Begriffswelten zwischen Anspruch und Realität

ESG, Impact, SRI, SDG-konform – die Welt des nachhaltigen Investierens klingt manchmal wie ein Alphabet der guten Absichten. Aber was bedeuten diese Begriffe eigentlich konkret? Und wo verlaufen die Grenzen zwischen Mindeststandard und echter Wirkung?

Fangen wir mit ESG an: Die drei Buchstaben stehen für Environmental, Social und Governance – also Umwelt, Soziales und transparente Unternehmensführung. ESG-Kriterien dienen als Filter, mit denen Unternehmen bewertet werden, bevor sie in ein nachhaltiges Portfolio aufgenommen werden. Klingt gut – ist aber in der Praxis oft eine Frage der Auslegung. Denn ESG bedeutet nicht automatisch, dass ein Unternehmen besonders grün oder ethisch ist – nur, dass es bestimmte Risiken und Prozesse besser im Blick hat. Jede Säule kann je 0–100 Prozent mit Umweltthemen, sozialen Themen und Themen transparenter Unternehmensführung befüllt werden. Umso höher die Kennzahl, desto nachhaltiger. Doch meistens sind Unternehmen nicht in allen drei Säulen gleich stark aufgestellt. Manchmal ist das aktuelle Geschäftsmodell so

CO_2-intensiv, dass die Umweltsäule automatisch niedrig bleibt und durch eine hohe soziale und Governance-Säule kompensiert wird. Also genau hingucken ist die Devise.

Impact Investing geht einen Schritt weiter: Hier investierst du gezielt in Unternehmen oder Projekte, die eine messbare positive Wirkung erzielen sollen – etwa im Bereich Klimaschutz, Bildung oder soziale Teilhabe. Es geht also nicht nur darum, Risiken zu vermeiden, sondern Veränderung aktiv zu finanzieren.

Und dann ist da noch der Begriff „nachhaltig" – so oft benutzt, aber selten konkret. Nachhaltigkeit kann sich auf Umweltfreundlichkeit beziehen, auf ethisches Handeln oder auf langfristige wirtschaftliche Stabilität. Was als nachhaltig gilt, hängt von deinen Werten, dem regulatorischen Rahmen – und leider auch vom Marketingverständnis des jeweiligen Anbieters ab.

Deshalb gilt: Frage nach. Was genau heißt „nachhaltig" in diesem Fonds? Welche Kriterien werden angewendet – und wie transparent sind die Daten? Wirklich nachhaltige Investments erkennst du daran, dass sie ihre Wirkung offenlegen:

Gibt es einen jährlichen Wirkungsbericht? Werden konkrete Ziele benannt (z. B. CO_2-Einsparung, SDG-Bezug)? Wird transparent erklärt, wie Unternehmen ausgewählt oder ausgeschlossen werden?

ESG ist ein Anfang. Wirkung braucht dich.

Wesentlichkeit verstehen – Nachhaltigkeit mit Substanz erkennen

Nicht jede Zahl erzählt die ganze Geschichte. Nicht jede Nachhaltigkeitsbewertung zeigt, was wirklich zählt. Deshalb rückt in der neuen Nachhaltigkeitsberichterstattung ein Begriff ins Zentrum, den du kennen solltest: Wesentlichkeit.

Denn wer heute nachhaltige Unternehmen identifizieren will – oder in sie investieren möchte – muss verstehen, welche Themen für ein Unternehmen wirklich relevant sind. Das ist der Kern jeder ESG-Strategie. Und genau hier kommt die Wesentlichkeitsanalyse ins Spiel.

Was ist eine Wesentlichkeitsanalyse?

Eine Wesentlichkeitsanalyse hilft Unternehmen dabei, herauszufinden:

Welche Nachhaltigkeitsthemen für den eigenen wirtschaftlichen Erfolg relevant sind – z. B. CO_2-Kosten, regulatorische Risiken, Reputationsfragen.

Welche Themen gesellschaftlich oder ökologisch wichtig sind, weil das Unternehmen einen Einfluss darauf hat – also etwa Wasserverbrauch, Menschenrechte in der Lieferkette oder Biodiversität.

Die Kombination dieser beiden Perspektiven ergibt das, was man „doppelte Wesentlichkeit" nennt – und was durch die CSRD (EU-Richtlinie zur Nachhaltigkeitsberichterstattung) und die ESRS (Europäische Nachhaltigkeitsberichterstattungsstandards) für Tausende Unternehmen in Europa verpflichtend sein wird.

Doppelte Wesentlichkeit vs. klassische Risikoanalyse

Die klassische finanzielle Wesentlichkeit fragt: „Wie wirken sich Umwelt- oder Sozialthemen auf den Unternehmenserfolg aus?" Beispiel: Extremwetter führt zu Ernteausfällen bei einem Agrarkonzern – das ist finanziell wesentlich.

Die doppelte Wesentlichkeit fragt zusätzlich: „Welchen Einfluss hat das Unternehmen selbst auf Umwelt und Gesellschaft?" Beispiel: Dieselbe Firma trägt durch Pestizideinsatz zur Verunreinigung von Grundwasser bei – auch das muss künftig offengelegt werden.

Das ist ein Paradigmenwechsel. Es geht nicht mehr nur um Risiken für das Unternehmen – sondern um Verantwortung und Wirkung des Unternehmens.

Was bedeutet das für deine Geldanlage?

Ganz einfach: Diese Berichte sind künftig eine wertvolle Informationsquelle für dich.

Wenn du in Einzelaktien investierst oder Fonds mit ESG-Schwerpunkt auswählst, kannst du künftig besser beurteilen, ob ein Unternehmen glaubwürdig ist – oder eher grün rechnet als grün handelt.

Wenn du heute in einen ESG-Fonds investierst, ist es entscheidend, ob und wie darin Unternehmen mit echter Substanz vertreten sind. Die Wesentlichkeitsanalyse zeigt dir, ob ein Unternehmen bloß Häkchen setzt – oder Nachhaltigkeit strategisch ernst nimmt.

Gute Fondsmanager:innen prüfen genau, welche Themen im Unternehmen wirklich wesentlich sind, ob es glaubwürdige Strategien dazu gibt, und ob diese Themen regelmäßig überprüft und weiterentwickelt werden.

Schau bei Fonds oder Einzelaktien, ob ESG-Analysen auf Basis der doppelten Wesentlichkeit erfolgen – nicht nur auf Basis vergangener Risiken. Und: Frage nach, ob das Unternehmen eigene Wesentlichkeitsanalysen veröffentlicht – das ist ein Indikator für Transparenz.

Wesentlichkeit schafft Klarheit – und trennt die Spreu vom grünen Weizen. Je besser ein Unternehmen versteht und offenlegt, was für das Unternehmen selbst und für die Welt wirklich wichtig ist, desto besser kannst du als Anleger:in entscheiden, ob deine Investition Wirkung hat – und Substanz.

Nachhaltigkeitspräferenzen abfragen – Pflicht oder Chance?

Wenn du heute in eine Anlageberatung gehst, muss dir eine entscheidende Frage gestellt werden: „Möchten Sie nachhaltig investieren?"

Seit August 2022 ist diese Frage kein freundlicher Zusatz mehr, sondern gesetzlich vorgeschrieben – als Teil der überarbeiteten MiFID-II-Richtlinie. Und sie wird in zwei Stufen gestellt: Willst du überhaupt nachhaltig investieren? Wenn ja: Wie soll diese Nachhaltigkeit konkret aussehen?

Das klingt erst einmal sinnvoll – und ist ein wichtiger Schritt, um Nachhaltigkeit zu personalisieren. In der Praxis jedoch zeigt sich: Viele Berater:innen kennen zwar die Pflicht, aber nicht den Unterschied zwischen den möglichen Antworten. Dabei ist gerade das für dich als Anleger:in entscheidend.

Was wird durch die beiden Fragen genau abgefragt? Die drei Kategorien der Nachhaltigkeit.

Wenn du die erste Frage mit Ja beantwortest, hast du die Wahl zwischen drei gesetzlich definierten Nachhaltigkeitsansätzen. Sie unterscheiden sich durch ihre Zielsetzung – und den Grad an Umwelt- oder Sozialwirkung, den du erwartest:

Ökologisch nachhaltige Investitionen

gemäß der EU-Taxonomie

Fokus: Beitrag zu mindestens einem von sechs Umweltzielen (z. B. Klimaschutz, Kreislaufwirtschaft)

Achtung: kontrovers, da auch Gas und Atomkraft aktuell als „nachhaltig" gelten können

Nachhaltige Investitionen gemäß Offenlegungsverordnung (SFDR)

Artikel-8-und-9-Fonds

Fokus: Beiträge zu ESG-Zielen, ohne anderen Zielen zu schaden

Anbieter müssen selbst einschätzen und transparent offenlegen

Berücksichtigung nachteiliger Nachhaltigkeitsauswirkungen (Principal Adverse Impacts oder PAIs)

Fokus: Vermeidung negativer Effekte (z. B. CO_2-Emission, Umweltverschmutzung, Diskriminierung)

Indikatoren (z. B. Treibhausgasemissionen, Wasserbelastung, Gender-Pay-Gap)

Grundlage: Artikel 4 der SFDR

Wenn du wirklich entscheiden willst, wie dein Geld wirkt, brauchst du mehr Antwortmöglichkeiten als Ja oder Nein. Hier folgt ein Vorschlag für eine strukturierte und transparente Präferenzabfrage, wie sie im Beratungsgespräch gestellt werden sollte. Je tiefer, desto besser, doch die folgende Übersicht soll dir ein Gefühl geben, was du erwarten darfst.

Die Präferenzabfrage

Grundfrage:

„Möchten Sie bei Ihrer Geldanlage Nachhaltigkeitskriterien berücksichtigen?"

Ja / Nein / Noch unentschlossen

Vertiefung bei Ja-Antwort:

1. Welche Nachhaltigkeitsstrategie ist Ihnen wichtig?

(Multiple Choice möglich)

Ökologisch nachhaltige Investitionen gemäß EU-Taxonomie

Nachhaltige Investitionen gemäß Offenlegungsverordnung (SFDR)

Berücksichtigung nachteiliger Nachhaltigkeitsauswirkungen (PAIs)

2. Welche ESG-Themen liegen Ihnen besonders am Herzen?

Klimaschutz und Emissionsreduktion

Wasser und Ressourcenschonung

Menschenrechte und soziale Gerechtigkeit

Faire Unternehmensführung und Transparenz

Ausschluss bestimmter Branchen (z. B. Waffen, fossile Energien)

3. Erwarten Sie konkrete Wirkungsnachweise („Impact")?

Ja / Nein / Nur bei bestimmten Investments

4. Soll ein Mindestanteil der Investition nachhaltig sein?

z. B. mindestens 30 Prozent ESG-konform

vollständig (100 Prozent)

keine Mindestquote

5. Möchten Sie über die Nachhaltigkeitswirkung informiert bleiben?

Ja – durch Berichte oder Wirkungskennzahlen

Nein – einmalige Entscheidung reicht mir

Und was passiert mit deiner Antwort?

Diese Angaben müssen dokumentiert und bei der Produktauswahl berücksichtigt werden. Sollte dir ein Fonds angeboten werden, der damit nichts zu tun hat – frag nach. Du hast ein Recht auf eine Empfehlung, die nicht nur zur Rendite passt, sondern auch zu deinen Werten.

In der Praxis zeigt sich jedoch: Viele Anbieter interpretieren die Vorgaben sehr unterschiedlich. Manche vermeiden es bewusst, Fonds als „nachhaltig" einzustufen – aus Angst vor Reputationsrisiken. Andere stufen Fonds mutig als Artikel-9-Produkte ein, rudern aber später zurück. Auch du wirst dich vielleicht fragen: „Warum ist dieser Ölkonzern im ESG-Fonds?" Oder: „Wird da wirklich investiert – oder nur erzählt?"

Die Nachhaltigkeitspräferenzabfrage ist ein guter Anfang – aber sie braucht mehr Klarheit, Mut zur Transparenz und auch deine Haltung. Denn nur, wenn du weißt, was du willst, kannst du mit deinem Geld die Wirkung erzielen, die dir wirklich wichtig ist.

Grüne Anlageklassen im Überblick

Nachhaltig investieren klingt gut – aber was steckt konkret dahinter? Sobald du weißt, welche Nachhaltigkeitsstrategie zu dir passt, stellt sich die nächste Frage: In welche Anlageklassen kannst du überhaupt grün investieren? Und vor allem: Wie erkennst du, ob ein Produkt wirklich nachhaltig ist – oder nur so aussieht?

Fakt ist: Fast alle klassischen Anlageklassen gibt es inzwischen auch in „Grün". Aber nicht alles, was „nachhaltig" heißt, wirkt auch nachhaltig. Deshalb lohnt sich ein genauer Blick – auf die Möglichkeiten, aber auch auf die Grenzen.

Aktien und Aktienfonds – die flexible Allzweckwaffe

Nachhaltige Aktienfonds gehören zu den beliebtesten Produkten im ESG-Bereich. Sie investieren gezielt in Unternehmen, die bestimmte ökologische, soziale oder ethische Kriterien erfüllen – und schließen andere bewusst aus.

Aber: Nachhaltigkeit ist kein geschützter Begriff. Das heißt, du solltest immer nachfragen, welche Kriterien der Fonds genau anlegt.

Artikel-9-Fonds gelten als die „reinsten" ESG-Produkte – aber sie sind selten und teils stark reglementiert.

Prüfe, ob der Fonds auch Bericht über seine Wirkung erstattet (Impact Report) und ob es aktive Engagementstrategien gibt – also aktives Einwirken der Fondsgesellschaft auf Unternehmensverhalten.

Anleihen – vor allem Green Bonds im Fokus

Immer mehr Staaten und Unternehmen geben sogenannte Green Bonds aus – also Anleihen, bei denen die Mittel explizit für Umweltprojekte eingesetzt werden: z. B. für Windparks, Energieeffizienz oder nachhaltige Mobilität.

Neben Green Bonds gibt es auch:

- Social Bonds (z. B. für Gesundheits- oder Bildungsprojekte)
- Sustainability Bonds (Kombination aus ökologischen und sozialen Zielen)

Klingt gut – aber: Der Begriff „green" ist nicht streng reguliert. Es lohnt sich, genau hinzusehen, wofür das Geld wirklich verwendet wird – und ob es Impact-Kriterien gibt.

Immobilien – nachhaltig geht auch in Stein

Nachhaltige Immobilienfonds investieren in Gebäude mit geringem Energieverbrauch, guten sozialen Standards (z. B. bezahlbarer Wohnraum) und langfristiger Nutzbarkeit. Ein Stichwort ist hier die ESG-konforme Immobilienentwicklung.

Aber: Nicht jede „grüne Immobilie" ist gleich nachhaltig. Achte auf Zertifikate wie LEED, DGNB oder BREEAM – sie helfen bei der Bewertung.

Impact-Fonds – Wirkung an erster Stelle

Diese Fonds sind selten, aber besonders relevant: Sie investieren nicht nur nachhaltig, sondern mit einer klaren Wirkungsabsicht – z. B. CO_2-Vermeidung, Armutsbekämpfung oder Mikrofinanzierung.

Die Wirkung muss messbar und überprüfbar sein und transparent kommuniziert werden.

Wenn du wirklich mitgestalten willst, sind Impact-Fonds ein sinnvoller Baustein im Portfolio – auch wenn sie meist kleinere Anbieter haben und mehr Recherche erfordern.

ETFs – auch passiv kann grün sein (aber nicht immer)

Nachhaltige ETFs bilden ESG-Indizes ab – etwa den MSCI World SRI oder den DAX 50 ESG.

Sie sind günstig, breit gestreut und leicht handelbar. Aber: Die Nachhaltigkeitsfilter sind oft weniger streng, weil sie sich an Index-Vorgaben halten.

Hier gilt: Nicht vom Namen blenden lassen. Schau in die Index-Methodik, ob kontroverse Branchen ausgeschlossen werden – und ob Engagement- oder Stimmrechte genutzt werden.

Governance, Engagement und Stewardship – mehr als nur Abstimmen

Wenn über nachhaltiges Investieren gesprochen wird, steht häufig das „E" – also Umwelt – im Vordergrund. Aber das „G" in ESG ist mindestens genauso wichtig: Governance, also transparente oder gute Unternehmensführung.

Governance bedeutet:

- transparente Strukturen,
- unabhängige Aufsichtsräte,
- faire Vergütungssysteme,
- Einhaltung von Menschenrechten
- und keine Toleranz für Korruption.

Ein solides Governance-Framework ist das Fundament für jedes glaubwürdige Unternehmen. Ohne klare Führungs- und Kontrollstrukturen nützt die schönste Nachhaltigkeitsbroschüre wenig.

Und hier kommt Engagement ins Spiel: Immer mehr Fondsgesellschaften nutzen ihre Stimmrechte auf Hauptversammlungen, um nachhaltige Veränderungen aktiv einzufordern – sei es bei CO_2-Zielen,

Diversität oder Lieferkettenverantwortung. Wenn das strukturiert und langfristig geschieht, spricht man von Stewardship. Das bedeutet, dass sich Investor:innen nicht nur als Geldgeber, sondern als Mitgestalter verstehen. Gute Fondsanbieter berichten regelmäßig darüber, wie und wo sie sich engagieren – und ob es Wirkung zeigt.

Achte bei Fonds auf die Frage: Wie nutzt der Anbieter seine Stimmrechte? Gibt es eine Voting-Policy? Wird über Engagementaktivitäten berichtet? Wenn ja – umso besser.

Das Forum nachhaltige Geldanlage (FNG) bietet öffentlich und unentgeltlich auf seiner Website einen ersten Überblick über nachhaltige Investmentfonds, die FNG-Nachhaltigkeitsprofile. Seit 2012 bieten sie Anleger:innen und Berater:innen eine kompakte Übersicht zu den wichtigsten Nachhaltigkeitsstrategien und Eckdaten nachhaltiger Fonds – und das auf einen Blick.

Deine nachhaltige Anlagestrategie – bewusst, gestreut, wirksam

Nachhaltigkeit ist kein Etikett, sondern ein Prozess. Die gute Nachricht: Du hast heute mehr Möglichkeiten denn je, dein Geld nach deinen Werten und Zielen anzulegen. Ob über Green Bonds, ESG-Aktienfonds oder Impact-ETFs – das Angebot wächst, aber auch deine Verantwortung, kritisch hinzusehen. Diversifikation bleibt dabei der Schlüssel. Auch nachhaltige Investments sollten breit gestreut sein – über verschiedene Anlageklassen, Regionen und Branchen hinweg. So reduzierst du Risiken, ohne auf Wirkung zu verzichten. Nachhaltigkeit und Rendite schließen sich nicht aus – aber sie erfordern klare Prioritäten.

Und trau dich! Frag nach Governance und Engagement. Denn wirklich nachhaltige Fonds setzen sich nicht nur Ziele – sie handeln auch aktiv, um diese zu erreichen. Wenn du mit solchen Anbietern investierst, bist du nicht nur Anleger:in, sondern Mitgestalter:in.

Kurz gesagt: Dein Geld kann mehr als nur Zinsen – es kann Haltung zeigen. Nutze es.

Grün investieren kannst du heute fast überall – die Frage ist nur, wie tief das Grün geht. Hinterfrage Labels, lies zwischen den Zeilen und suche Produkte, die klar, transparent und glaubwürdig zeigen, was sie bewirken wollen. Dann wird dein Geld nicht nur angelegt – sondern sinnvoll eingesetzt.

Nachhaltig investieren heißt Verantwortung übernehmen

Dein Kompass zwischen Regulierung, Rendite und Haltung – nachhaltig investieren ist kein Modetrend, es ist ein Statement. Ein Bekenntnis dazu, dass Geld nicht nur Rendite bringen, sondern auch Verantwortung tragen kann. Ob du nun auf Klimaschutz, soziale Gerechtigkeit oder transparente Unternehmensführung achtest – deine Anlageentscheidung hat Wirkung. Und du hast mehr Einfluss, als du vielleicht denkst. Denn mit jeder Entscheidung für oder gegen ein Investment stimmst du ab: für die Welt, wie sie ist – oder für die Welt, wie sie sein könnte.

Was du konkret tun kannst

Wissen aufbauen: Verstehe die Grundlagen von ESG, Taxonomie und Impact – und bleibe dran, denn das Feld entwickelt sich ständig weiter.

Beratung aktiv nutzen: Geh vorbereitet in Gespräche, stelle deine Fragen, fordere Transparenz.

Mitbestimmen: Achte bei Fonds darauf, ob Stimmrechte genutzt werden und Engagement betrieben wird.

Bewusst streuen: Nachhaltigkeit funktioniert auch mit Diversifikation – je breiter dein Portfolio aufgestellt ist, desto robuster ist es.

Eigene Haltung zeigen: Deine Werte sind kein Nice-to-have, sondern eine strategische Dimension deiner Geldanlage.

Kurz-Check: 5 Fragen, die du dir (und deiner Beratung) stellen solltest

Welche Nachhaltigkeitsstrategie verfolgt dieses Produkt konkret – und wie wird das überprüft?
Wird doppelte Wesentlichkeit berücksichtigt – oder geht es nur um Risiken?
Welche Branchen oder Unternehmen werden ausgeschlossen – und warum?
Gibt es einen Wirkungsbericht oder nachvollziehbare Impact-Ziele?
Was ist mir wichtiger: maximale Rendite – oder sehr attraktive Rendite und ein gutes Gefühl beim Investieren?

Zwischen regulatorischen Rahmenwerken, Marketingbegriffen und echten Veränderungen ist es nicht immer leicht, den Überblick zu behalten. Aber du musst kein Profi sein, um verantwortungsvoll zu investieren. Du brauchst vor allem Haltung, Fragen – und die Bereitschaft, dranzubleiben. Denn nachhaltiges Investieren ist kein Ziel – sondern ein Weg.

Und dieser Weg beginnt bei dir.

3.4 Nachhaltige Finanzanbieter

Auf der Anbieterebene betrachten wir die Versicherer, Banken und Kapitalanlagegesellschaften (Fondsgesellschaften). Wir sind auf der letzten Ebene des Einflusses mit der größten Wirkung angelangt.

Es gibt vier Dimensionen, die entscheidend sind, damit (diese) Unternehmen Nachhaltigkeit effektiv verankern und umsetzen können:

Wesentlichkeit

Unternehmen sollten herausfinden, wo sie wirklich große Auswirkungen haben. Das bedeutet, analytisch die wesentlichen Nachhaltigkeitsaspekte herauszuarbeiten. Beispiel: eine echte Änderung der Kapitalanlage, anstatt einen Baum für einen abgeschlossenen Vertrag zu pflanzen.

Kompetenz

Um Nachhaltigkeit strategisch zu verankern und erfolgreich umzusetzen, braucht es Kompetenz. Die Mitarbeitenden müssen also befähigt werden, Nachhaltigkeit zu verstehen und auszuführen. Ist diese Kompetenz im Unternehmen nicht vorhanden, sollte sie extern eingekauft werden.

Strategie

Für eine klare Orientierung und dauerhafte Verankerung im Unternehmen braucht es eine Nachhaltigkeitsstrategie, die den Status quo und Ziele benennt, die durch glaubwürdige Maßnahmen erreicht werden sollen. Nachhaltigkeit muss integraler Unternehmensbestandteil sein.

Kultur

Letztendlich sind Unternehmen die Summe der dort arbeitenden Menschen. Erst wenn Nachhaltigkeit Teil der Gespräche, der persönlichen

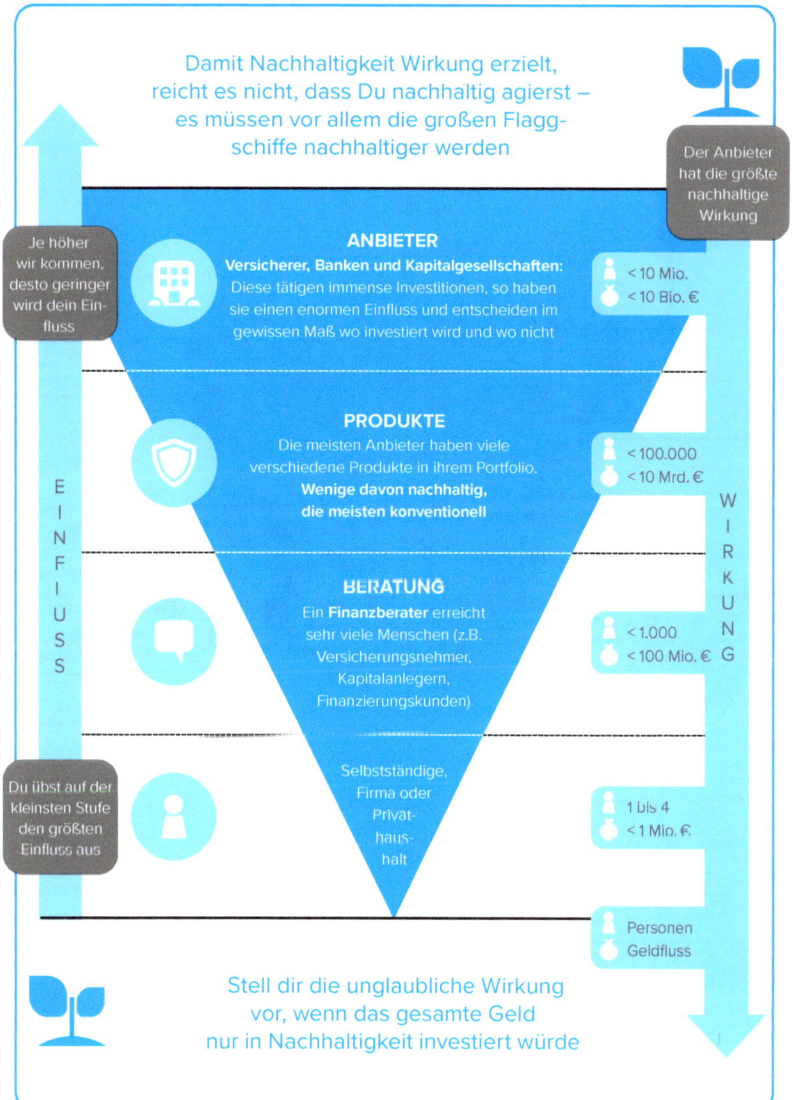

Abbildung 3.15 Wirkung und Einfluss von bzw. auf Nachhaltigkeit bei Finanzen und Versicherungen

Abbildung 3.16 Merkmale nachhaltiger Unternehmen *(Illustrationen: Freepik/www.flaticon.com)*

Ziele, der alltäglichen Arbeit und der Vision wird, kann sie dauerhaft gelebt werden. Stell dir eine Finanzfirma mit toller Nachhaltigkeitsstrategie vor, aber alle fahren mit dem Auto zur Arbeit oder bezahlen Männer und Frauen unterschiedlich.

3.4.1 Banken

Gastbeitrag von

Michael Franz Schmidt

Die drei Säulen des deutschen Bankwesens sind Privatbanken (mit Aktionären oder Einzelpersonen und Familien als Eigentümer), Genossenschaftsbanken (Kunden können über Genossenschaftsanteile gleichzeitig Eigentümer sein) und Sparkassen (öffentlich-rechtliche Vermögensmassen). Bei den beiden letztgenannten Gruppen liegt der überwiegend soziale Nachhaltigkeitsgedanke bereits in ihren Entstehungsgeschichten im 18./19. Jahrhundert begründet. Genossenschaften haben sich privatwirtschaftlich aus eigenem Antrieb organisiert, um größere Finanzierungen von Geschäftsgründungen und Investitionsprojekten gemeinsam stemmen zu können („einer für alle, alle für einen"). Sparkassen dagegen wurden staatlich ins Leben gerufen, um die Geldversorgung und das Vorsorgesparen auch für ärmere Schichten zu ermöglichen und damit Betriebe und Infrastruktur in der jeweiligen Region zu finanzieren. Die Genossenschaftsbanken und Sparkassen dominieren heute mit einem kombinierten Anteil von zwei Dritteln aller Spareinlagen in Deutschland, nicht zuletzt, weil sie auch in ländlichen Gegenden weit verbreitet sind. Aber auch unter den Privatbanken finden sich historisch Nachhaltigkeitsmotive, so hat die Fuggerbank soziale Wohnungen finanziert.

Nachhaltige Wurzeln allein garantieren aber keine nachhaltige Ausrichtung des Bankgeschäfts heute. Viele haben sich mit einer Nachhaltigkeitsstrategie auf den Weg gemacht, nicht nachhaltige Aktivitäten zu beenden und nachhaltige Zwecke bewusster zu verfolgen sowie zumindest Teile ihres Produktangebots vollständig nachhaltig auszurichten. Es ist hier also wichtig, sich die einzelne Bank oder Sparkasse genauer anzuschauen, um den Grad der Nachhaltigkeitsausrichtung besser einschätzen zu können. Dabei können Bewertungen von externen Analyseeinrichtungen wie der Fair Finance Guide, die Stiftung Warentest oder ESG-Ratingagenturen (wie MSCI, Sustainalytics, ISS ESG und andere) eine Hilfestellung geben. Was externe Bewertungen betrifft, gilt auch hier, dass die Einschätzungen von der Methode und den Schwerpunkten der jeweiligen Analyse abhängen. Wenn eine Bank oder Sparkasse bei mehreren Bewertungen eine gute Note bekommt, sollte das dein Vertrauen in deren Nachhaltigkeitspositionen fördern. Es gibt auch seitens der europäischen Finanzmarktregulierung Bestrebungen, durch mehr Transparenzanforderungen und Standardisierungen wie z. B. eine Green Asset Ratio (Anteil aller „grünen" Kredite) Anhaltspunkte zum Nachhaltigkeitsgrad verpflichtend berichten zu lassen. Berechnungsmethodik und Aussagekraft dieser Kennzahlen werden jedoch von verschiedenen Seiten kritisiert.

Wenn dir wichtig ist, dass nicht nur das Finanzprodukt, sondern auch das Haus, aus dem es kommt, vollständig nachhaltig ist, fühlst du dich vielleicht bei Nachhaltigkeitsbanken am besten aufgehoben. Deren Wurzeln gehen teilweise bis in die 1970er-Jahre zurück und sie konnten seitdem und gerade in den letzten zehn Jahren stark wachsen. Beispiele sind die GLS Bank, die Umweltbank, die Triodos Bank oder die EthikBank. Diese Banken zeichnen sich dadurch aus, dass sie einen hohen Nachhaltigkeitsmaßstab an ihre gesamte Geschäftspolitik anlegen und so beispielsweise eine Kreditvergabe an klimaschädliche (fossile Energie) oder kontroverse Sektoren (Rüstung) ausschließen bzw. besondere positive Merkmale (z. B. ökologische oder soziale Verbesserungen) betonen. Die jeweiligen Details der Geschäftspolitik sowie deren konkrete Umsetzung werden recht klar auf ihren Internetseiten bzw. in den Geschäftsberichten dargestellt. Die Transparenz geht häufig über diejenige konventioneller Banken und Sparkassen hinaus. Und sie schneiden bei den erwähnten externen Bewertungen zu Nachhaltigkeit oft sehr gut ab.

Ähnliches gilt im Übrigen für die Kirchenbanken in Deutschland, deren Ursprünge 100 Jahre und mehr zurückreichen. Sie können katholisch oder evangelisch geprägt sein und legen einen besonderen Wert auf ein aus den jeweiligen Glaubensüberzeugungen abgeleitetes Nachhaltigkeitsverständnis, zu dem neben einem Umweltbewusstsein („Bewahrung der Schöpfung") insbesondere eine soziale Orientierung (Arbeits- und Menschenrechte) und ethische Maßstäbe treten. Du findest in Deutschland – allerdings in deutlich beschränkterem Umfang – auch Finanzinstitute mit einem Wertekanon anderer Religions- oder Glaubensgemeinschaften, wenn dir eine spezifische religiöse Prägung wichtig ist.

Gastbeitrag von

Gottfried Baer

Gottfried Baer ist studierter Agrarökonom, verheiratet und hat vier Kinder. Der gebürtige Franke ist seit 1996 beruflich erfolgreich in der Finanzdienstleistung tätig. Davon acht Jahre in der Beratung sowie sechs Jahre in der Geschäftsleitung eines mittelständischen werteorientierten Maklerhauses. Seit 2010 ist er Gründer und Inhaber der MehrWert GmbH für Finanzberatung und Vermittlung. Das Haus berät infolge seiner klaren Positionierung Privatkunden, Stiftungen, kirchliche Einrichtungen und Unternehmen ausschließlich in Fragen von nachhaltigen Geldanlagen, nachhaltigen Vermögensverwaltungsstrategien und sinnstiftenden privaten wie betrieblichen Altersvorsorgelösungen.

Das ursprüngliche Geschäftsmodell einer Bank war einerseits, Menschen Einlagen mit fester Verzinsung anzubieten, und andererseits, den Markt mit Geld in Form von Krediten zu versorgen. Im Laufe der letzten Jahrzehnte haben die Banken ihr Geschäftsmodell mit weiteren Finanzdienstleistungen radikal erweitert. Banken bieten heute ihren Kunden u. a. zusätzlich Investmentfonds, Beteiligungen, Vermögensverwaltungen, Versicherungen und auch Finanzplanung sowie Unternehmensberatung an.

Im Nachhaltigkeitsanspruch unterscheiden sich die Banken heute in Deutschland sehr stark. Jede Bank muss im Rahmen der gesetzlichen Regulatorik einen jährlichen Nachhaltigkeitsbericht verfassen und veröffentlichen. Darin werden unterschiedliche Rahmenparameter hinsichtlich der Nachhaltigkeit (ESG) im Betrieb untersucht und dargestellt. Dazu gehören Daten wie der CO_2-Ausstoß, der Stromverbrauch, der

Wasser- und Papierverbrauch, die Aufteilung der Geschäftsreisen mit Auto, Bahn und Flieger, die Art der Kfz-Flotte, aber auch soziale Themen wie Spenden, Benefits für die Belegschaft, Krankheitspräventionsmaßnahmen und zum Schluss auch die Maßnahmen zu einer guten Unternehmensführung. Diese Nachhaltigkeitsberichte müssen in Deutschland alle großen Unternehmen ab 500 Mitarbeitern jährlich veröffentlichen.

Die Nachhaltigkeit im Rahmen des Betriebes festzustellen, zu beschreiben und jährlich zu verbessern, ist ein Selbstverständnis – wird aber im Rahmen der Regulatorik vom Gesetzgeber auch vorgeschrieben.

Was heißt das aber für die Produkte einer Bank? Wie nachhaltig sind diese? Banken finanzieren mit Unsummen die meisten Unternehmen und Projekte in Deutschland, in Europa und auf der ganzen Welt. Mit der Entscheidung, was Banken finanzieren oder nicht, haben sie einen enorm großen Hebel in der Hand. Banken können die Dinge finanzieren, die uns als Gesellschaft, uns als Menschen und der Natur helfen und unterstützen. Sie können aber auch die Dinge finanzieren, die uns als Menschheit und der Umwelt nicht guttun (z. B. fossile Energieerzeugungsunternehmen, Waffenhersteller usw.).

Was hat das jetzt mit dir als Anleger:in zu tun? Das lässt sich einfach erklären: Du willst dein Geld sicher anlegen und entscheidest dich bei der Bank für eine Einlage in Form eines Festgeldes. Das machen neben dir noch vielen andere Menschen. Dadurch erhält die Bank viel Liquidität und nimmt dieses Geld der Anleger und gibt es auf der anderen Seite als Kredit an Unternehmen usw. wieder aus. Dafür vereinnahmt die Bank Kreditzinsen. Davon zahlt sie einen kleineren Teil als Guthabenzins an dich für dein Tagesgeld. Dein Geld wird also ganz praktisch für Kredite ausgegeben. Je nachdem, was eine Bank damit finanziert, wird dein Geld dafür benutzt.

Nachhaltige Banken haben klare Rahmenbedingungen, was sie finanzieren und was nicht. In der Regel finanzieren sie nur nachhaltige Projekte und Unternehmen und gestalten damit positiv die Entwicklung der ökologischen und sozialen Wirtschaft mit. Gute nachhaltige Banken sind hierbei sehr transparent und veröffentlichen viele der finanzierten Projekte.

Solche Projekte sind z. B.:

- Anlagen der erneuerbaren Energien,
- (private) Schulen,
- Bildungseinrichtungen,
- Seniorenwohnheime,
- ökologische Bauprojekte,
- Biolandwirtschaft,
- Unternehmen, die ausschließlich nachhaltige Produkte herstellen.

Somit hast du bei überzeugenden nachhaltigen Banken die Gewissheit, dass du mit deinem Geld, welches du dort als Fest-, Tagesgeld, als Sparbrief oder auf dem Sparkonto anlegst, gezielt nachhaltige Projekte und Unternehmen unterstützt. Informiere dich dazu auf den Webseiten der nachhaltigen Banken. Dort ist normalerweise beschrieben, was sie an nachhaltigen Projekten finanzieren. Mit einer solchen Geldanlage hast du einen großen Hebel in Sachen Nachhaltigkeit!

Zusätzlich bieten nachhaltige Banken auch Girokonten an. Wenn du dieses nutzt, unterstützt du durch deinen Zahlungsverkehr und die damit verbundenen Kosten deine nachhaltige Bank.

Auch überzeugende nachhaltige Investmentfonds und Beteiligungen an Solar- und Windparks bieten nachhaltige Banken an. Für dich ist wichtig zu wissen, dass dein Geld bei Investmentfonds in der Regel täglich verfügbar ist. Wenn du dein Geld mit einer direkten Wirkung (Du hilfst, die erneuerbaren Energien mit auszubauen und wirst sozusagen mit deiner Geldanlage Ökostromerzeuger) in Solar- oder Windparks anlegen willst, dann bist du bei diesen Anlagen oft über Zeiträume von 5 bis 15 Jahren gebunden und kommst in dieser Zeit nicht an dein Geld. Deshalb solltest du hier nur Geld investieren, das du in den nächsten Jahren auch wirklich nicht benötigst.

Bei den nachhaltigen Banken in Deutschland gibt es einige überzeugende Anbieter. Diese unterscheiden sich hinsichtlich ihrer Positionierung im Rahmen von ESG. Es gibt Banken, die sich schwerpunktmäßig im Bereich der Umwelt/Ökologie positioniert haben oder sich stärker dem S verschrieben haben und gezielt im sozialen Segment unterwegs sind. Das sind häufig sogenannte Kirchenbanken. Ebenso gibt es Banken, die beides tun.

Umweltbank: Sie spezialisiert sich auf nachhaltige Immobilienfinanzierungen und Investitionen in Umweltprojekte sowie erneuerbare Energien. Daneben gibt es auch hier ein nachhaltiges Girokonto, nachhaltige Geldanlagen und Investmentfonds. Sie ist eine gute Wahl, wenn du nachhaltige Bauprojekte finanzieren möchtest.
Triodos Bank: Sie ist Europas größte nachhaltige Bank. Sie legt sehr großen Wert auf die Finanzierung von ökologischen und sozialen/kulturellen Projekten und ist sehr transparent. Sie bietet neben einem nachhaltigen Girokonto auch Tages- und Festgelder sowie nachhaltige Investmentfonds an.

GLS Bank: Die Genossenschaftsbank setzt sich ebenfalls stark für soziale und ökologische Projekte ein. Sie finanziert z. B. ökologische Landwirtschaft, erneuerbare Energien und soziale Initiativen und Projekte. Auch hier gibt es ein nachhaltiges Girokonto, nachhaltige Tages- und Festgelder sowie nachhaltige Investmentfonds. Zudem bietet sie auch Geldanlagen in Solar- und Windparks an.

EthikBank: Diese Genossenschaftsbank fokussiert sich auf ethisches Banking, bei dem soziale und ökologische Kriterien im Vordergrund stehen. Auch hier gibt es ein Girokonto, Tages- und Festgelder sowie nachhaltige Fonds und Finanzierungen.

Steyler Ethik Bank: Sie vertritt ethisches und nachhaltiges Banking mit christlichen Werten. Die Angebote lauten hier: Girokonto, Finanzierungen, Sparprodukte und ethische Investmentfonds.

Wichtig ist, dass du dir überlegst, welche Themen dir persönlich am wichtigsten sind – z. B. Klimaschutz, soziale Gerechtigkeit oder bestimmte Themen/Branchen – und dann eine Bank auswählst, die diese Werte transparent und überzeugend teilt. Außerdem lohnt es sich, die Angebote und Konditionen zu vergleichen, um die beste Lösung für dich zu finden.

3.4.2 Versicherungen

Der Grundgedanke der Versicherung ist nachhaltig: Eine Versicherung ist letztlich eine Art Gemeinschaft, ein sogenanntes Kollektiv, in dem viele (die Versicherten) einen kleinen Beitrag einzahlen (Versicherungsprämie) und im Schadenfall jemand eine definierte Versicherungsleistung erhält. Es gilt also das Prinzip „Alle für eine:n". Die Versicherung selbst übernimmt dabei die Funktion der zentralen Sammelstelle der Beiträge und Leistungen.

Versicherer fördern das langfristige finanzielle Wohlergehen der Gesellschaft und die Stabilisierung von Volkswirtschaften. Versicherung ist ein Weg, die Auswirkungen von Klimarisiken einzugrenzen und klimabedingte Schäden finanziell auszugleichen. Versicherer wandeln mit statistischen Maßnahmen Gefahren und Unsicherheiten in Risiken, die sich bewerten und bewältigen lassen.

Versicherer decken Risiken und sorgen mit ihrem Angebot dafür, dass Menschen sich auf ihre Kompetenzen konzentrieren und zuversichtlich in die Zukunft blicken können. Die Dienstleistungen helfen, Kapital zu bilden und sie sorgen dafür, dass Menschen finanziell abgesichert sind.

Versicherer reduzieren und vermeiden dank ihrer großen Datenmengen, Erfahrungen und wissenschaftlichen Maßnahmen Risiken und können auf heutige weitestgehend unterschätzte Herausforderungen mit Blick in die Zukunft hinweisen.

Damit eine Versicherungsgesellschaft vollständig nachhaltig ist, muss sie die drei Dimensionen aus Abbildung 3.17 berücksichtigen.

Nachhaltiger Betrieb

Der nachhaltige Betrieb betrifft alles, was das Unternehmen macht und braucht, um überhaupt wirtschaften zu können. Das sind z. B.:

- grünes Gebäude als Firmensitz,

Abbildung 3.17 Dimensionen nachhaltiger Versicherer

- reduzierter oder alternativ betriebener Fuhrpark und aktive Förderung des ÖPNV,
- fairer Umgang mit Mitarbeitenden und Familienfreundlichkeit,
- nachhaltige Dienstleister und Anbieter (IT, Marketing, Facility Management),
- Reisen und Events,

- Stiftungen unterstützen gezielte Projekte und Institutionen aus den Bereichen Kultur, Wissenschaft und Bildung sowie Umwelt und Forschung,
- Spenden oder andere Unterstützungen,
- erneuerbare Energien (investieren, absichern, Wissenstransfer),
- Förderung des Finanzwissens.

Kapitalanlage

Wie oben beschrieben, dürfte die Kapitalanlage der größte Hebel sein, schließlich geht es hier um Billionen von Euro. Einerseits kann der Versicherer Negativ- oder Ausschlusskriterien definieren. Also z. B. darauf verzichten, in Rüstung, Gentechnik, Tierversuche, Atomkraft etc. zu investieren. Andererseits oder ergänzend dazu kann das Unternehmen eine Positivliste anwenden. Das sind Investitionen in erneuerbare Energien, ökologische Landwirtschaft, soziale Wirtschaft (Schulen, Seniorenheime, Krankenhäuser) oder fairen Handel. Als drittes Element kann eine nachhaltige Immobilienbewirtschaftung dienen. Schließlich sind Versicherer mit 70 Milliarden Euro (Stand 2022) große Immobilieneigentümer.[65]

Produkte

Auf Produktebene tut sich derzeit am meisten. Das können höhere Erstattungen für nachhaltige/klimafreundliche Neuanschaffungen, zertifizierte Dienstleister sein oder Belohnungen für nachhaltiges Verhalten.

Wenn wir uns jedoch die unabhängige Bewertung der Nachhaltigkeit deutscher Versicherer anschauen, sieht es bisher sehr trübe aus (siehe Abb. 3.18 und 3.19). Oder formulieren wir es positiv: Hier ist noch viel Luft nach oben.

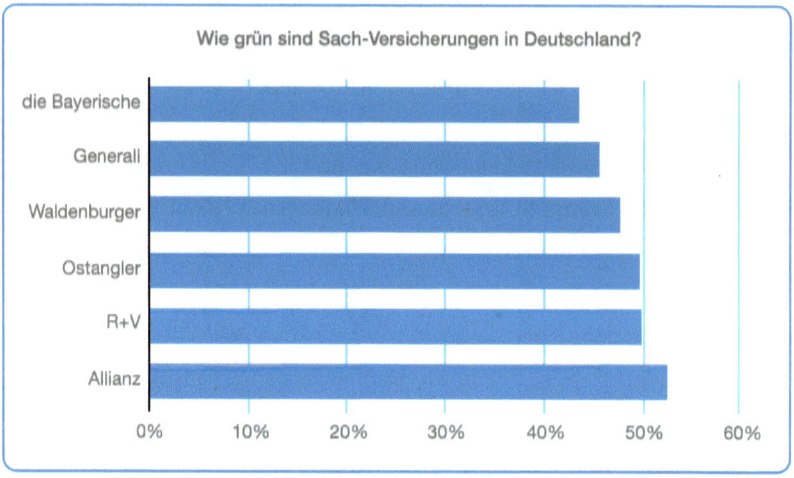

Abbildung 3.18 Nachhaltige Sachversicherer[66]

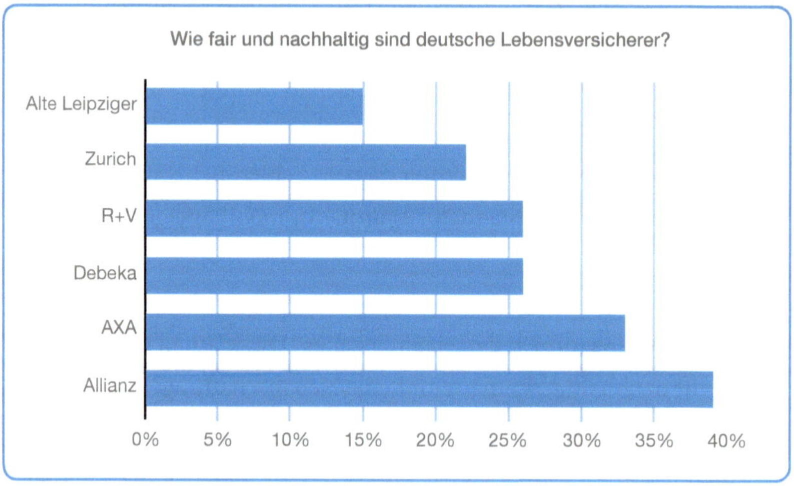

Abbildung 3.19 Nachhaltige Lebensversicherer[67]

Was Versicherungen mit Nachhaltigkeit zu tun haben – und was du davon hast

Gastbeitrag von

Maria Leisinger und Naemi Wegmann

__Maria Leisinger__ studierte Betriebswirtschaftslehre mit Spezialisierung auf Banken und Versicherungen und ist seit 2019 bei Versicherungsforen Leipzig GmbH tätig und leitet das Center for Sustainable Insurance. Ihre Arbeit konzentriert sich auf die Integration von Nachhaltigkeitsprinzipien in Versicherungsprodukte und -prozesse sowie die Entwicklung innovativer Lösungen für eine nachhaltige Versicherungsbranche.

__Naemi Wegmann__ studierte Betriebswirtschaftslehre mit Schwerpunkt Nachhaltigkeitsmanagement an der Universität Leipzig und ist seit 2024 Projektreferentin für Nachhaltigkeit bei Versicherungsforen Leipzig GmbH. Ihr Fokus liegt auf sozialer Nachhaltigkeit, Nachhaltigkeitsregulatorik und Nachhaltigkeit in österreichischen Versicherungsunternehmen. In ihrer Freizeit setzt sie sich aktiv für mehr Umweltschutz ein.

Versicherungen: mehr als nur Risikoabsicherung

Ob wir ein Fahrrad versichern, für das Alter vorsorgen oder nach einem Wasserschaden Hilfe bekommen – Versicherungen begleiten uns in vielen Lebenslagen. Oft denkt man dabei an Verträge, Schadennummern oder Beiträge. Was dabei leicht übersehen wird: Versicherungen sind heute auch Akteure der nachhaltigen Transformation – mit mehr Einfluss, als man ihnen zutrauen würde. Denn mit dem Geld der Versicherten und ihren Entscheidungen gestalten sie mit – bei Klimaschutz, sozialer Gerechtigkeit und einer zukunftsfähigen Wirtschaft.

Seit vielen Jahren beobachten wir im Rahmen unseres Netzwerks bei den Versicherungsforen Leipzig, wie sich die Branche mit Nachhaltigkeit auseinandersetzt. Was als Einzelthema begann, ist heute ein vielschichtiger Wandel, der tief ins Kerngeschäft reicht. Auch wenn du bisher nur eine Hausrat- oder Haftpflichtversicherung hast: Nachhaltigkeit in der Versicherungswelt betrifft auch dich. Denn hinter jedem Vertrag steht ein Geschäftsmodell – und eine Haltung zur Zukunft.

Vom Zuschauen zum Handeln

Versicherungsunternehmen treffen langfristige Entscheidungen – für ihre Kund:innen, aber auch für Gesellschaft und Umwelt. Lange wurde Nachhaltigkeit dabei vor allem als Thema der Kapitalanlage gesehen. Doch dieser Blick greift zu kurz. Heute zeigt sich: Die Versicherungsbranche kann aktiv zum Wandel beitragen – wenn sie ihren Handlungsspielraum nutzt. Und das tut sie zunehmend.

Was sich verändert? Es wird nicht mehr nur über Nachhaltigkeit gesprochen – sondern sie wird langsam umgesetzt. Und das in vielen kleinen und teilweise großen Schritten.

Kapital bewegen – für eine nachhaltigere Wirtschaft

Versicherungen verwalten riesige Summen – das Geld, das wir alle als Beiträge einzahlen. Dieses Kapital wird weltweit investiert. Und genau hier entsteht ein großer Hebel für Nachhaltigkeit. Immer mehr davon fließt in nachhaltige Projekte: Windparks, energieeffiziente Immobilien, soziale Infrastruktur. Das Interesse an nachhaltigen Anlagemöglichkeiten wächst auch bei Lebensversicherungen, Berufsunfähigkeits- und Rentenversicherungen.

Allerdings ist noch viel Luft nach oben: Zwar berücksichtigen rund 89 Prozent der Kapitalanlagen der Versicherer bereits ESG-Kriterien,[68] doch Themen wie Kreislaufwirtschaft und Biodiversität stehen erst am Anfang.

Für dich bedeutet das: Wenn du dich für ein nachhaltiges Versicherungsprodukt entscheidest, unterstützt du indirekt den Wandel zu einer zukunftsfähigen Wirtschaft.

Im Schadenfall mitdenken – nicht nur ersetzen, sondern erhalten

Nachhaltigkeit zeigt sich auch ganz praktisch – zum Beispiel im Schadenmanagement. In der Vergangenheit war der schnelle Ersatz, z. B. einer Autotür, Standard. Heute denken viele Versicherer um: Anstatt neu zu kaufen, fragen sie: Lässt sich das reparieren? Gibt es hochwertige Ersatzteile aus zweiter Hand?

Diese Herangehensweise spart Ressourcen, vermeidet unnötigen Müll und reduziert Emissionen. Und sie zeigt: Nachhaltigkeit beginnt oft im Kleinen, beispielsweise bei der Entscheidung, ob etwas wirklich ersetzt werden muss. So bist du im Fall der Fälle nicht nur abgesichert, sondern auch Teil einer verantwortungsvolleren Lösung.

Trotz sichtbarer Fortschritte ist es noch ein langer Weg zur umfassenden Berücksichtigung von ESG-Kriterien im Schadenmanagement.

Produkte gestalten – mit Blick auf Wirkung statt nur auf Risiko

Versicherungsprodukte dienen nicht nur der Absicherung, sondern können auch ein Signal senden. Es entstehen zunehmend Tarife, die nachhaltiges Verhalten belohnen oder klimabezogene Risiken besonders abdecken.

Wohngebäudeversicherung: Stell dir vor, dein Zuhause wird durch einen Sturm oder Brand stark beschädigt. Die Versicherung hilft dir beim Wiederaufbau und unterstützt dich zusätzlich finanziell, wenn du umweltfreundliche Materialien oder energieeffiziente Technik einsetzt wie ökologische Dämmstoffe, energieeffiziente Elektrogeräte.
Fahrradversicherung mit Mobilitätsbaustein: Wenn dein Fahrrad gestohlen oder beschädigt wird, übernimmt die Versicherung nicht nur die Reparaturkosten, sondern erstattet dir in der Zwischenzeit auch das Ticket für Bus oder Bahn. So bleibst du mobil – und klimafreundlich unterwegs.
Berufsunfähigkeitsversicherungen: Personen mit psychischer Vorerkrankung werden nicht pauschal ausgeschlossen.

Solche Produkte zeigen: Es geht nicht nur um Sicherheit, sondern auch um Wirkung. Um Angebote, die zum Lebensstil passen und dabei helfen, nachhaltiger zu handeln.

Nachhaltigkeit ist mehr als Klima

Wenn von Nachhaltigkeit die Rede ist, denken viele zuerst an den Klimawandel. Doch das Thema ist viel breiter. Auch soziale Fragen rücken zunehmend in den Fokus und beeinflussen damit auch den Alltag der Versicherungen.

Zum Beispiel:

- Wer bekommt Zugang zu Versicherungen – und wer bleibt außen vor?
- Wie vielfältig und inklusiv sind die Teams in den Unternehmen?
- Wie fair ist die Zusammenarbeit mit Partnern und Dienstleistern?

Ob Barrierefreiheit, Gendergerechtigkeit oder gute Arbeitsbedingungen – viele Versicherungsunternehmen nehmen diese Fragen inzwischen ernst und suchen nach Wegen, verantwortungsvoll damit umzugehen.

So gibt es beispielsweise barrierefreie Kundenportale mit Vorlesefunktion und Inhalten in einfacher Sprache sowie Mikroversicherungen für einkommensschwache Haushalte. Intern werden Frauen gezielt für Führungspositionen gefördert und Diversity-Programme etabliert, um vielfältige und inklusive Arbeitsumfelder zu schaffen.

Nicht alle auf dem gleichen Weg – aber in Bewegung

Die Versicherungsbranche ist groß und vielfältig. Nicht alle Unternehmen sind gleich weit, wenn es um Nachhaltigkeit geht. Manche gehen mutig voran, testen neue Produkte, investieren gezielt in wirkungsvolle Projekte, verknüpfen Nachhaltigkeitskennzahlen mit der Vergütung oder beziehen ihre Kund:innen aktiv ein. Andere orientieren sich stärker an gesetzlichen Mindestanforderungen – auch das gehört zur Realität. Dazwischen gibt es viele, die auf dem Weg sind: mit guten Ideen, aber auch Fragen und Herausforderungen. Intern ist ein fehlendes Nachhaltigkeitsbewusstsein oft eine Herausforderung, die teilweise eine mangelnde Akzeptanz des Themas zur Folge hat. Dem wird mit unterschiedlichen Formaten zur Sensibilisierung der Mitarbeiter:innen begegnet – etwa durch Workshops, Informationskampagnen oder interne Nachhaltigkeitstage.

Für dich als Kund:in bedeutet das: Es gibt Unterschiede. Es lohnt sich, genauer hinzuschauen, denn Nachhaltigkeit ist kein geschützter Begriff. Wie ernst ein Versicherungsunternehmen Nachhaltigkeit nimmt, zeigt sich erst im Detail:

Gibt es klare Nachhaltigkeitsziele?

Werden Investitionen transparent gemacht?

Wird über ökologische und soziale Wirkungen berichtet?

Spielt Nachhaltigkeit auch im Service und in der Produktgestaltung eine Rolle?

Die gute Nachricht: Viele Versicherungen machen ihre Aktivitäten transparent – in Nachhaltigkeitsberichten, auf Unternehmenswebsites oder in FAQ-Bereichen für Kund:innen. Wer sich informieren möchte, findet viele Ansätze.

Wie Nachhaltigkeit zum Kerngeschäft wurde – eine inhaltliche Entwicklung

Die heutige Vielfalt der Themen hat sich nicht über Nacht entwickelt. Sie ist das Ergebnis einer inhaltlichen Auseinandersetzung und Entwicklung, die viele Phasen durchlaufen hat – mit Herausforderungen, Lernprozessen und einem wachsenden Bewusstsein. Ein kurzer Blick zurück zeigt, wie weit die Branche bereits gekommen ist:

Orientierung

Am Anfang stand die Suche. Was bedeutet Nachhaltigkeit für Versicherungen? Nachhaltigkeit war zunächst ein Randthema, oft verortet im Umweltmanagement oder in Corporate Social Responsibility (CSR)-Berichten. Erste Fragen tauchten auf: Was ist relevant? Wo können wir ansetzen?

Reaktion

Dann wuchs der Druck durch Gesellschaft, Politik und Gesetzgebung. Die Versicherer begannen zu handeln, zunächst mit ersten Maßnahmen, oft rund um Kapitalanlagen oder Berichtspflichten.

Integration

Nachhaltigkeit wurde zur strategischen Querschnittsaufgabe mit klaren Zielen, Kennzahlen und Zuständigkeiten. In den Fokus rückten Produktentwicklung, Personal, Schadenmanagement und Vertrieb.

Wirkung

Heute richtet sich der Blick vermehrt auf das, was zählt: den tatsächlichen Beitrag zu einer nachhaltigeren Gesellschaft. Die Branche stellt sich die Fragen: Wie messbar, glaubwürdig und relevant sind unsere Lösungen? Was verändert sich durch unser Handeln?

Was du tun kannst – deine Entscheidung zählt

Du musst keine Expertise im Nachhaltigkeitsbereich haben, um etwas zu bewegen. Du kannst jedoch entscheiden, bei wem du versichert bist und wie viel Verantwortung dein Geld mitträgt.

Schau dir an, wie dein Versicherer über Nachhaltigkeit spricht – auf der Website, im Kundenbereich oder im Nachhaltigkeitsbericht.

Vergleiche Angebote – auch zwischen Tarifen, Unternehmen und Haltungen.

Frag nach, wenn dir bestimmte Themen wichtig sind: Wie wird mein Geld investiert? Welche sozialen Standards gelten? Gibt es nachhaltige Produktalternativen?

Denn eine Versicherung ist nicht nur eine Risikoabsicherung, sondern auch eine Entscheidung für ein Geschäftsmodell. Und für ein Zukunftsbild.

Die Rolle der Versicherer in der ESG-Transformation

Gastbeitrag von

Michael Franke

Michael Franke ist seit 1997 geschäftsführender Gesellschafter der Franke und Bornberg GmbH, einer der führenden Ratingagenturen im deutschen Versicherungsmarkt. Bereits 1995 veröffentlichte er das erste qualitative Rating von Versicherungsprodukten im deutschen Markt. Seitdem prägt er mit seiner Expertise maßgeblich die Weiterentwicklung von Produktanalysen und Transparenz im Versicherungswesen.

Als Autor zahlreicher Fachbeiträge hat er die Diskussion um Produktqualität und Verbraucherschutz mitgestaltet, bei Gesetzesformulierungen mitgewirkt und war in Fachbeiratsfunktionen, unter anderem bei der Stiftung Warentest, tätig.

Michael Franke beschäftigt sich seit über 30 Jahren mit Nachhaltigkeit. Seit 2020 gibt die Franke und Bornberg GmbH umfangreiche jährliche Reports und Ratings über die Nachhaltigkeit von Versicherungsunternehmen heraus.

Versicherer gehören zu den wichtigsten institutionellen Investoren. Ihr Einfluss auf die Transformation der Wirtschaft hin zu mehr Nachhaltigkeit ist nicht nur potenziell groß, sondern wird zunehmend auch gesellschaftlich und regulatorisch eingefordert. Die ESG-Transformation ist für sie dabei eine Herausforderung – und eine große Chance.

1. Kapitalanlage als Steuerungsinstrument

Versicherer verwalten enorme Summen – schon kleine Umschichtungen zugunsten nachhaltiger Investments haben große Wirkung. Viele nutzen Ausschlusslisten (z. B. Waffen, Kohle, Kinderarbeit, fossile Energie), andere setzen auf aktives Engagement über Stimmrechte oder Dialog. Manche verpflichten sich in Initiativen wie den UN Principles for Responsible Investment (UN PRI) oder der UN-convened Net-Zero Asset Owner Alliance zur Dekarbonisierung bis 2050. Doch Fortschritte sind komplex und schwer vergleichbar.

Unsere Analyse zeigt: Angaben zur Kapitalanlage bleiben oft vage oder unvollständig. Einheitliche Berichterstattung und belastbare Kennzahlen fehlen – und sind aufgrund unterschiedlicher Unternehmensschwerpunkte teils schwer umzusetzen.

2. Produkte mit nachhaltigen Mehrwerten

Die Produktgestaltung eröffnet zahlreiche Chancen für Nachhaltigkeit – etwa klimaneutrale Schadenregulierung, Präventionsprogramme oder faire Bedingungen. Doch nicht jedes grüne Label steht für echte Leistungen. Darum prüfen wir jede Regelung und bewerten nur substanzielle Ansätze.

Unsere Vermittler:innenumfrage 2021/22 zeigt den Bedarf an Transparenz: 70 Prozent leben privat nachhaltig oder streben dies an, 59 Prozent wünschen sich nachhaltige Versicherungsprodukte – doch nur 17 Prozent setzen sie aktiv ein, meist wegen mangelndem Vertrauen in die Ernsthaftigkeit der Angebote.

3. Nachhaltigkeit im Betrieb und in der Organisation

Glaubwürdige Nachhaltigkeit betrifft nicht nur Kapitalanlagen und Produkte, sondern auch den Geschäftsbetrieb: energieeffiziente Gebäude, digitale Prozesse, Mitarbeitendenbeteiligung und soziale Initiativen. Einige Versicherer berichten bereits systematisch über CO_2-Fußabdruck, Reisen, Remote-Policy oder Fördermaßnahmen – doch das Spektrum ist groß, die Vergleichbarkeit gering.

Die Transformation der Branche braucht messbare Ziele, klare Verantwortung und neue Transparenz – gestützt durch ein belastbares Bewertungsschema.

Entwicklung eines Bewertungssystems – der Nachhaltigkeits-Score

Die Idee, Nachhaltigkeit im Versicherungswesen systematisch zu messen und vergleichbar zu machen, entstand aus einem doppelten Bedarf: Einerseits wuchs das gesellschaftliche und regulatorische Interesse an nachhaltigen Kriterien, andererseits fehlten klare, objektive Maßstäbe für die Bewertung nachhaltiger Unternehmensführung und Produktpolitik.

Daraus entstand der Nachhaltigkeits-Score, der Transparenz schafft, echten Impact sichtbar macht und Greenwashing ausschließt.

Die sechs Fokusthemen des Nachhaltigkeits-Scores

Der Nachhaltigkeits-Score strukturiert die Bewertung nachhaltigen Handelns in sechs Fokusthemen. Jedes Thema umfasst unterschiedliche nachhaltige Bereiche, deren Wirkung, Umsetzungsgrad und Transparenz überprüft werden. Zusammen ergeben die sechs Themen ein umfassendes Bild darüber, wie nachhaltig ein Versicherer tatsächlich handelt.

1. Ressourcenmanagement

Im Mittelpunkt stehen hier alle Aspekte rund um Umwelt- und Klimaschutz im operativen Geschäft: Papier- und Energieverbrauch, Emissionen durch Dienstreisen oder Fuhrpark, Nutzung erneuerbarer Energien, Kompensation von CO_2 sowie digitale Prozesse zur Ressourcenschonung.

Bewertet wird dabei nicht nur, ob diese Daten berichtet werden, sondern auch deren absolute Größe und in welchem Verhältnis sie zur Unternehmensgröße stehen.

2. Arbeitgeberverantwortung

Hier werden soziale Kriterien analysiert: Gleichstellung, Vereinbarkeit von Familie und Beruf, Mitarbeitendenentwicklung, Gesundheitsangebote, Barrierefreiheit und Beteiligung der Mitarbeitenden an nachhaltigen Prozessen.

3. Gesellschaftliches Engagement

Dieses Themenfeld beleuchtet freiwillige, nicht kommerzielle Aktivitäten wie Spendenprogramme, Partnerschaften mit NGOs, Bildungsprojekte, lokales Engagement oder Corporate Volunteering. Bewertet werden die Breite, Regelmäßigkeit und gesellschaftliche Relevanz. Einmalige oder PR-getriebene Aktionen werden dabei deutlich schwächer gewichtet als strukturierte, längerfristige Initiativen.

4. Nachhaltiges Investment

Im Zentrum steht hier, wie die Kapitalanlagen eines Versicherers nachhaltige Kriterien berücksichtigen. Bewertet werden z. B. der Einsatz von Ausschlusskriterien (geächtete Waffen, fossile Energie usw.), aktive Einflussnahme durch Dialog („Engagement“) oder die Integration von Nachhaltigkeits-Ratings in die Investmentstrategie sowie die Überprüfung der Kapitalanlage und die Maßnahmen, wie mit Verstößen gegen die Anlageprinzipien umgegangen wird.

5. Wandel und Innovation

Dieses Feld misst Transformationsprozesse in Unternehmen und die Verknüpfung der Vergütungsstruktur mit Nachhaltigkeitszielen. Weitere Aspekte sind ein nachhaltiges Treibhausgas- und Gebäudemanagement und die nachhaltige Gestaltung der Lieferketten. Die Aktualität der Wesentlichkeitsanalyse soll sicherstellen, dass die Maßnahmen den jeweils aktuellen Herausforderungen entsprechen. Ein weiteres Kriterium: die Berichterstattung nach UN PRI oder ähnlichen Standards.

6. Nachhaltige Produkte

Im letzten Fokusthema geht es um die konkreten Leistungen und Bedingungen der Versicherungstarife selbst. Untersucht werden z. B. stabile Beiträge, Anreize für gesundes Verhalten, klimafreundliche Schadenregulierung (Reparatur vor Austausch usw.), Gesundheitsmanagement oder Leistungen für Rooming-In in der PKV, Unterstützung vor und nach dem Vertragsabschluss oder Nachhaltigkeitsboni in Sachversicherungen. Das Produkt muss nachvollziehbare nachhaltige Merkmale aufweisen – ein grünes Etikett allein reicht nicht.

Wie Produkte nachhaltig gestaltet werden können – Beispiele aus der Praxis

Nachhaltigkeit zeigt sich nicht nur in Kapitalanlagen oder Unternehmensstrategien, sondern ganz konkret in den Versicherungstarifen. Wir haben in mehreren Produktstudien untersucht, welche Tarife bereits nachhaltige Merkmale aufweisen – und wo es Potenzial für Weiterentwicklung gibt.

Beispiel 1: Private Krankenversicherung (PKV)

Eine nachhaltige PKV geht über die Bildung von Alterungsrückstellungen hinaus. Wichtige Produktmerkmale sind:

- dauerhaft bezahlbare Beiträge (Beitragsstabilität),
- Gesundheitsmanagement als Mittel zur Orientierung für Versicherte im Dschungel des Gesundheitssystems sowie zur Unterstützung bei akuten und chronischen Erkrankungen,
- Leistungen für Prävention und Vorsorgeuntersuchungen,
- Gleichstellung alternativer Heilmethoden (auch Heilpraktiker),
- Beitragsrückerstattung bei Leistungsfreiheit,
- Rooming-In-Leistungen.

Zusätzliche relevante nachhaltige Leistungen wie Telemedizin, Zweitmeinungsverfahren oder Beratungsangebote für chronisch Erkrankte stärken den sozialen Nachhaltigkeitsbeitrag einer PKV.

Beispiel 2: Wohngebäude- und Hausratversicherung

In der Sachversicherung liegen nachhaltige Mehrwerte insbesondere in der Beratung und der Schadenregulierung:

- Reparatur vor Ersatz,
- Mehrleistungen für nachhaltige Baumaterialien,
- Versicherungsschutz für Photovoltaik und Wärmepumpen,
- klimaneutrale Schadenregulierung,
- Beratung zu nachhaltigem Wiederaufbau.

Zudem spielen nachhaltige Ersatzprodukte, Reparaturangebote und energetische Modernisierungen eine Rolle.

Beispiel 3: Altersvorsorge und Arbeitskraftabsicherung

Nachhaltige Vorsorgeprodukte zeichnen sich z. B. durch folgende Kriterien aus:

- fondsgebundene Tarife mit ESG-konformen Anlagen (Artikel-8-Fonds: Produkte mit ökologischen oder sozialen Merkmalen, Artikel-9-Fonds: Produkte mit nachhaltigem Investitionsziel),
- Stabilität in der Produktkalkulation,
- Reintegrationsangebote und berufliche Umschulungen bei Berufsunfähigkeit,
- Transparente Bedingungen und nachhaltige Beitragsverwendung.

Besonders in der Berufsunfähigkeitsversicherung lassen sich soziale Kriterien gut abbilden: etwa durch individuelle Unterstützungsangebote zur Prävention und im Leistungsfall oder bei psychischen Erkrankungen. Diese Beispiele zeigen: Nachhaltige Versicherung ist mehr als ein grünes Logo. Sie erfordert durchdachte Leistungen, faire Bedingungen und eine glaubwürdige Umsetzung.

Was Verbraucher tun können – Tipps und Tools

Nachhaltigkeit in der Versicherungswelt ist ein komplexes Thema – aber Verbraucher müssen sich nicht allein durch unverständliche Nachhaltigkeitsberichte kämpfen. Es gibt konkrete Möglichkeiten, wie sie gezielt nach nachhaltigen Anbietern und Produkten suchen können.

1. Nachhaltigkeitspräferenzen beim Beratungsgespräch äußern

Seit August 2022 müssen Versicherungsvermittler:innen im Rahmen der EU-Offenlegungsverordnung die Nachhaltigkeitspräferenzen ihrer Kund:innen erfragen. Verbraucher:innen sollten dies nutzen und klar benennen, welche Aspekte ihnen wichtig sind – etwa ökologische

Kapitalanlagen, soziale Produktgestaltung, Waldprojekte, weniger Umweltverschmutzung oder ein klimaneutraler Geschäftsbetrieb.

2. ESG-Ratings nutzen

Verbraucher:innen können auf ESG-Ratings und Tools zurückgreifen, die Orientierung bieten. Unser Nachhaltigkeits-Score ist dabei ein besonders transparenter und systematischer Ansatz. Er zeigt auf einen Blick, wie Versicherer in den sechs nachhaltigen Fokusthemen abschneiden.

3. Auf konkrete ESG-Merkmale in Produkten achten

Verbraucher:innen sollten bei Marketingbegriffen wie „grün" oder „klimafreundlich" gezielt nachfragen:

- Welche Nachhaltigkeitsstrategie verfolgt der Versicherer?
- Welche nachhaltigen Aspekte beinhaltet das Produkt?
- Wie transparent sind die Bedingungen formuliert?

Ein guter Indikator: Tarife, die von unabhängigen Stellen analysiert oder ausgezeichnet wurden.

4. Den eigenen Einfluss erkennen

Jede Entscheidung wirkt: Wer nachhaltige Anbieter wählt, fördert Verantwortung und Transparenz. Wer im Beratungsgespräch aktiv nachfragt, stärkt das Bewusstsein bei Vermittler:innen, Versicherern und Verbraucher:innen gleichermaßen. Kund:innen sind nicht nur Konsument:innen, sondern Akteur:innen des Wandels. Wenn viele Nachhaltigkeit einfordern, fließen Milliarden in nachhaltige Produkte und Projekte.

Fazit – Nachhaltigkeit erkennen, Verantwortung übernehmen

Nachhaltigkeit ist längst mehr als ein Trend – sie ist Maßstab für Qualität, Verantwortung und Zukunftsfähigkeit in der Versicherungswirtschaft. Gefragt ist nicht die Hochglanzbroschüre, sondern die konkrete Umsetzung in Produkten, Kapitalanlagen und Geschäftsmodellen.

Der Weg ist anspruchsvoll, aber voller Chancen. Vermittler:innen und Verbraucher:innen können Nachfrage erzeugen, Veränderung einfordern und mit klugen Entscheidungen Zeichen setzen.

Der Nachhaltigkeits-Score macht nachhaltiges Engagement messbar und vergleichbar. Er liefert Orientierung jenseits von Marketing und motiviert Versicherer zu glaubwürdigem Handeln.

Nachhaltige Versicherungen sind keine Vision, sondern möglich, notwendig und teils schon Realität – Voraussetzung ist ein gemeinsames Verständnis von Qualität, Transparenz und Wirkung. Denn: Nachhaltigkeit beginnt mit Wissen und entfaltet Wirkung, wenn wir hinschauen, nachfragen und Verantwortung übernehmen.

3.4.3 Kapitalanlagegesellschaften

Gastbeitrag von

Michael Franz Schmidt

Kapitalanlagegesellschaften oder Fondsgesellschaften verwalten Gelder in Investmentfonds – das sind „Geldtöpfe", in die Anleger:innen einzahlen können. Dafür erhalten sie Fondsanteile, deren Wert exakt dem Wert der Vermögensgegenstände (zumeist Aktien und/oder Anleihen) entspricht, in die das Geld des Fonds angelegt wurde. Anders als bei Einlagen bei einer Bank liegt das in einem Fonds angelegte Geld immer separat von der Bilanz der Fondsgesellschaft und ist somit nicht vom Wohl und Wehe der Gesellschaft abhängig. Zudem sind Fondsgesellschaften wie Banken, Sparkassen und Versicherungen auch besonders gesetzlich geregelt und der Finanzaufsicht unterstellt.

Fondsgesellschaften sind als Vermögenstreuhänder verpflichtet, im besten Interesse der Inhaber der Fondsanteile zu handeln, das müssen sie auch in der Verfolgung von eigenmotivierten Nachhaltigkeitsbestrebungen berücksichtigen. Daher muss man für die Beurteilung der nachhaltigen Wirkung von Fondsgesellschaften das Geschäft von Publikumsfonds für Privatanleger:innen vom Geschäft mit institutionellen Vermögensträgern (z. B. Pensionskassen oder Stiftungen) unterscheiden.

Denn die Ausgestaltung der Anlagepolitik von Publikumsfonds kann die Fondsgesellschaft selbst bestimmen und diese dann im Markt anbieten. Die Fondsgesellschaft könnte sich mit ihren Publikumsfonds vollständig der Nachhaltigkeit oder bestimmten nachhaltigen Themenschwerpunkten verschreiben und insgesamt über alle ihre Fonds aufzeigen, wie sie zu Nachhaltigkeitszielen beiträgt, z. B. auf welchem CO_2-Reduktionspfad ihre Investments in den Fonds sind.

Bei Fonds, die speziell für institutionelle Kunden aufgelegt werden (Spezialfonds, die nicht von Privatanleger:innen gekauft werden können), wird die Anlagepolitik von diesen Kund:innen vorgegeben. Die Fondsgesellschaft kann zwar zu Nachhaltigkeitskriterien Empfehlungen abgeben, aber letztlich entscheiden die Kund:innen. Wenn die Fondsgesellschaft ihre eigenen Nachhaltigkeitsvorstellungen auch bei institutionellen Kund:innen umsetzen möchte, kann sie natürlich Geschäfte mit Kund:innen, die nicht dazu passen, ablehnen.

Zumeist sind Fondsgesellschaften für beide Kund:innengruppen tätig und man findet ein breites Angebot unterschiedlicher Fonds vor, die nicht alle auf Nachhaltigkeit ausgerichtet sind. Du solltest also auch bei einer Fondsauswahl schauen, wie wichtig dir die Nachhaltigkeitsausrichtung nicht nur des konkreten Fonds ist, sondern auch der Fondsgesellschaft. Typischerweise sind stark oder vollständig auf Nachhaltigkeit ausgerichtete Fondsgesellschaften im Bereich der Boutiquen zu finden, also kleinerer Anbieter.

Ähnlich wie für Banken gibt es zur Beurteilung des Nachhaltigkeitsgrades von Fondsgesellschaften regulatorische Transparenzpflichten und externe Bewertungen von Analyseeinrichtungen. So sind die Fondsgesellschaften durch die europäische Gesetzgebung verpflichtet, jährlich über alle ihre Investments hinweg die Werte von 16 „wesentlichen nachteiligen Auswirkungen“ auf Nachhaltigkeitsfaktoren zu berichten (u. a. Höhe der Treibhausgasemissionen der Portfoliounternehmen, Abwasseremissionen, Abfallaufkommen, Verstöße gegen internationale Leitlinien wie den UN Global Compact). Die entsprechenden Werte zwischen den

Fondsgesellschaften zu vergleichen, kann einen Hinweis auf die tatsächliche Nachhaltigkeitsausrichtung in den Investments geben (ein niedriger Wert für Treibhausgasemissionen würde eine vermeintlich bessere ökologische Nachhaltigkeit suggerieren). Jedoch gibt es auch an diesen regulatorischen Kennzahlen verbreitete Kritik hinsichtlich ihrer Aussagekraft. Was externe Bewertungen betrifft, gilt auch hier, dass die Einschätzungen von der Methode und den Schwerpunkten der jeweiligen Analyse abhängen und dass es ein gutes Zeichen ist, wenn verschiedene Bewertungen derselben Fondsgesellschaft zu ähnlich guten Ergebnissen kommen.

Ausblick zur Betonung von Nachhaltigkeit durch Finanzanbieter

Vielleicht ist dir aufgefallen, dass es nach einigen Jahren überall präsenter Bewerbung der Nachhaltigkeit von allen möglichen Konsum- und Finanzprodukten und den Bemühungen von Unternehmen, sich besonders ökologisch und sozial verantwortlich darzustellen, jetzt deutlich ruhiger geworden ist. Wie bei vielen langfristigen Trends zeigt sich auch bei Nachhaltigkeit ein üblicher Verlauf (siehe Abb. 3.20): Auf einen Interesse weckenden Innovationsschub folgt eine Hype-Phase überzogener Erwartungen, die in eine Ernüchterung mündet. Dort befinden wir uns gerade, aus Frustration über regulatorische Überforderung und als Folge einer einflussreich gewordenen politischen Gegenbewegung (siehe nicht zuletzt die aggressiven Anti-woke-Kampagnen in den USA seit dem Wahlsieg von Donald Trump). Folgt man dem typischen Muster von Trendverläufen weiter, ist künftig weniger Marketing und mehr tatsächliche Verankerung von Nachhaltigkeit zu erwarten. Das ist eine gute Entwicklung. Dabei wird sich die Spreu vom Weizen trennen, auch bei Anbietern von Finanzprodukten: Wer vor nicht allzu langer Zeit noch groß ökologische Verantwortung, soziales Bewusstsein und die Vorteile von Diversität betont hat, jetzt aber seine Bekenntnisse (z. B. als Mitglied von Klimaallianzen) zurücknimmt, seine internen Veränderungsprozesse (z. B. Frauenquoten und Diversitätspolitik) einstellt und sein Produktangebot aufweicht, war entweder vorher nicht ernsthaft überzeugt oder agiert opportunistisch. Beides ist keine gute Voraussetzung für echte Nachhaltigkeit. Diejenigen, die jetzt auf Basis wissenschaftlicher Erkenntnisse und universeller Werte Kurs halten, verstetigen die Nachhaltigkeit und bleiben verlässlich. Darauf solltest du gerade in der jetzigen Phase besonders achten.

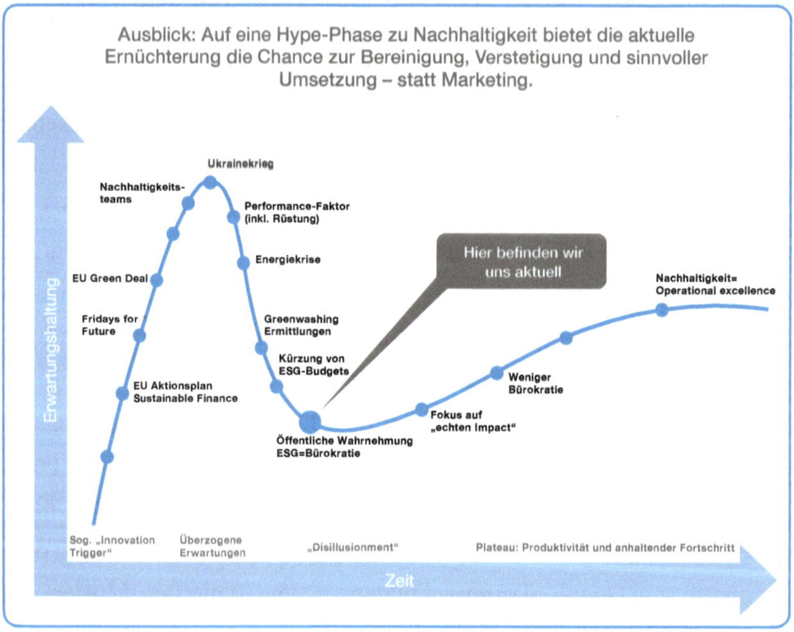

Abbildung 3.20 Hypecycle Nachhaltigkeit (Quelle: LAIQON AG; Darstellung basierend auf Gartner Hype Cycle Logik: https://www.gartner.de/de/methoden/hype-cycle)

KAPITEL 4

FAZIT

Fassen wir die Ergebnisse zusammen. Nachhaltige Finanzen stellen sich derzeit noch ambivalent dar. Es gibt gute und schlechte Nachrichten. Starten wir mit den schlechten Nachrichten:

Es ist derzeit teilweise noch unklar, was nachhaltige Finanzprodukte eigentlich sind bzw. wo und wie Finanzprodukte eine nachhaltige Wirkung entfalten können. Dafür ist die Regulatorik noch nicht weit genug oder nicht eindeutig. Gerade im Bereich der Versicherungen gibt es nur wenige Produkte mit einem wirklich nachhaltigen Impact. Vieles, was aus den Produktwerkstätten kommt, kann man eher unter PR verbuchen: „Wir pflanzen einen Baum je Vertrag." Das ist zwar nett, doch im Sinne der Nachhaltigkeit hat das praktisch keine Wirkung. Dadurch wird Nachhaltigkeit oftmals eher zu einem Feature, um eine Geschichte erzählen zu können und den Vertrieb zu vereinfachen.

Insgesamt scheint die erste Euphorie beim nachhaltigen Engagement erlahmt zu sein. Das Trendthema aus den Jahren 2020 und 2021 ist aus dem Fokus der Branche geraten. So zeigt sich, dass viele Entwicklungen in dem Bereich nicht intrinsisch motiviert waren und sind, sondern eher der Versuch, ein Trendthema zu besetzen. Aus betriebswirtschaftlicher

Sicht ist das nicht zu beanstanden. Allerdings wird es der Bedeutung von Nachhaltigkeit nicht gerecht.

Noch problematischer als auf der Produktseite sieht es auf der Beratungsseite aus. Unsere persönlichen Erfahrungen und Umfragen aus der Branche zeigen, dass die Ablehnung, sich mit Nachhaltigkeit auseinanderzusetzen, gestiegen ist. Die Vermittler:innenschaft ist überdurchschnittlich alt und sehr kleinteilig strukturiert. Veränderung mag da schwerfallen. Doch sie wäre nötig, um eine nachhaltige Beratung zu etablieren (Abschnitt 3.2).

Und nun zu den guten Nachrichten: Im Bereich der Anlage, egal ob über Fonds oder Versicherungen, gibt es ein ordentliches Angebot an nachhaltigen Produkten. Hier findet jede:r etwas nach seinem:ihrem Geschmack. Die Kapitalanlage ist bei Versicherungen der größte Hebel. Da tut sich eine Menge. Der Shift zum nachhaltigen Deckungsstock kommt voran. Wer also Altersvorsorge über einen Versicherer macht oder biometrische Risiken absichert, trägt einen Teil dazu bei, die Transformation der Gesellschaft und Wirtschaft zu finanzieren.

Wir sehen insgesamt eine große Dynamik in der Branche. Das betrifft alle Ebenen: Betrieb, Anlage, Produkte. Wir werden also in Zukunft deutliche Fortschritte erleben.

Die Regulatorik verbessert sich ebenfalls. Es wird dadurch klarer und transparenter, was Nachhaltigkeit bei Finanzen bedeutet. 2027 soll die soziale Nachhaltigkeit definiert werden. Gleichzeitig werden Unzulänglichkeiten in der bestehenden Regulatorik angegangen.

Auch ohne nachhaltige Finanzprodukte kann jede:r eine Menge für nachhaltige Finanzen tun. Zahlreiche Ansätze dazu haben wir geliefert. Es muss also niemand darauf warten, bis alle Anbieter und ihre Produkte 110-prozentig nachhaltig sein. Also: Rette mit Nachhaltigkeit deine persönlichen Finanzen und den Planeten!

LITERATUR

Allianz (2021): Weniger Rente als Männer: Warum das Frauen im Alter unerwartet trifft, https://www.allianz.de/presse/mitteilungen/weniger-rente-als-maenner-warum-das-frauen-im-alter-unerwartet-trifft/, Zugriff am 13.02.2025.

Allianz (2024): Geschäftsbericht 2023, https://www.allianz.de/content/dam/onemarketing/azde/azd/unternehmenskommunikation/pdfs/unternehmen/zahlen-daten-fakten/geschaeftsberichte/AZL_Geschaeftsbericht_2023_final_websafe.pdf, Zugriff am 13.09.2024.

AOK (2022): Wie wichtig ist Fleisch auf unserem Speiseplan?, https://www.aok.de/pk/magazin/ernaehrung/gesunde-ernaehrung/wie-gesund-ist-fleisch-auf-unserem-speiseplan/, Zugriff am 07.02.2025.

Beenken, Matthias; Linnenbrink, Lukas (2024): Vertrieb nachhaltiger Versicherungen, Fachhochschule Dortmund, Fachbereich Wirtschaft, Forschungsstelle Risikomanagement, Versicherungsregulierung und Vertrieb.

BMLEH (2021): Lebensmittelabfälle in privaten Haushalten 2020, https://www.bmleh.de/DE/themen/ernaehrung/lebensmittelverschwendung/gfk-studie.html, Zugriff am 10.09.2025.

BMLEH (2024): Lebensmittelabfälle in Deutschland: Aktuelle Zahlen nach Sektoren, https://www.bmleh.de/DE/themen/ernaehrung/lebensmittelverschwendung/studie-lebensmittelabfaelle-deutschland.html, Zugriff am 10.09.2025.

BMBFSFJ (2024): Gender Care Gap – ein Indikator für die Gleichstellung, https://www.bmbfsfj.bund.de/bmbfsfj/themen/gleichstellung/gender-care-gap/indikator-fuer-die-gleichstellung/gender-care-gap-ein-indikator-fuer-die-gleichstellung-137294, Zugriff am 10.09.2025.

BMUKN (2024): Fast Fashion, https://www.bundesumweltministerium.de/themen/nachhaltigkeit/konsum-und-produkte/produktbereiche/mode-und-textilien, Zugriff am 10.09.2025.

Bocksch, René (2022): Der riesige CO_2-Fußabdruck der Reichen, https://de.statista.com/infografik/26885/anteil-der-einkommensschichten-an-den-globalen-co2-emissionen, Zugriff am 13.09.2024.

Bönke, Timm et al. (2020): Wer gewinnt? Wer verliert? Die Entwicklung und Prognose von Lebenserwerbseinkommen in Deutschland, Bertelsmann Stiftung, Gütersloh.

Bundesnotarkammer (2024): Jahresbericht 2023, https://www.vorsorgeregister.de/fileadmin/user_upload_zvr/Dokumente/Jahresberichte_ZVR/2023-JB-ZVR.pdf, Zugriff am 17.02.2025.

Bundesverband Deutsche Startups e. V. (2024): Deutscher Startup Monitor, https://startupverband.de/fileadmin/startupverband/mediaarchiv/research/dsm/Deutscher_Startup_Monitor_2024.pdf, Zugriff am 08.06.2025.

Bundesverfassungsgericht (2021): Verfassungsbeschwerden gegen das Klimaschutzgesetz teilweise erfolgreich, https://www.bundesverfassungsgericht.de/SharedDocs/Pressemitteilungen/DE/2021/bvg21-031.html, Zugriff am 13.09.2024.

Dang, Anika (2024): Studie: Bis zur weltweiten Gleichstellung von Frauen dauert es noch 134 Jahre, https://www.derstandard.de/story/3000000224181/studie-bis-zur-gleichstellung-von-frauen-dauert-es-noch-134-jahre, Zugriff am 11.02.2025.

Das Investment (2020): Frauen halten an alten Rollenmustern fest, https://www.dasinvestment.com/altersvorsorge-frauen-halten-an-alten-rollenmustern-fest-1, Zugriff am 13.02.2025.

Destatis (2025): Fernere Lebenserwartung für das Alter 65 in Deutschland, https://www.destatis.de/DE/Themen/Gesellschaft-Umwelt/Bevoelkerung/_Grafik/_Statisch/plot2-fernere-lebenserwartung-alter-65-deutschland-slider.svg?__blob=poster&v=9, Zugriff am 13.02.2025.

Destatis (2025a): 227 Kilogramm Verpackungsmüll pro Kopf fielen 2022 in Deutschland an, https://www.destatis.de/Europa/DE/Thema/Umwelt-Energie/Verpackungsmuell.html, Zugriff am 11.02.2025.

Destatis (2025b): Gender-Pay-Gap, https://www.destatis.de/DE/Themen/Arbeit/Verdienste/Verdienste-GenderPayGap/_inhalt.html, Zugriff am 13.02.2025.

Deutsche Alzheimer Gesellschaft e. V. Selbsthilfe Demenz (2024): Die Häufigkeit von Demenzerkrankungen, https://www.deutsche-alzheimer.de/fileadmin/Alz/pdf/factsheets/infoblatt1_haeufigkeit_demenzerkrankungen_dalzg.pdf, Zugriff am 17.02.2025.

DIHK (2025): Statistiken Vermittlerverzeichnisse, https://www.dihk.de/resource/blob/127466/c3b2f653cb19a6fa7087728f8c15b121/recht-statistik-versicherungsvermittler-januar-2025-data.pdf, Zugriff am 07.02.2025.

DIW Berlin (2024): Reiche verursachen doppelt so viele Emissionen wie Haushalte mit Niedrigeinkommen – vor allem durch Flugreisen, https://www.diw.de/de/diw_01.c.906708.de/reiche_verursachen_doppelt_so_viel_emissionen_wie_haushalte_mit_niedrigeinkommen_____vor_allem_durch_flugreisen.html, Zugriff am 13.09.2024.

Elderson, Frank (2023): The economy and banks need nature to survive, https://www.ecb.europa.eu/press/blog/date/2023/html/ecb.blog230608%7E5cffb7c349.en.html#:~:text=Our%20preliminary%20assessment%20showed%20that,goods%20or%20providing%20their%20services, Zugriff am 08.06.2025.

Europäisches Parlament (2024): Plastikmüll und Recycling in der EU: Zahlen und Fakten, https://www.europarl.europa.eu/topics/de/article/20181212STO21610/plastikmull-und-recycling-in-der-eu-zahlen-und-fakten, Zugriff am 11.02.2025.

Evers, Jürgen et. al (2014): Maklerkompass – Der Orientierungsleitfaden für Vertriebsprofis, Münster.

Evison, Will et. al. (2023): Managing nature risks: From understanding to action https://www.pwc.com/gx/en/strategy-and-business/content/sbpwc-2023-04-19-Managing-nature-risks-v2.pdf, Zugriff am 08.06.2025.

Fairfinance Guide (2020): Wie fair und nachhaltig sind deutsche Lebensversicherungen?, https://www.fairfinanceguide.de/ffg-d-_pensions/bewertung, Zugriff am 13.09.2024.

F.I.R.S.T. e.V. (o.J.): Performance / Rendite – Risiko Nachhaltiger Geldanlagen, https://fng-siegel.org/media/presse/SRI-Performance-Zusfssg.pdf, Zugriff am 30.03.2025.

Fonds professionell (2023): Studie: So steht es um das Finanzwissen in Deutschland, https://www.fondsprofessionell.de/news/vertrieb/headline/studie-finanzwissen-in-deutschland-ausbaufaehig-226405, Zugriff am 13.09.2024.

GDV (2024a): Kapitalanlagen der Lebensversicherer und Erstversicherer, https://www.gdv.de/gdv/statistik/jahresmedienkonferenz-zahlen-und-daten/kapitalanlagen-der-lebensversicherer-und-erstversicherer-165760, Zugriff am 13.09.2024.

GDV (2024b): Statistiken zur deutschen Versicherungswirtschaft, https://www.gdv.de/resource/blob/152652/2ab91a6e60b2aa8d71c88f06b67b2744/statistiken-zur-deutschen-versicherungswirtschaft-2023-taschenbuch-data.pdf, Zugriff am 13.09.2024.

Gränitz, Marko (2020): Erstaunlich schief, https://www.institutional-money.com/magazin/theorie-praxis/artikel/erstaunlich-schief-62253, Zugriff am 30.07.2025.

Greensurance Stiftung (2023): NATIVE-Nachhaltigkeits-Rating für Sach-Versicherungen: Grüner, aber noch „viel Luft nach oben", https://nativerating.de/wp-content/uploads/2023/06/Pressemitteilung-NATIVE-Rating-Ergebnisse-2022-23.pdf, Zugriff am 13.09.2024.

Groiß, Julia et. al (2017): Vermögensunterschiede nach Geschlecht in Österreich und Deutschland, https://www.momentum-kongress.org/system/files/congress_files/2020/6_p_groiss-schuster.pdf, Zugriff am 13.02.2025.

Hans Böckler Stiftung (2024): Auswertung zu Equal-Care-Day und Frauentag: Auch erwerbstätige Mütter übernehmen meist Großteil der Kinderbetreuung – Kluft bei der Sorgearbeit ist groß, https://www.boeckler.de/de/pressemitteilungen-2675-auch-erwerbstaetige-muetter-uebernehmen-meist-grossteil-der-kinderbetreuung-57852.htm, Zugriff am 19.08.2025.

Hiltscher, Lilli-Marie (2021): CO_2-neutral bis 2050 – gelingt das?, https://www.tagesschau.de/wirtschaft/unternehmen/schifffahrt-klimaziele-co2-ausstoss-101.html, Zugriff am 13.09.2024.

Institut für Erhaltung und Modernisierung von Bauwerken e.V. (2006): Nachhaltige Entwicklung von Wohngebäuden, https://www.bbsr.bund.de/BBSR/DE/veroeffentlichungen/ministerien/bmvbs/kostenguenstig-qualitaetsbewusst-bauen/downloads/NachhaltigeEntwicklungWohngebaeude.pdf?__blob=publicationFile&v=1, Zugriff am 19.08.2025.

Janson, Matthias (2023): Berufe mit dem höchsten und geringsten Ansehen, https://de.statista.com/infografik/5581/angesehenste-berufe-in-deutschland, Zugriff am 13.09.2024.

Krichmayr, Karin (2023): Globaler Norden schuldet Süden 170 Billionen Dollar für Klimasünden, https://www.derstandard.de/story/3000000173235/globaler-norden-schuzl, Zugriff am 13.09.2024.

Kommer, Gerd (2022): Kaufen oder mieten? – Eigenheim vs. Weltportfolio, https://gerd-kommer.de/eigenheim-vs-weltportfolio, Zugriff am 07.02.2025.

Kroll, David et. al (2020): Vergleich des CO_2-Fußabdrucks von Mineral- und Trinkwasser, https://atiptap.org/files/studie_gutcert_pcf_wasser.pdf, Zugriff am 11.02.2025.

MDR (2021): Geldnot verursacht körperliche Schmerzen – noch Jahrzehnte später, https://www.mdr.de/wissen/geldnot-verursacht-koerperliche-schmerzen-100.html, Zugriff am 07.02.2025.

Metschies, Katrin; Hebbeln, Sandra (2024): Nachhaltigkeitsbericht 2023 der PHW-Gruppe. https://phw-gruppe.de/katalog/NACHHALTIGKEITSBERICHT-2023/files/assets/common/downloads/NACHHALTIGKEITSBERICHT%202023.pdf?uni=015810cd3d59a46a9a4642886c7db94c, Zugriff am 10.09.2025

Morgan Stanley (2024): Sustainable Reality. Modest Outperformance, But Flows Only Slightly Positive, https://www.morganstanley.com/content/dam/msdotcom/en/assets/pdfs/RO3865603-Sustainable_Reality_1H_2024_Report-FINAL.pdf, Zugriff am 08.06.2025.

ntv (2021): Fast Fashion stapelt sich in der Wüste, https://www.n-tv.de/wirtschaft/Fast-Fashion-stapelt-sich-in-der-Wueste-article22955784.html, Zugriff am 13.09.2024.

ntv (2023): Viele Deutsche überschätzen ihr Finanzwissen deutlich, https://www.n-tv.de/ratgeber/Viele-Deutsche-ueberschaetzen-ihr-Finanzwissen-deutlich-article24374094.html, Zugriff am 13.09.2024.

Ökohaus Bamberg (o.J.): Die wahre Ökobilanz beim Hausbau, https://www.oekohaus-bamberg.de/bauwissen/kriterien/oekologisches-bauen.5ae.de.html;jsessionid=1BE91F029B4E02A32CEC92649A983BD1, Zugriff am 13.09.2024.

Papon, Kerstin (2019): Nur wenige Tage entscheiden über den Börsenerfolg, https://www.faz.net/aktuell/finanzen/finanzmarkt/aktienanlage-nur-wenige-tage-entscheiden-ueber-den-boersenerfolg-16132004.html, Zugriff am 19.08.2025.

Payne, Julia (2023): EU needs over $760 bln/yr to hit green transition targets – Commission, https://www.reuters.com/sustainability/climate-energy/eu-needs-over-760-blnyr-hit-green-transition-targets-commission-2023-07-06, Zugriff am 08.06.2025.

Postbank (2021): Geldanlage: Frauen sind abgehängt, https://www.postbank.de/unternehmen/medien/meldungen/2021/september/geldanlage-frauen-sind-abgehaengt.html, Zugriff am 13.02.2025.

Schulz-Strelow, Monika et. al (2020): Women-on-board-index, FidAR – Frauen in die Aufsichtsräte e. V., Berlin.

SDV AG (2022): Die häufigsten schweren Verletzungen bei Unfällen, https://dasmaklermagazin.de/2022/07/27/die-haeufigsten-schweren-verletzungen-bei-unfaellen/, Zugriff am 17.02.2025.

Sonntag, Sebastian; Pache, Vera (2021): Nachhaltiges Bauen – darum ist das Einfamilienhaus so umstritten, https://www.quarks.de/podcast/quarks-daily-spezial-folge-4-nachhaltiges-bauen-darum-ist-das-einfamilienhaus-so-umstritten, Zugriff am 07.02.2025.

Statista (2021): Gender Care Gap noch immer viel zu hoch, https://de.statista.com/infografik/24809/hoehe-des-gender-care-gaps-in-deutschland/, Zugriff am 13.02.2025.

Statista (2024a): CO_2-Ausstoß weltweit: Anteil an Sektoren 2023, https://de.statista.com/statistik/daten/studie/167957/umfrage/verteilung-der-co-emissionen-weltweit-nach-bereich, Zugriff am 13.09.2024.

Statista (2024b): Kumulierte CO_2-Emissionen nach Ländern im Zeitraum 1850 bis 2021, https://de.statista.com/statistik/daten/studie/1274590/umfrage/kumulierte-co2-emissionen, Zugriff am 13.09.2024.

Statista (2024c): Social-Media-Werbung – Weltweit, https://de.statista.com/outlook/amo/werbung/social-media-werbung/weltweit, Zugriff am 17.02.2025.

Statista (2024d): Werbung – Weltweit, https://de.statista.com/outlook/amo/werbung/weltweit, Zugriff am 17.02.2025.

Statista (2024e): Wohnfläche je Einwohner in Wohnungen in Deutschland von 1991 bis 2023, https://de.statista.com/statistik/daten/studie/36495/umfrage/wohnflaeche-je-einwohner-in-deutschland-von-1989-bis-2004, Zugriff am 13.09.2024.

Statista (2025a): Entwicklung von Arbeitsunfähigkeitsfällen und -tagen aufgrund psychischer Erkrankungen in Deutschland in den Jahren 2012 bis 2023, https://de.statista.com/statistik/daten/studie/246810/umfrage/arbeitsunfaehigkeit-aufgrund-psychischer-erkrankungen, Zugriff am 04.02.2025.

Statista (2025b): Geldvermögen der privaten Haushalte in Deutschland vom 3. Quartal 2019 bis zum 3. Quartal 2024, https://de.statista.com/statistik/daten/studie/37880/umfrage/geldvermoegen-der-privathaushalte-in-deutschland, Zugriff am 04.02.2025.

Statista (2025c): Pro-Kopf-Konsum von Mineralwasser in Deutschland in den Jahren 1970 bis 2024, https://de.statista.com/statistik/daten/studie/2809/umfrage/pro-kopf-verbrauch-von-mineral-und-heilwasser, Zugriff am 11.02.2025.

Stiftung Deutsche Schlaganfall-Hilfe (o.J.): Factsheets zum Thema Schlaganfall für Journalisten, https://www.schlaganfall-hilfe.de/de/presse/factsheets-fuer-journalisten, Zugriff am 17.02.2025.

Stobbe, Mandy (2020): Lebenszufriedenheit und subjektives Wohlbefinden, https://www.bpb.de/themen/deutsche-einheit/lange-wege-der-deutschen-einheit/47331/lebenszufriedenheit-und-subjektives-wohlbefinden/, Zugriff am 04.02.2025.

Tagesspiegel (2022): Ministerin Geywitz will Neubau von Einfamilienhäusern eindämmen, https://www.tagesspiegel.de/politik/ministerin-geywitz-will-neubau-von-einfamilienhausern-eindammen-8019640.html, Zugriff am 13.09.2024.

Thinking Ahead Institute (2021): Top 500 managers see assets hit record, https://www.thinkingaheadinstitute.org/news/article/top-500-managers-see-assets-hit-record-119-5-trillion, Zugriff am 13.09.2024.

Umweltbundesamt (2024a): Beitrag der Landwirtschaft zu den Treibhausgas-Emissionen, https://www.umweltbundesamt.de/daten/land-forstwirtschaft/beitrag-der-landwirtschaft-zu-den-treibhausgas#treibhausgas-emissionen-aus-der-landwirtschaft, Zugriff am 04.02.2025.

Umweltbundesamt (2024b): Wohnfläche, https://www.umweltbundesamt.de/daten/private-haushalte-konsum/wohnen/wohnflaeche#zahl-der-wohnungen-gestiegen, Zugriff am 11.02.2025.

United Nations Development Programme (2024): The 2023/2024 Human Development Report, https://hdr.undp.org/system/files/documents/global-report-document/hdr2023-24reporten.pdf, Zugriff am 13.02.2025.

Utopia (2021): Geld ist dir nicht wichtig? 7 Dinge, die du trotzdem nachhaltig ändern solltest, https://utopia.de/sponsored-content/nachhaltig-investieren-7-tipps_197722, Zugriff am 13.09.2024.

Vanguard (2020): Der Wert von Beratung: 7 wertstiftende Komponenten im Überblick, https://www.de.vanguard/content/dam/intl/europe/documents/de/putting-a-value-on-your-value-quantifying vanguard-advisers-alpha-eu-de-pro.pdf, Zugriff am 19.08.2025.

Wirag, Lino (2024): Was kostet Wassertrinken? Leitungswasser, Flaschenwasser und Wassersprudler im 1-Jahres-Vergleich, https://www.oekotest.de/essen-trinken/Was-kostet-Wassertrinken-Leitungswasser-Flaschenwasser-und-Wassersprudler-im-1-Jahres-Vergleich_13825_1.html, Zugriff am 11.02.2025.

Wissenschaftliches Institut der AOK (2023): Faktenblatt Herzinfarkt in Deutschland, https://www.gesundheitsatlas-deutschland.de/erkrankung/herzinfarkt_akut, Zugriff am 17.02.2025.

World Economic Forum (2024): Global Gender Gap 2024, https://www3.weforum.org/docs/WEF_GGGR_2024.pdf, Zugriff am 17.02.2025.

World Economic Forum (2025): The Global Risks Report 2025, https://reports.weforum.org/docs/WEF_Global_Risks_Report_2025.pdf, Zugriff am 08.06.2025.

WWF (o.J.): Earth Overshoot Day, https://www.wwf.de/earth-overshoot-day, Zugriff am 13.09.2024.

CHECKLISTEN

Nachhaltigkeit im Privaten

Hier ist eine umfassende, priorisierte Nachhaltigkeits-Checkliste für dich als verheiratete Privatperson mit Kindern und einem eigenen Haus, die sich an den 17 UN-Nachhaltigkeitszielen (SDGs) orientiert. Jede Maßnahme ist nach ihrer Wesentlichkeit (Impact) priorisiert und konkret umsetzbar – mit besonderem Blick auf Familien, Hausbesitz und ganzheitliches Leben.

TOP-Priorität: Maßnahmen mit besonders hohem Einfluss auf Klima, Umwelt und soziale Gerechtigkeit

1. Energie & Gebäude (SDG 7, 12, 13)

- ☐ Stromanbieter auf 100 % zertifizierten Ökostrom umstellen (z. B. Naturstrom, Bürgerwerke).
- ☐ Photovoltaikanlage oder Balkonkraftwerk installieren.
- ☐ Wärmepumpe prüfen oder Heizung auf klimafreundliches System umstellen.
- ☐ Dämmung von Dach, Fassade, Kellerdecke und Fenstern verbessern.

- ☐ Smart Home zur Verbrauchsoptimierung einsetzen (z. B. Heizungssteuerung).
- ☐ Stromspargeräte (A+++) kaufen, Altgeräte fachgerecht entsorgen.
- ☐ Standby-Strom vermeiden (Steckerleisten mit Schalter nutzen).
- ☐ LED-Beleuchtung im gesamten Haus.

2. Ernährung & Haushalt (SDG 2, 3, 12, 13, 15)

- ☐ Fleischkonsum reduzieren, pflanzenbasierte Ernährung fördern (z. B. zweimal pro Woche vegetarisch/vegan).
- ☐ Biologische, regionale, saisonale Lebensmittel bevorzugen.
- ☐ Einkauf über solidarische Landwirtschaft (SoLaWi) oder FoodCoops prüfen.
- ☐ Lebensmittelverschwendung aktiv vermeiden (Einkaufsplanung, Resteessen, Mindesthaltbarkeit vs. Verbrauchsdatum kennen).
- ☐ Leitungswasser trinken statt Flaschenwasser kaufen.
- ☐ Kompost oder Biotonne für organische Abfälle nutzen.
- ☐ Kindern nachhaltige Ernährung nahebringen (z. B. durch gemeinsames Kochen & Gärtnern).

3. Mobilität & Reisen (SDG 9, 11, 13)

- ☐ Zweitwagen abschaffen (falls möglich) und durch E-Lastenrad, Carsharing oder ÖPNV ersetzen.
- ☐ Urlaubsflüge stark reduzieren oder ersetzen – Zugreisen bevorzugen.
- ☐ Fahrgemeinschaften für Kinder (Schule, Hobbys) bilden.
- ☐ Fahrrad statt Auto – auch für Kurzstrecken.
- ☐ Langfristig: E-Auto mit echtem Ökostrom statt Verbrenner.

Mittlere Priorität: sinnvoll & ergänzend, gute Wirkung mit langfristiger Verstärkung

4. Konsumverhalten & Ressourcen (SDG 8, 12, 14, 15)

- ☐ Kleidung gebraucht kaufen oder fair & bio (z. B. GOTS-zertifiziert).
- ☐ „Weniger ist mehr“ – auf Qualität statt Quantität achten.
- ☐ Spielzeug aus Holz oder natürlichen Materialien bevorzugen.
- ☐ Bei Geburtstagen & Weihnachten: Erlebnisse oder Zeit statt Dinge schenken.
- ☐ Zero-Waste-Produkte im Bad & Küche nutzen (feste Seife, Zahntabs, Wachstücher).
- ☐ Plastik vermeiden – Stoffbeutel, Edelstahlflaschen, Vorratsgläser verwenden.
- ☐ Papierverbrauch senken: Keine Werbung, doppelseitig drucken, Online-Rechnungen.

5. Wasserverbrauch (SDG 6)

- ☐ Spartasten & Durchflussbegrenzer an Wasserhähnen und WC installieren.
- ☐ Regenwasser für Gartenbewässerung nutzen (Zisterne oder Regentonne).
- ☐ Kurze Duschzeiten, weniger baden.
- ☐ Wasserverbrauch regelmäßig mit Kindern thematisieren.

Langfristige Maßnahmen & struktureller Wandel (sehr wichtig, aber komplexer umzusetzen)

6. Garten & Außenbereich (SDG 13, 14, 15)

- ☐ Garten naturnah gestalten: Wildblumenwiese, heimische Pflanzen, keine Steinwüste.
- ☐ Insektenhotels, Vogelhäuser, Wasserstellen installieren.
- ☐ Keine Pestizide, kein Kunstdünger – Kompost statt Chemie.
- ☐ Eigenes Gemüse und Kräuter anbauen – mit Kindern gemeinsam pflegen.
- ☐ Grill: Auf Holzkohle aus nachhaltiger Produktion achten oder Elektrogrill nutzen.

7. Kindererziehung & Bildung (SDG 4, 5, 10, 13)

- ☐ Kinder altersgerecht über Klima, Fairness & Umwelt aufklären.
- ☐ Nachhaltige Kinderbücher lesen, Dokus schauen (z. B. „Unsere Erde“, „Checker Tobi“).
- ☐ Werte wie teilen, tauschen, reparieren vorleben.
- ☐ Projekte mit der Schule/KiTa begleiten oder anstoßen.
- ☐ Digitale Verantwortung: Bildschirmzeit bewusst und nachhaltig gestalten.

Systemische & gesellschaftliche Maßnahmen (dein Hebel in der Gesellschaft)

8. Geldanlagen, Versicherungen, Finanzen (SDG 8, 10, 13, 16)

- ☐ Konto & Kreditkarte bei nachhaltiger Bank (z. B. GLS Bank, Tomorrow).

- ☐ Versicherungen & Fonds auf Nachhaltigkeit prüfen (ESG-Kriterien, grüne Fonds).
- ☐ Altersvorsorge bewusst nachhaltig gestalten.
- ☐ Pensions-/Rentenlücken für Ehepartner im Blick behalten (Fairness & Gleichberechtigung).

9. Gesellschaft & politisches Engagement (SDG 16, 17)

- ☐ Nachhaltige Initiativen, Petitionen oder Volksbegehren unterstützen.
- ☐ Kinder zu demokratischer Teilhabe ermutigen (z. B. Kinderparlamente, Fridays for Future).
- ☐ Lokale Politik beobachten & mitgestalten (z. B. durch Elternbeirat, Gemeinderat, Verein).
- ☐ Umwelt- oder Sozialprojekte mit Spenden oder Engagement unterstützen.

Begleitend: Selbstreflexion & Fortschritt messbar machen

- ☐ CO_2-Rechner regelmäßig nutzen (z. B. Umweltbundesamt oder Atmosfair).
- ☐ SDG-Fortschritt pro Quartal oder Jahr reflektieren.
- ☐ Familienziele setzen: „Was wollen wir dieses Jahr verbessern?"
- ☐ Nachhaltigkeitsbudget im Haushaltsplan einbauen.

Fazit: Nachhaltigkeit mit Kindern & Haus bedeutet …

mehr Verantwortung – aber auch mehr Einfluss.

Dein Lebensstil betrifft viele SDGs gleichzeitig: Energie, Bildung, Gleichheit, Klima, Ressourcen und Gesellschaft. Du kannst mit kleinen, konsequenten Schritten sehr viel bewirken – gerade als Vorbild für deine Kinder.

Nachhaltigkeit im Büro

Hier eine detaillierte, priorisierte und SDG-übergreifende Checkliste für nachhaltige Büros. Sie richtet sich an Unternehmen, Versicherungsmakler:innen, kleine Agenturen bis hin zum Mittelstand. Sie ist so gegliedert, dass sie möglichst alle relevanten SDGs abdeckt und dir einen klaren Fahrplan für deinen Büroalltag bietet:

1 Energie & Ressourcenverbrauch (Priorität: Hoch)

(SDG 7, 12, 13)

- ☐ Nur Ökostrom aus 100 % erneuerbaren Quellen beziehen.
- ☐ Bürobeleuchtung durch LED und Bewegungsmelder ersetzen.
- ☐ Elektrogeräte ausschalten statt im Standby zu lassen (z. B. Mehrfachstecker mit Schalter).
- ☐ Heizungen durch moderne, effiziente Systeme (oder Wärmepumpe) ersetzen.
- ☐ Durch gute Isolierung, moderne Fenster und Dämmung Heizenergie sparen.
- ☐ Einsatz von Smart-Home-Steuerung für Licht und Heizung.

2 Abfall & Konsum (Priorität: Hoch)

(SDG 12, 14, 15)

- ☐ Abfalltrennung konsequent umsetzen (Papier, Plastik, Glas, Biomüll).
- ☐ Papierverbrauch durch digitale Prozesse reduzieren (PDF-Workflow).
- ☐ Nachfüllbare Büroartikel nutzen (Stifte, Toner).
- ☐ Nur nachhaltige Produkte beschaffen (Recyclingpapier, FSC-zertifiziert).

- ☐ Plastik durch Mehrweg-Alternativen ersetzen.
- ☐ Elektronikgeräte reparieren lassen statt wegwerfen.

3 Mobilität & Anfahrt (Priorität: Hoch)

(SDG 3, 11, 13)

- ☐ ÖPNV-Tickets für Mitarbeiter:innen bezuschussen.
- ☐ JobRad und sichere Fahrradabstellplätze anbieten.
- ☐ Firmenflotte schrittweise durch Elektrofahrzeuge ersetzen.
- ☐ Carsharing-Optionen nutzen.
- ☐ Fahrgemeinschaften gezielt fördern.

4 Bürogestaltung & Ressourcen (Priorität: Mittel)

(SDG 3, 12, 15)

- ☐ Ergonomische Möbel anschaffen, um Gesundheit zu unterstützen.
- ☐ Pflanzen zur Luftverbesserung und für ein angenehmes Raumklima.
- ☐ Nachhaltige Bodenbeläge, Farben und Möbelmaterialien (FSC, Cradle to Cradle).
- ☐ Einsatz von wassersparenden Armaturen.

5 Catering & Verpflegung (Priorität: Mittel)

(SDG 2, 12, 13, 15)

- ☐ Bio- und Fairtrade-Kaffee & Tee.
- ☐ Verzicht auf Plastik bei Catering und Büroküche.
- ☐ Mehrweg-Kaffeebecher, -Flaschen und -Boxen.
- ☐ Lokale und saisonale Produkte bevorzugen.
  Vegane/vegetarische Optionen bei Events und Meetings.

6 Digitale Infrastruktur & IT (Priorität: Mittel)

(SDG 9, 12, 13)

- ☐ Energieeffiziente Hardware bevorzugen (z. B. „Energy Star")
- ☐ Cloud-Dienste nutzen, die CO_2-neutral sind.
- ☐ Geräte bis zum Nutzungsende betreiben, Upcycling und Refurbished bevorzugen.
- ☐ Sichere und umweltfreundliche Datenarchivierung.

7 Menschen & Unternehmenskultur (Priorität: Hoch)

(SDG 3, 4, 5, 8, 10, 16)

- ☐ Faire Bezahlung und transparente Lohnstrukturen.
- ☐ Weiterbildungsangebote zu Nachhaltigkeit und CSR.
- ☐ Flexible Arbeitszeiten und Homeoffice-Optionen zur Reduzierung von Pendelwegen.
- ☐ Inklusion und Diversity bei der Rekrutierung und Weiterentwicklung.
- ☐ Beteiligung der Mitarbeiter:innen bei Nachhaltigkeitsprojekten.

8 Kommunikation & Werte (Priorität: Mittel)

(SDG 10, 12, 16, 17)

- ☐ Nachhaltigkeitsleitbild entwickeln und intern wie extern kommunizieren.
- ☐ Stakeholder (Kund:innen, Mitarbeiter:innen, Partner:innen) zur Nachhaltigkeit einbinden.
- ☐ Nachhaltigkeitsbericht veröffentlichen.
- ☐ Siegel und Mitgliedschaften (z. B. DNK, Gemeinwohl-Ökonomie) anstreben.

9 Kontinuierliche Verbesserung (Priorität: Hoch)

(SDG 9, 12, 17)

- ☐ Nachhaltigkeitskennzahlen (Energieverbrauch, Abfallmenge, CO_2-Bilanz) erfassen.
- ☐ Nachhaltigkeits-Check mindestens einmal jährlich durchführen.
- ☐ Mitarbeiter:innen in Nachhaltigkeitsarbeit schulen und sensibilisieren.
- ☐ Kooperationen mit nachhaltigen Partnern und NGOs eingehen.

Sparen

Richtig sparen ist eigentlich ganz einfach. Unsere Checkliste hilft dir dabei.

1 Einnahmen und Ausgaben erfassen

- ☐ Haushaltsbuch 3 Monate führen: alle Einnahmen und Ausgaben erfassen (Einnahmen und Ausgaben, die nicht monatlich anfallen, berücksichtigen).
- ☐ Haushaltsbuch auswerten: Einnahmen und Ausgaben gegenüberstellen, Fixkosten identifizieren, variable Kosten identifizieren.
- ☐ Ausgaben hinterfragen und Einsparmöglichkeiten finden.
- ☐ Haushaltsbuch neu strukturieren: Budgets für die einzelnen Positionen festlegen, Sparbetrag (z. B. 10 % vom Nettoeinkommen) festlegen.

2 Konten strukturieren

- ☐ Aktuelle Kontenstruktur skizzieren: Hat jedes Konto deiner Konten-Struktur ein klares Ziel?

- ☐ Ggf. nötige Konten eröffnen.
- ☐ Lastschriftmandate ändern.
- ☐ Daueraufträge einrichten und/oder ändern.
- ☐ Nach 6 Monaten prüfen und ggf. nachjustieren.

3 Liquidität (kurzfristig bis 1 Jahr) sichern

- ☐ Bestehende Verträge (Bausparer, Kapitalanlagen, Sparbuch etc.) prüfen, ggf. auflösen, Kredite tilgen und/oder auf Tagesgeldkonto einzahlen.
- ☐ Dispokredite tilgen.
- ☐ Konsumkredite tilgen.
- ☐ Tagesgeldkonto eröffnen (Notgroschen).
- ☐ Notgroschen aufbauen: 3 Monatsausgaben min. 5000 Euro, +1 Monatsausgabe je Kind, +1 Monatsausgabe bei Haustieren, +3 Monatsausgaben bei Immobilie, +3 Monatsausgaben bei Selbstständigkeit.
- ☐ Dauerauftrag von 10 bis 20 % des Nettoeinkommens auf Tagesgeldkonto einrichten.

4 Größere Ausgaben (mittelfristig bis fünf Jahre) finanzieren

- ☐ Ausgaben planen: Anlass (z. B. Auto, Technik, Renovierung, Nachwuchs, Hochzeit, Umzug, Weiterbildung, Gründung, Immobilie), Kapitalbedarf, Zeitpunkt.
- ☐ Sparbeitrag berechnen: Kapitalbedarf/Anzahl der Monate.
- ☐ Ggf. zusätzliches Spar-/Tagesgeldkonto eröffnen.
- ☐ Dauerauftrag in Höhe des Sparbeitrags auf Spar-/Tagesgeldkonto einrichten.

Versicherungen

Die richtigen Versicherungen auszuwählen und abzuschließen, ist gar nicht so leicht. Mit unserer Checkliste denkst du an alles und findest die perfekte Lösung für dich.

1 Welche Versicherungen sind notwendig?

- ☐ Krankenversicherung: übernimmt die Behandlungskosten bei Krankheiten.
- ☐ Privathaftpflicht: prüft Forderungen, wehrt unberechtigte Forderungen ab und übernimmt den Schaden bei berechtigten Forderungen von Dritten.
- ☐ Berufsunfähigkeit o. Ä.: kompensiert den Einkommensverlust, wenn du nicht mehr arbeiten kannst.
- ☐ Wenn im Ausland unterwegs: Auslandsreisekrankenversicherung.
- ☐ Wenn Immobilie vorhanden: Gebäudeversicherung.
- ☐ Wenn abhängige Hinterbliebene und/oder Kredit vorhanden: Risikolebensversicherung.
- ☐ Wenn Auto vorhanden: Kfz-Haftpflicht.
- ☐ Wenn Hund/Pferd vorhanden: Tierhalter-Haftpflicht.
- ☐ Wenn Öltank vorhanden: Gewässerschadenhaftpflicht.

2 Welche Versicherungen können sinnvoll sein?

- ☐ Unfall: leistet, wenn du aufgrund eines Unfalls einen dauerhaften körperlichen Schaden davonträgst.
- ☐ Hausrat: leistet, wenn dein Hausrat beschädigt, zerstört oder gestohlen wird.
- ☐ Kasko: leistet, wenn dein Auto beschädigt, zerstört oder gestohlen wird.

- ☐ Schwere-Krankheiten: leistet, wenn du eine schwere Erkrankung (z. B. Krebs, Schlaganfall, Herzinfarkt) erleidest.
- ☐ Krankenzusatz: übernimmt Behandlungskosten, die nicht durch die gesetzliche Krankenversicherung gedeckt sind.
- ☐ Rechtsschutz: übernimmt die Kosten für gerichtliche und außergerichtliche Streitigkeiten.

3 Wann sollte ich eine Versicherung abschließen und nach welchen Prinzipien sollte ich entscheiden?

- ☐ Übersteigt der Schaden im Worst-Case-Fall deine finanziellen Mittel.
- ☐ Allgegenwärtige vor zukünftigen Risiken.
- ☐ Existenzbedrohende Risiken vor Risiken mit niedrigen wirtschaftlichen Auswirkungen.
- ☐ Unvermeidbare vor vermeidbaren Risiken.
- ☐ Versicherungspflichtige vor nicht versicherungspflichtigen Risiken.

4 Der:die richtige Berater:in

- ☐ Versicherungsvertreter:in: arbeitet für eine oder mehrere Versicherer.
- ☐ Versicherungsmakler:in: arbeitet in deinem Auftrag und kann (fast) alle Versicherer vermitteln.
- ☐ Versicherungsberater:in: arbeitet ausschließlich in deinem Auftrag und berät hauptsächlich zu Versicherungen.

5 Alle wichtigen Unterlagen des:der Berater:in erhalten?

- ☐ Erstinformation
- ☐ Datenschutzerklärung
- ☐ Makler-/Beratervertrag
- ☐ ggf. Maklervollmacht

6 Notwendige Unterlagen organisieren

- ☐ Aktuellsten Haushaltsplan und Übersicht Vermögen.
- ☐ Vertragsunterlagen zu bestehenden Verträgen (Police, letzter Nachtrag, Beitragsrechnung).
- ☐ Aktuellste Renteninformation, Werte zum Versorgungswerk etc.
- ☐ Aktuellste Einkommensteuererklärung, Gehaltsnachweis, BWA.

7 Habe ich alle wichtigen Informationen zum Thema erhalten, um eine gute Entscheidung treffen zu können?

- ☐ Welche Risiken bestehen?
- ☐ Wie kann ich Risiken reduzieren oder vermeiden?
- ☐ Welche Auswirkung haben Schäden?
- ☐ Wie häufig sind Schäden?
- ☐ Welche gesetzlichen Absicherungen gibt es?
- ☐ Welche Möglichkeiten der privaten Absicherung gibt es?
- ☐ Was sind die Vor- und Nachteile möglicher Versicherungen?

8 Hat mein:e Berater:in das Risiko untersucht/bewertet?

- ☐ Ja, z. B. durch Prüfung bestehender Versorgungen, Fragebögen, Besichtigung.

9 Hat mein:e Berater:in alle nötigen Bedürfnisse erfragt?

- ☐ Absicherungsziel
- ☐ Versorgungswunsch/-höhe
- ☐ Laufzeit
- ☐ Zahlungsbereitschaft
- ☐ versicherungsspezifische Besonderheiten oder Modifikationen

10 Hat mein:e Berater:in geeignete Produkte & Lösungen aufgezeigt?

☐ Ja

11 Vorentscheidung treffen

☐ Ja

12 Konkrete Angebote erhalten?

☐ Angebot/Versorgungsvorschlag
☐ Produktinformationsblatt
☐ Versicherungsbedingungen

13 Beratungsdokumentation erhalten?

☐ Ja
☐ Bei Vertragswechsel: Vor- und Nachteile des Wechsels aufgezeigt

14 Entscheidung umsetzen, Verträge beantragen

☐ korrekte:r Versicherungsnehmer:in
☐ korrekte versicherte Person
☐ korrektes Risiko (z. B. Risikoort)
☐ korrekte Adresse
☐ korrekte Bankverbindung
☐ korrekte Zahlweise
☐ korrekter Beginn/Ende
☐ korrekte Antragsfragen (z. B. Gesundheitsfragen)

15 Umsetzung, Policen kontrollieren

☐ Ja

16 Regelmäßige Anpassung und Prüfung des Risikos

- [ ] Ja

Altersvorsorge

Die richtige Lösung zur Altersvorsorge zu finden, ist gar nicht so leicht. Mit unserer Checkliste denkst du an alles und findest die perfekte Lösung für dich.

1 Kann ich mit der Altersvorsorge beginnen?

- [ ] Haushaltsplus: Du nimmst mehr ein, als du ausgibst.
- [ ] Existenzielle Risiken absichern: Du hast eine Kranken- und Haftpflichtversicherung, du hast dein Arbeitseinkommen und deine Hinterbliebenen abgesichert.
- [ ] Schulden-Rücklagen: Du hast keine Schulden und mindestens drei Nettogehälter auf einem Tagesgeldkonto.
- [ ] Besitzschutz: Du hast deinen Besitz angemessen und ausreichend abgesichert.
- [ ] Mittelfristige Konsumwünsche: Für Reisen und größere Anschaffungen brauchst du keine Kredite.
- [ ] Familienplanung: Du weißt, wie du deine Familienplanung finanzierst.
- [ ] Selbstständigkeit: Entweder bist du bereits selbstständig (dann hat Altersvorsorge eine andere Priorität für dich) oder Selbstständigkeit kommt für dich nicht in Frage.
- [ ] Immobilie: Du willst entweder keine Immobilie anschaffen oder hast sie abgezahlt.

2 Der:die richtige Berater:in

- ☐ Vertreter:in: Vertritt die Interessen einer Versicherungsgesellschaft.
- ☐ Makler:in: Vertritt deine Interessen und kann grundsätzlich alle Gesellschaften anbieten, wird für Vermittlungserfolg bezahlt.
- ☐ Versicherungsberater:in: Vertritt deine Interessen, wird für Beratung bezahlt, ohne Vermittlungsabsicht.
- ☐ Rentenberater:in: Vertritt deine Interessen, berät auch zu Sozialversicherungen, wird für Beratung bezahlt, ohne Vermittlungsabsicht.
- ☐ Ruhestandsplaner:in: Vertritt deine Interessen, wird für Beratung bezahlt, ohne Vermittlungsabsicht, spezialisiert auf Altersvorsorge.

3 Alle wichtigen Unterlagen des:der Berater:in erhalten?

- ☐ Erstinformation
- ☐ Datenschutzerklärung
- ☐ Makler-/Beratervertrag
- ☐ ggf. Maklervollmacht

4 Notwendige Unterlagen organisieren

- ☐ Aktuellste Renteninformation, Werte zum Versorgungswerk etc.
- ☐ Aktuellsten Haushaltsplan und Übersicht Vermögen.
- ☐ Aktuellste Informationen zu betrieblichen Altersvorsorgeprodukten u. Ä.
- ☐ Aktuellste Wertmitteilungen zu bestehenden Altersvorsorgeprodukten.
- ☐ Aktuellste Einkommensteuererklärung, Gehaltsnachweis, BWA.

5 Habe ich alle wichtigen Information zum Thema Altersvorsorge erhalten, um eine gute Entscheidung treffen zu können?

- ☐ Lebenserwartung

- ☐ Bedarfe
- ☐ Einfluss Kaufkraftverlust + Zinsen
- ☐ Gesetzliche Rente
- ☐ Möglichkeiten der privaten Vorsorge inkl. Vor- und Nachteile
- ☐ Auswahlkriterien
- ☐ Alternativen zu Finanzprodukten

6 Hat mein:e Berater:in alle nötigen Bedürfnisse erfragt?

- ☐ Wünsche, Ziele, Anforderungen
- ☐ Rentenbeginn
- ☐ Versorgung
- ☐ Allgemeine Vorstellung zur Rente
- ☐ Erwartete Risiken
- ☐ Präferenzen während der Sparphase und der Rentenphase
- ☐ Nachhaltigkeit
- ☐ Erbschaften, Immobilien, Unternehmen
- ☐ Anlagementalität und Kenntnisse
- ☐ Welche Finanzprodukte sind bekannt/unbekannt?
- ☐ Mit welchen Finanzprodukten gab es schon Erfahrungen?
- ☐ Welche Finanzprodukte kommen zukünftig infrage?
- ☐ Risikoneigung
- ☐ Verlust bzw. Schwankungsgrenzen
- ☐ Erwartete/gewünschte Rendite

7 Hat mein:e Berater:in den objektiven Bedarf ermittelt?

- ☐ Rentenlücken besprechen
- ☐ bestehende Versorgungen berücksichtigt
- ☐ Inflation berücksichtigt
- ☐ Rentensteigerung berücksichtigt

8 Hat mein:e Berater:in offensichtliche Widersprüche aus der Anlagementalität aufgezeigt und gelöst?

☐ Ja

9 Hat mein:e Berater:in geeignete Produkte & Lösungen aufgezeigt?

☐ Zuzahlung gesetzliche Rente
☐ Basisrente
☐ Geförderte Rentenversicherungen
☐ Private Rentenversicherungen
☐ Freie Kapitalanlage
☐ Immobilie
☐ Hinweis + Berücksichtigung Störfälle: Pflege, Todesfall, Berufs-/Erwerbsunfähigkeit, Entscheidungsunfähigkeit

10 Ggf. spezialisierte Berater:innen hinzuziehen

☐ Ja

11 Steuerberater:in hinzuziehen

☐ Ja

12 Notfallplanung erstellt?

☐ Ja

13 Bei Verheirateten: Versorgungsausgleich beachten + ggf. Ehevertrag erstellen

☐ Ja

14 Vorentscheidung treffen

- ☐ Ja

15 Konkrete Angebote erhalten?

- ☐ Ja

16 Geeignetheitserklärung erhalten?

- ☐ Ja

17 Entscheidung umsetzen, Verträge beantragen

- ☐ Ja

18 Umsetzung, Policen kontrollieren

- ☐ Ja

19 Regelmäßige Anpassung

- ☐ Ja

Kapitalanlage

Die richtige Kapitalanlage zu finden, ist gar nicht so leicht. Mit unserer Checkliste denkst du an alles und findest die perfekte Lösung für dich.

1 Kann ich mit der Kapitalanlage beginnen?

- ☐ Haushaltsplus: Du nimmst mehr ein, als du ausgibst.
- ☐ Existenzielle Risiken absichern: Du hast eine Kranken- und Haftpflichtversicherung, du hast dein Arbeitseinkommen und deine Hinterbliebenen abgesichert.

- ☐ Schulden-Rücklagen: Du hast keine Schulden und mindestens drei Nettogehälter auf einem Tagesgeldkonto.
- ☐ Besitzschutz: Du hast deinen Besitz angemessen abgesichert.
- ☐ Mittelfristige Konsumwünsche: Für Reisen und größere Anschaffungen brauchst du keine Kredite.
- ☐ Familienplanung: Du weißt, wie du deine Familienplanung finanzierst.
- ☐ Selbstständigkeit: Entweder bist du bereits selbstständig (dann hat Altersvorsorge eine andere Priorität für dich) oder Selbstständigkeit kommt für dich nicht in Frage.
- ☐ Immobilie: Du willst entweder keine Immobilie anschaffen oder hast sie abgezahlt.

2 Der:die richtige Berater:in

- ☐ Bankverkäufer:in: Vertritt die Interessen einer Bank.
- ☐ Kapitalanlagevermittler:in: Vertritt die Interessen mehrerer Produktanbieter, wird für Vermittlung bezahlt, berät und vermittelt Anlageprodukte.
- ☐ Finanzmakler:in: Vertritt deine Interessen, wird für Vermittlung bezahlt, berät und vermittelt Anlage- und Versicherungsprodukte, kann grundsätzlich alle Gesellschaften auswählen.
- ☐ Kapitalanlageberater:in: Vertritt deine Interessen, wird für Beratung bezahlt.

3 Alle wichtigen Unterlagen des:der Berater:in erhalten?

- ☐ Erstinformation
- ☐ Datenschutzerklärung
- ☐ Makler-/Beratervertrag
- ☐ ggf. Maklervollmacht

4 Notwendige Unterlagen organisieren

- ☐ Aktuellsten Haushaltsplan und Übersicht Vermögen.
- ☐ Aktuellste Wertmitteilungen zu bestehenden Finanzprodukten.
- ☐ Aktuellste Einkommensteuererklärung, Gehaltsnachweis, BWA.

5 Habe ich alle wichtigen Information zum Thema Kapitalanlage erhalten, um eine gute Entscheidung treffen zu können?

- ☐ Was ist Geldanlage/Kapitalanlage?
- ☐ Was ist Vermögen?
- ☐ Was beeinflusst die Wahl der Anlage?
- ☐ Welche Ziele gibt es?
- ☐ Warum sind Kenntnisse relevant?
- ☐ Was ist Risiko?
- ☐ Wie viel Risiko vertrage ich?
- ☐ Persönliche Präferenzen?
- ☐ Welche Möglichkeiten gibt es?

6 Hat mein:e Berater:in alle nötigen Bedürfnisse erfragt?

- ☐ Wünsche, Ziele, Anforderungen
- ☐ Sparziel
- ☐ Spardauer
- ☐ Sparplan oder Einmalanlage
- ☐ Einnahmen und Ausgaben
- ☐ Vermögen und Verbindlichkeiten
- ☐ Präferenzen während der Sparphase
- ☐ Nachhaltigkeit
- ☐ Erbschaften, Immobilien, Unternehmen
- ☐ Anlagementalität und Kenntnisse
- ☐ Welche Finanzprodukte sind bekannt/unbekannt?

- ☐ Mit welchen Finanzprodukten gab es schon Erfahrungen?
- ☐ Welche Finanzprodukte kommen zukünftig infrage?
- ☐ Risikoneigung
- ☐ Verlust bzw. Schwankungsgrenzen
- ☐ Erwartete/gewünschte Rendite

7 Hat mein:e Berater:in offensichtliche Widersprüche aus der Anlagementalität aufgezeigt und gelöst?

- ☐ Ja

8 Hat mein:e Berater:in geeignete Produkte & Lösungen aufgezeigt und ggf. erläutert?

- ☐ Sichteinlagen (Giro, Termingeld)
- ☐ Tagesgeld, Festgelder, Sparbuch
- ☐ Einzelaktien
- ☐ Einzelanleihen
- ☐ Fonds (Aktien-, Mischfonds usw.)
- ☐ Rohstoffe
- ☐ Fondsgebunde Rentenversicherungen
- ☐ Währungen
- ☐ Derivate usw.
- ☐ Kryptowährungen
- ☐ Immobilien
- ☐ Beteiligungen
- ☐ Mobilien (Kunst, Oldtimer usw.)

9 Ggf. spezialisierte Berater:innen hinzuziehen

- ☐ Ja

10 Steuerberater:in hinzuziehen

☐ Ja

11 Notfallplanung erstellt?

☐ Ja

12 Bei Verheirateten: Versorgungsausgleich beachten + ggf. Ehevertrag erstellen

☐ Ja

13 Vorentscheidung treffen

☐ Ja

14 Konkrete Angebote erhalten?

☐ Ja

15 Geeignetheitserklärung erhalten?

☐ Ja

16 Entscheidung umsetzen, Verträge beantragen

☐ Ja

17 Umsetzung, Policen kontrollieren

☐ Ja

18 Regelmäßige Anpassung

☐ Ja

ENDNOTEN

1 Payne, Julia (2023)
2 World Economic Forum (2025)
3 Bundesverband Deutscher Startups e.V. (2024)
4 Evison, Will et al. (2023)
5 Elderson, Frank (2023)
6 Morgan Stanley (2024)
7 WWF (o. J.)
8 GDV (2024a)
9 Allianz (2024)
10 Thinking Ahead Institute (2021)
11 Krichmayr, Karin (2023)
12 Bocksch, René (2022)
13 DIW Berlin (2024)
14 Bundesverfassungsgericht (2021)
15 Umweltbundesamt (2024a)
16 AOK (2022)
17 BMUV (2024)
18 ntv (2021)
19 Tagesspiegel (2022)
20 Kommer, Gerd (2022)

21 Statista (2024a)
22 Hiltscher, Lilli-Marie (2021)
23 Statista (2025a)
24 Statista (2025b)
25 Stobbe, Mandy (2010)
26 Gränitz, Marko (2020)
27 Vanguard (2020)
28 Papon, Kerstin (2019)
29 Statista (2024b)
30 Destatis (2025a)
31 Europäisches Parlament (2024)
32 BMEL (2024)
33 BMEL (2021)
34 Umweltbundesamt (2024b)
35 Institut für Erhaltung und Modernisierung von Bauwerken e.V. (2006)
36 World Economic Forum (2024), S. 187
37 Dang, Anika (2024)
38 United Nations Development Programme (2024), S. 288
39 United Nations Development Programme (2024), S. 293
40 Destatis (2025b)
41 Destatis (2025c)
42 BMFSJ (2024)
43 Statista (2021)
44 Bönke, Timm et al. (2020)
45 Allianz (2021)
46 Das Investment (2020)
47 Allianz (2021)
48 Destatis (2024c)
49 Groiß, Julia et al. (2017)

50 Postbank (2021)
51 Hans-Böckler-Stiftung (2024)
52 SDV AG (2022)
53 Stiftung Deutsche Schlaganfall-Hilfe (o. J.)
54 Wissenschaftliches Institut der AOK (2022)
55 Deutsche Alzheimer Gesellschaft e. V. Selbsthilfe Demenz (2024)
56 Bundesnotarkammer (2024)
57 DIHK (2025)
58 Fonds professionell (2023)
59 ntv (2023)
60 Beenken, Matthias; Linnebrink, Lukas (2024), S. 10 f.
61 MDR (2021)
62 Janson, Matthias (2023)
63 Evers, Jürgen et al. (2014)
64 F.I.R.S.T. e.V. (o.J.)
65 GDV (2024b)
66 Greensurance Stiftung (2023)
67 Fairfinance Guide (2020)
68 GDV-Nachhaltigkeitsbericht (2024)

GASTBEITRÄGE